汽车维修工快速上岗指南丛书

汽车机修工快速上岗全程图解

第 2 版

汪立亮　章　宏　主编

机械工业出版社

本书针对初学者,以汽车的系统结构为基础,按照"一图一解"的思路,在参考了大量汽车品牌的售后服务培训资料的基础上,讲述了汽车机修工所需要的基础知识和实际操作中遇到的问题,并给出了提示点和重要知识点。本书配套视频和动画讲解,可扫码观看,内容更生动。本书紧密结合汽车技术发展方向,对最新技术进行了讲解,非常具有实用性。

图书在版编目(CIP)数据

汽车机修工快速上岗全程图解/汪立亮,章宏主编.—2版.—北京:机械工业出版社,2019.3

(汽车维修工快速上岗指南丛书)

ISBN 978-7-111-62239-0

Ⅰ.①汽… Ⅱ.①汪…②章… Ⅲ.①汽车–车辆修理–图解 Ⅳ.①U472.4-64

中国版本图书馆 CIP 数据核字(2019)第 047907 号

机械工业出版社(北京市百万庄大街 22 号 邮政编码 100037)
策划编辑:何士娟 责任编辑:何士娟
责任校对:张 薇 封面设计:马精明
责任印制:张 博
北京铭成印刷有限公司印刷
2019 年 6 月第 2 版第 1 次印刷
184mm×260mm·16 印张·405 千字
0 001—4 000 册
标准书号:ISBN 978-7-111-62239-0
定价:99.00 元

电话服务 网络服务
客服电话:010-88361066 机 工 官 网:www.cmpbook.com
　　　　　010-88379833 机 工 官 博:weibo.com/cmp1952
　　　　　010-68326294 金 书 网:www.golden-book.com
封底无防伪标均为盗版 机工教育服务网:www.cmpedu.com

前言

随着科学技术和汽车工业的迅速发展，汽车上的机电设备日趋完善，机械零部件设计越来越精细，产品的质量和性能均有了非常大的提高，而且汽车新技术正以惊人的速度发展着。因此，学习和掌握汽车新技术、新结构方面的知识，就显得十分重要。为了使汽车专业的学生及有关技术人员能更全面、系统地掌握有关汽车机械部分的结构原理与检修知识，我们对《汽车机修工快速上岗全程图解》进行了修订，增加了新内容，并提供了视频学习内容。

本书针对初学者，避免大量的理论和文字，采用了大量图片和工作实施流程图，通俗易懂，可以有效地增强实际操作能力。本书与已出版的同类书相比，主要特点在于：

1. 本书在编写过程中，按照工作过程导向及实施流程的思路编写，较好地满足了当前各初学者的需求。

2. 本书在内容的安排上遵照循序渐进的原则，并配以大量的图片，能充分发挥读者学习的主观能动性。

3. 本书紧密结合汽车技术的发展方向，对最新技术进行了介绍。

4. 本书参考了大量汽车品牌的售后服务培训资料，内容、形式和体例都有创新，真正实现了服务与企业需求之间的并轨。

5. 增加了视频和动画讲解，内容更生动。

本书结合现代汽车机修工作业的先进理念，并借鉴了企业员工培训的内容，以汽车的系统结构为基础，按照"一图一解"的思路，在参考了大量汽车品牌的售后服务培训资料的基础上，讲述了汽车机修工所需要的基础知识和实际操作中遇到的问题，并给出了提示点和重要知识点，让新入门的机修工更加明确维修流程，看得懂，学得明白。

本书由汪立亮、章宏主编，参加编写的人员有徐峰、姚东伟、魏金营、潘明明、刘兴武、杨光明、皮治国、杨小波、戴胡斌、张志刚、程宇航、周钊、汪倩倩等同志。

本书是新手入门的指导图书，既适合职业学校教学使用，又适合企业员工技术培训。其内容与实际结合紧密，并紧跟市场发展，适用面广且通俗易懂，非常具有实用性。

编　者

目录 CONTENTS

前言

第一章　汽车维修基础知识 … 1

第一节　安全操作认知 … 1
　一、作业须知 … 1
　二、人与车辆的防护 … 2
　三、工作安全 … 3
　【知识链接】：灭火器的相关知识 … 4
第二节　工量具及设备的使用 … 5
　一、常用手动工具 … 5
　二、风动工具的使用 … 8
　三、测量仪器的使用 … 9
　四、举升机的使用 … 11
　【实操图解】：操作剪式举升机 … 12

第二章　发动机概述 … 16

【实操图解】：观察发动机结构组成 … 16
【知识链接1】：发动机的分类 … 17
【知识链接2】：发动机的基本术语 … 20
【知识链接3】：发动机的工作原理 … 21
【知识链接4】：发动机的结构组成 … 23
【知识链接5】：发动机的主要性能指标 … 25
【知识链接6】：识别发动机编号 … 26

第三章　曲柄连杆机构 … 27

第一节　机体缸盖组的构造与检修 … 27
　【实操图解1】：检测气缸盖和油底壳 … 27
　【实操图解2】：检测气缸体 … 29
　【知识链接】：发动机机体组的结构组成 … 31
第二节　活塞连杆组的构造与检修 … 35
　【实操图解】：检修活塞连杆组 … 35

第三节　曲轴飞轮组的构造与维修 ……………………………………………… 43
　　【实操图解】：检修曲轴飞轮组 …………………………………………… 43
　　【知识链接】：曲轴飞轮组的结构组成 …………………………………… 45

第四章　配气机构 ……………………………………………………………… 48

第一节　配气机构的结构组成 …………………………………………………… 48
　　【实操图解】：拆装配气机构 ……………………………………………… 48
　　【知识链接】：配气机构的作用、组成与分类 …………………………… 53
第二节　气门传动组的检修 ……………………………………………………… 55
　　【实操图解】：检修气门传动组 …………………………………………… 55
　　【知识链接】：气门组的结构组成 ………………………………………… 58
第三节　气门组的拆装及检修 …………………………………………………… 60
　　【实操图解】：拆装及检修气门组 ………………………………………… 60
　　【知识链接】：气门组的结构组成 ………………………………………… 65
第四节　配气机构气门间隙的检测与调整 ……………………………………… 67
　　【实操图解】：检测与调整配气机构气门间隙 …………………………… 67
　　【知识链接】：配气相位，气门间隙，可变气门正时和气门升程电子
　　　　　　　　　控制系统 …………………………………………………… 69

第五章　汽油机电控燃油喷射系统 …………………………………………… 71

第一节　空气供给系统 …………………………………………………………… 71
　　【实操图解1】：检查节气门体 …………………………………………… 71
　　【实操图解2】：检测节气门位置传感器 ………………………………… 72
　　【实操图解3】：检测空气流量传感器 …………………………………… 73
　　【实操图解4】：检测氧传感器 …………………………………………… 74
　　【知识链接1】：空气供给系统的组成及主要部件 ……………………… 76
　　【知识链接2】：空气流量传感器及氧传感器 …………………………… 78
第二节　燃油供给系统 …………………………………………………………… 81
　　【实操图解1】：检测喷油器 ……………………………………………… 81
　　【实操图解2】：检查燃油压力调节器 …………………………………… 83
　　【实操图解3】：检查燃油分配管 ………………………………………… 83
　　【知识链接】：燃油供给系统的基本组成和主要部件 …………………… 84
第三节　汽油蒸气排放（EVAP）控制系统 …………………………………… 87
　　【实操图解】：检查EVAP控制系统 ……………………………………… 87
　　【知识链接】：EVAP控制系统的组成、典型布置方式及其工作过程 …… 89

第六章　柴油机燃油供给系统 …… 91

第一节　柴油机燃油供给系统的组成 …… 91
【实操图解】：拆装柴油机燃油供给系统 …… 91
【知识链接】：柴油机燃油供给系统的作用、组成及基本工作原理 …… 92

第二节　柱塞式喷油泵的拆装和调试 …… 95
【实操图解】：拆装和调试柱塞式喷油泵 …… 95
【知识链接】：柱塞式喷油泵的构造及主要零部件的检测 …… 97

第三节　喷油器的拆装和检测 …… 99
【实操图解】：拆装和检测喷油器 …… 99
【知识链接】：喷油器的功用与分类 …… 100

第四节　柴油机电控喷油系统 …… 102
【实操图解】：检修柴油机电控喷油系统 …… 102
【知识链接】：柴油机电控喷油系统的位置控制、时间控制、共轨燃油喷射及排气后处理 …… 103

第七章　润滑系统 …… 106

第一节　润滑系统的结构组成 …… 106
【实操图解】：拆检机油泵 …… 106
【知识链接】：润滑系统的功用、类型与组成 …… 107

第二节　润滑系统故障诊断与排除 …… 111
【实操图解】：检测机油压力 …… 111
【知识链接】：机油油量、质量与压力的检查 …… 113

第八章　冷却系统 …… 116

第一节　冷却系统的结构组成 …… 116
【实操图解】：检查、更换节温器 …… 116
【知识链接】：冷却系统的功用、类型与组成 …… 123

第二节　冷却系统常见故障的诊断与排除 …… 127
【知识链接】：冷却系统温度过高、温度过低、冷却液消耗异常等故障产生的原因及排除方法 …… 127

第九章　点火系统 …… 130

第一节　蓄电池检查与维护 …… 130
【实操图解】：检查与维护蓄电池 …… 130
【知识链接】：蓄电池的功用、结构组成、工作原理及检查项目 …… 131

第二节　火花塞的检查与维护 …… 134

【实操图解】：检查与维护火花塞 ………………………………………… 134
　　【知识链接】：电控点火系统的工作原理及结构 ………………………… 136

第十章　发动机总成吊装 ………………………………………………… 139

第一节　吊装作业前的准备 ……………………………………………… 139
　　【实操图解】：正确准备和规范使用主要吊装设备 ……………………… 140
第二节　发动机（变速器）总成下车 …………………………………… 142
　　【实操图解】：取下发动机 ………………………………………………… 142
　　【知识链接】：吊装作业注意事项 ………………………………………… 151
第三节　发动机（变速器）总成上车 …………………………………… 152
　　【实操图解】：吊装发动机（变速器）总成 ……………………………… 152

第十一章　传动系统 ………………………………………………………… 159

第一节　离合器 …………………………………………………………… 159
　　【实操图解1】：认知离合器的结构 ……………………………………… 159
　　【实操图解2】：拆装与调整离合器 ……………………………………… 160
　　【实操图解3】：检修离合器的零部件 …………………………………… 161
　　【知识链接】：离合器的功用、要求、分类与结构组成 ………………… 163
第二节　手动变速器 ……………………………………………………… 167
　　【实操图解1】：认知手动变速器 ………………………………………… 167
　　【实操图解2】：拆装手动变速器 ………………………………………… 168
　　【实操图解3】：检修手动变速器 ………………………………………… 169
　　【知识链接】：变速器的功用及三轴式变速器的结构 …………………… 169
第三节　自动变速器 ……………………………………………………… 173
　　【实操图解1】：认知自动变速器 ………………………………………… 173
　　【实操图解2】：自动变速器的拆装与检修 ……………………………… 176
　　【实操图解3】：自动变速器油的检查与更换 …………………………… 182
第四节　驱动轴 …………………………………………………………… 184
　　【实操图解】：检查驱动轴 ………………………………………………… 184
　　【知识链接】：车辆的驱动方式、驱动轴的结构组成及万向节的类型 … 185

第十二章　行驶系统 ………………………………………………………… 187

第一节　悬架 ……………………………………………………………… 187
　　【实操图解1】：非独立悬架的检修 ……………………………………… 187
　　【实操图解2】：独立悬架的检修 ………………………………………… 190
第二节　车轮与轮胎 ……………………………………………………… 193
　　【实操图解1】：检测车轮与轮胎 ………………………………………… 193

【实操图解2】：检测车轮定位（以阿波罗四轮定位仪操作为例） …………… 195
　　【知识链接1】：车轮的组成和类型 …………………………………… 197
　　【知识链接2】：轮胎的作用与分类 …………………………………… 198
　　【知识链接3】：车轮定位 ……………………………………………… 200
第三节　车桥与车架 ……………………………………………………… 200
　　【实操图解】：检查底盘 ………………………………………………… 200
　　【知识链接】：车架与车桥的结构、功用与要求 …………………… 202

第十三章　转向系统 …………………………………………………… 203

第一节　转向系统结构认知 ……………………………………………… 203
　　【实操图解】：认知转向系统结构 ……………………………………… 203
第二节　机械转向系统的检修 …………………………………………… 205
　　【实操图解1】：机械转向系统的基本检查 …………………………… 205
　　【实操图解2】：转向操纵机构的拆装与调整 ………………………… 207
　　【实操图解3】：转向传动机构的拆装与调整 ………………………… 211
　　【实操图解4】：转向器的拆装与调整 ………………………………… 213
第三节　动力转向系统的检修 …………………………………………… 220
　　【实操图解1】：转向助力油的检查与更换 …………………………… 220
　　【实操图解2】：电动助力转向系统的故障诊断与排除 ……………… 223

第十四章　制动系统 …………………………………………………… 227

第一节　行车制动操纵机构 ……………………………………………… 227
　　【实操图解】：检查行车制动系统 ……………………………………… 227
　　【知识链接】：行车制动系统的组成及其操纵机构的检查维护 …… 229
第二节　驻车制动操纵机构 ……………………………………………… 229
　　【实操图解】：检查驻车制动操纵机构 ………………………………… 229
　　【知识链接】：驻车制动操纵机构的组成、检查维护及驻车制动杆行程的调整 … 230
第三节　制动器 …………………………………………………………… 231
　　【实操图解1】：盘式车轮制动器的拆装与检修 ……………………… 231
　　【实操图解2】：鼓式车轮制动器的拆装与检修 ……………………… 233
　　【实操图解3】：驻车制动器的检查与调整 …………………………… 236
第四节　液压制动传动装置 ……………………………………………… 238
　　【实操图解1】：液压制动传动装置的检修 …………………………… 238
　　【实操图解2】：制动液的检查、添加与更换 ………………………… 242
第五节　ABS ……………………………………………………………… 246
　　【实操图解1】：ABS的结构认知 ……………………………………… 246
　　【实操图解2】：ABS轮速传感器的检查与更换 ……………………… 246

第一章　汽车维修基础知识

◆ 第一节　安全操作认知 ◆

一、作业须知

1. 事故

事故的造成有人为因素和自然因素（图1-1）。人为因素包括不正确地使用设备或工具，穿着不合适的衣物或操作人员不小心。自然因素包括设备或工具出现故障或缺少完整的安全装置、工作环境不良等。

图1-1　人为因素与自然因素示例

2. 5S 理念

（1）什么是5S

> 5S是现代企业普遍推行的一种重要管理方法，是保持车间环境，实现快速可靠、安全工作的前提。

"人造环境、环境造人"，一个良好的工作现场、操作现场有利于企业吸引人才、创建企业文化、降低损耗和提高工作效率，同时可以大幅度提高全体人员的素质和敬业爱岗精神。5S来自五个日文词：整理（SEIRI）、整顿（SEITON）、清扫（SEISO）、清洁（SEIKETSU）和素养（SHITSUKE），如图1-2所示。

① 整理（SEIRI）：是指确认某种物品是否需要，如不需要应立即丢弃，以便有效利用空间。该物品可以是工具、零件甚至信息。注意应在指定的地方丢弃不需要的物品。

② 整顿（SEITON）：是指对需要的物品，根据使用频率进行整顿，以方便使用。整顿的原则：将很少使用的物品放在单独的地方；将偶尔使用的物品放在自己的工作场地；将经常使用的物品放在身边。

③ 清扫（SEISO）：是指使工作场地及场地内的所有物品都保持干净的过程。使设备处于完全正常的状态，保证随时都可正常使用。

④ 清洁（SEIKETSU）：是指保持整理、整顿、清扫的过程。

⑤ 素养（SHITSUKE）：是指通过持续（长时间坚持）的整理、整顿、清扫、清洁，使之成为习惯的过程。

图1-2　5S理念

（2）5S 管理的效用

5S 管理的五大效用也可归纳为**五个 S**，即 Sales、Saving、Safety、Standardization、Satisfaction。

> ① 5S 管理是最佳推销员（Sales）——被顾客称赞为干净整洁的工厂使客户有信心，乐于下订单；会有很多人来厂参观学习；会使大家希望到这样的工厂工作。
> ② 5S 管理是节约家（Saving）——减少不必要的材料、工具的浪费；减少寻找工具、材料等的时间；提高工作效率。
> ③ 5S 管理对安全有保障（Safety）——宽广明亮、视野开阔的职场，遵守堆积限制，使危险处一目了然；过道明确，不会造成杂乱的环境，工作顺畅。
> ④ 5S 管理是标准化的推动者（Standardization）——用一定的原则规范作业现场，大家都按照规定执行任务，程序稳定，品质稳定。
> ⑤ 5S 管理形成令人满意的职场（Satisfaction）——创造明亮、清洁的工作场所，使员工有成就感，能造就现场全体人员积极工作的气氛。

二、人与车辆的防护

人与车辆的防护要点和措施见表 1-1。

表1-1 人与车辆的防护要点和措施

类别	具体操作方法及要求
人员防护	穿戴整洁的工作服和工作鞋，是职业化形象的具体体现，也是安全生产的具体要求 **工作服** 为了安全和方便工作，工作服必须结实合身。为保护车内外，不要将皮带扣、纽扣、手表等坚硬物体暴露在外，同时应保持工作服的整洁。为了防止受伤或烫伤，请规范穿着工作服，尽量不要裸露自己的皮肤 **工作鞋** 工作鞋前部有保护钢板，底部可以防滑并且绝缘，可以起到很好的保护作用。为了防止因重物坠落砸伤脚或因工作区域有油污而摔倒，在工作时，必须穿戴符合要求的工作鞋 **工作手套** 工作手套并非必须佩戴，应根据自己的作业内容来决定。如提升重物或拆检类似排气管等热的物体时必须佩戴，以免受伤；在操作旋转性设备时，禁止戴手套 **护目镜** 在工作中，如操作会产生碎片的旋转性工具时，还应佩戴护目镜

类别	具体操作方法及要求
车辆的防护	在进行车辆作业前，必须对车辆内外做好防护工作，这不仅是保护车辆，也能体现企业"客户至上"的理念。为了避免在作业时弄脏客户车内，应铺好地板垫、座椅罩、方向盘罩、变速杆套等；为了避免在操作时损坏或腐蚀车辆外部，应铺好翼子板布、前围；为了可靠保证车辆不移动，还应放好车轮挡块。此外，为了保护操作环境，在起动发动机前还应接上烟道；在对车辆维护操作完成后，还应对车内外进行清洁

三、工作安全

工作安全主要涉及防火与防电安全，见表1-2。

表1-2 防火与防电预防和施救措施

⚠ 无论何时在车间发现险情，都应立即向上级汇报！	
类别	具体操作方法及要求
防火	**预防措施** （1）不得在工作场所吸烟。在吸烟区吸烟后，应确认烟头熄灭在烟灰缸里 （2）千万不要在正在充电的蓄电池旁使用明火或会产生火花的设备，因为在充电时蓄电池会产生可燃性气体——氢气 （3）在机油存储地或可燃性的零件清洗剂附近，不要使用明火 （4）仅在必要时才将燃油或清洗剂带到车间，携带时还应使用密封的容器 （5）吸满机油和汽油的抹布在特定条件下可能发生自燃，应将其放入带盖的金属容器内 （6）不要将可燃性废机油或燃油倒入污水管道，这不仅造成环境污染，还将可能造成污水管道发生火灾，应将这些废油倒入指定的回收容器内 （7）在维修车辆供油系统前，应断开蓄电池的负极，在没有修好前，可以防止误起动 （8）让员工知道灭火器、灭火沙、消防栓放在何处，如何使用 **施救措施** 如发生火灾，首先按响警报并拨打火警电话119，在消防员到达现场前，所有人员应配合扑灭火焰，如火情严重，应组织人员迅速逃离到安全地方

类别	具体操作方法及要求
防电	**预防措施** （1）拔电缆插头时，不要拉电线，而应拉插头本身 （2）对于标有故障的电气开关，千万不要触碰 （3）不要靠近断裂或摇晃的电线 （4）千万不要用湿手接触电气设备 （5）千万不要让电线通过尖角、潮湿、有油污、高温的地方 （6）千万不要在电动机、配电箱等附近使用易燃物 如发现电气设备不正常，应立即关掉开关 **施救措施** 如果因电路或电气设备引起火灾或人身伤害，应先断开电源开关，再施救 无论何时，在车间发现险情，都应立即向上级汇报

（续）

> 【知识链接】：**灭火器的相关知识**
>
> **1. 灭火器简介**
>
> 　　灭火器，又称灭火筒，是一种可携式灭火工具（图1-3）。灭火器内藏化学物品，是常见的防火设施之一，存放在公众场所或可能发生火灾的地方。因为其设计简单可携，一般人也可以使用扑灭刚发生的小火。
>
> **2. 灭火器分类**
>
> 　　灭火器的种类很多，按其移动方式可分为手提式和推车式；按驱动灭火剂的动力来源可分为储气瓶式、储压式、化学反应式；按所充装的灭火剂则又可分为泡沫、干粉、卤代烷、二氧化碳、酸碱、清水等。
>
> 　　不同国家对灭火器的分类稍有不同，但基本上都是按火的种类分为五类。以下分类是欧盟标准，我国也使用这种分类方法。
>
> 　　A类（Class A）：含碳可燃固体之火警，如木、草、纸张、塑胶、橡胶等。
> 　　B类（Class B）：可燃液体之火警，如汽油、柴油、机油等。
> 　　C类（Class C）：可燃气体之火警，如石油气、天然气、乙炔、甲烷等。
> 　　D类（Class D）：可燃固体金属之火警，如镁、铜、铁、铝等。
> 　　E类（Class E）：通电物体之火警。

图1-3　灭火器

> 　　不同的灭火器是专为指定类型的火警而设的，也只应用在该种火警之上，否则可能产生危险。
>
> 　　据欧盟标准，A类及B类灭火器会加上一个数字，用以表示该灭火器能有效扑灭火灾的大小。
>
> 　　A类：可有效扑灭燃烧木材火灾的直径，以dm表示，通常为5~233的数字；B类：可有效扑灭燃烧正庚烷火灾的容量，以L表示，通常为5~233的数字。
>
> 　　例如：一个"13A 168B"的灭火器正确使用时可以把直径1.3m的木火，或浮在水上168L的庚烷火熄灭。
>
> 　　可以在标准测试中扑灭石油气火的灭火器，会加入字母C，但不设数字标准。
>
> 　　一个质量良好的6kg的干粉式灭火器，常见标准为"21A 233B C"；5kg二氧化碳灭火器则为"89B"；放置在汽车上的1kg灭火器则多为"34B C"或"8A 34B C"。

第二节 工量具及设备的使用

一、常用手动工具

在汽车维修保养中,常用的手动工具主要有成套的套筒扳手、梅花扳手、呆扳手、扭力扳手、钳子、螺钉旋具、活扳手、锤子、刮刀等。每件工具都有自己特定的功能和使用方法,如果用于规定用途之外或使用方法不正确,将有可能造成零件、工具甚至人的严重伤害。使用完后,还应保持放置有序,及时清洁或涂油保养。常用手动工具见表1-3。

表1-3 常用手动工具

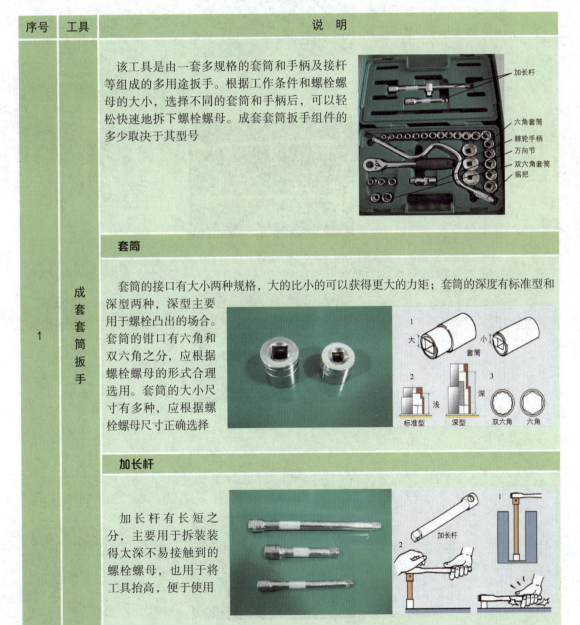

序号	工具	说 明
1	成套套筒扳手	该工具是由一套多规格的套筒和手柄及接杆等组成的多用途扳手。根据工作条件和螺栓螺母的大小,选择不同的套筒和手柄后,可以轻松快速地拆下螺栓螺母。成套套筒扳手组件的多少取决于其型号
		套筒 套筒的接口有大小两种规格,大的比小的可以获得更大的力矩;套筒的深度有标准型和深型两种,深型主要用于螺栓凸出的场合。套筒的钳口有六角和双六角之分,应根据螺栓螺母的形式合理选用。套筒的大小尺寸有多种,应根据螺栓螺母尺寸正确选择
		加长杆 加长杆有长短之分,主要用于拆装装得太深不易接触到的螺栓螺母,也用于将工具抬高,便于使用

（续）

序号	工具	说　明
1	成套套筒扳手	**棘轮手柄** 　　棘轮手柄需与套筒配合使用，可以实现在有限的空间里快速拆装螺栓螺母。棘轮手柄可以调节旋向，在使用时要根据使用情况合理选择。在使用中切忌施加较大力矩，太大的力矩将导致棘轮手柄中的棘轮棘爪机构损坏 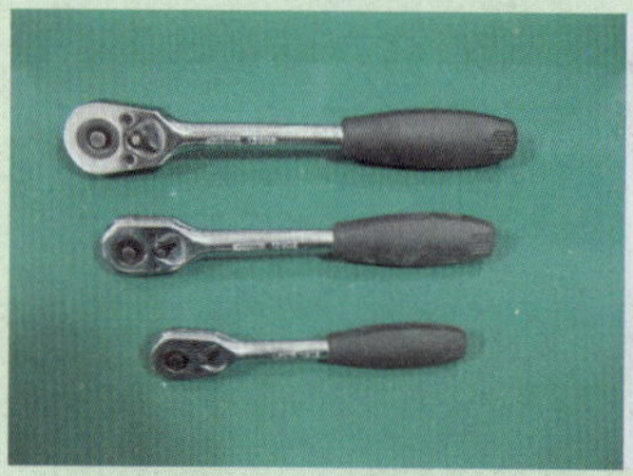 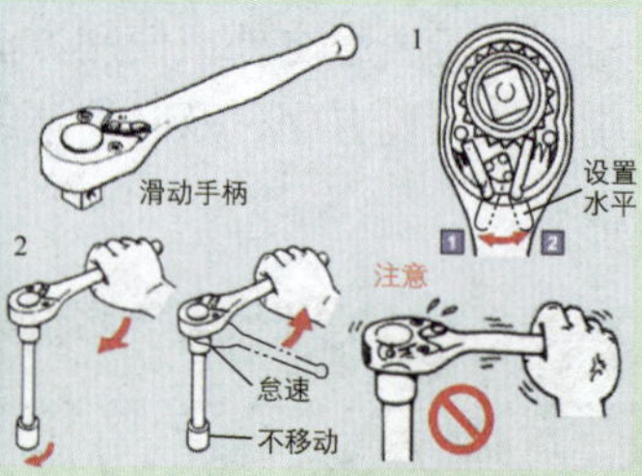 **滑动手柄** 　　通过移动滑动手柄上的套头，滑动手柄有两种类型：L型，可以实现施加较大力矩；T型，可以增加拆装速度 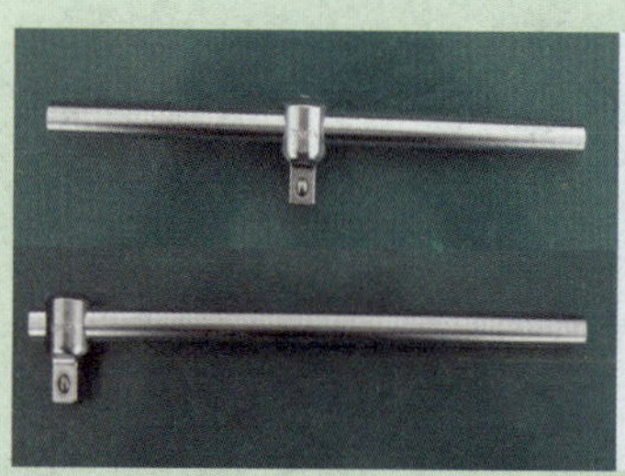 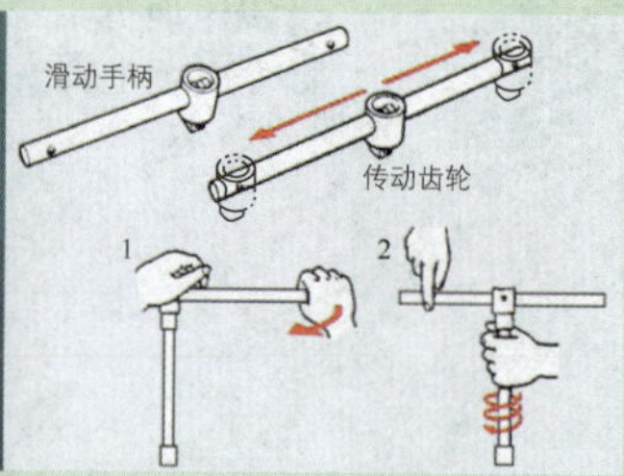
2	梅花扳手	梅花扳手可以对螺栓螺母施加较大的力矩，其尺寸有多种规格，并有长短之分，短型主要用于长度方向空间有限的场合。梅花扳手可以完全包住螺栓螺母，因此不会损坏螺栓螺母，并可施加大力矩；梅花扳手的轴是有角度的，因此可方便地拆装凹进或平面上的螺栓螺母 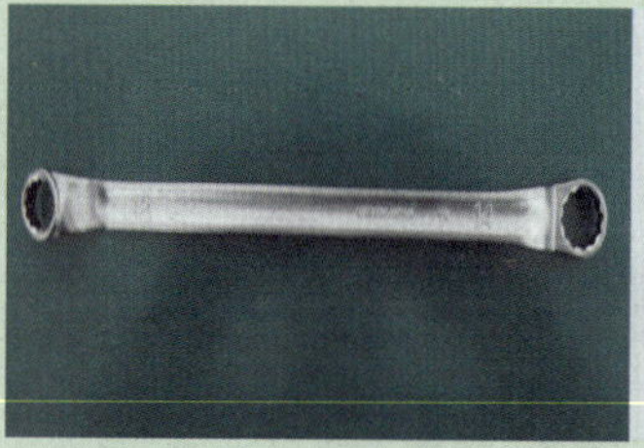 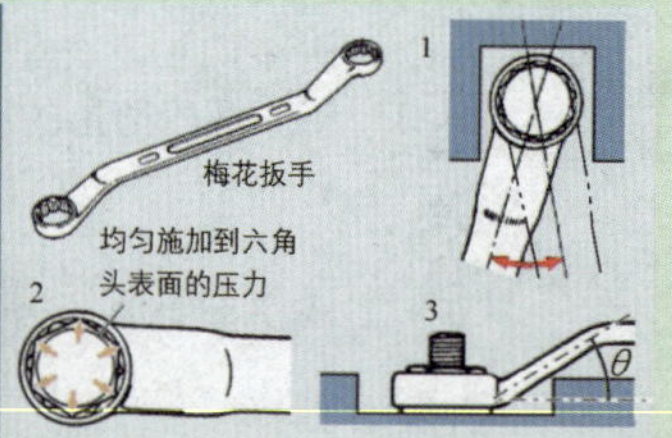
3	呆扳手	主要用于不能使用成套套筒扳手和梅花扳手拆装螺栓螺母的场合。为防止零件的相对转动，可以用两个呆扳手配合使用，如拧松燃油管、调整前轮前束。因不能完全包住螺栓螺母，所以不能施加较大的力矩，不能用于最终的拧紧。不可在呆扳手上套接管子以增加力矩，这会导致超大力矩，损坏螺栓螺母或呆扳手 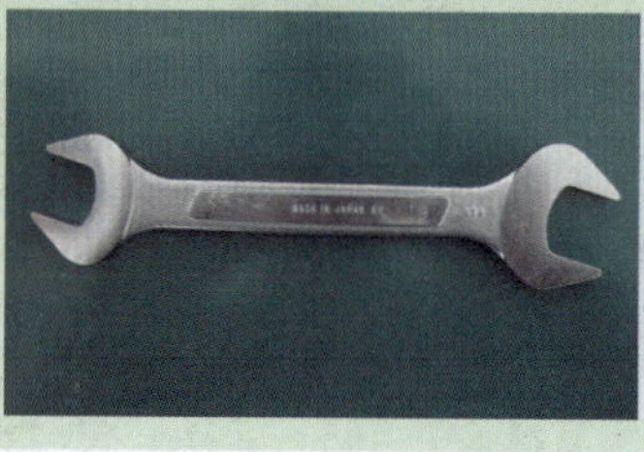 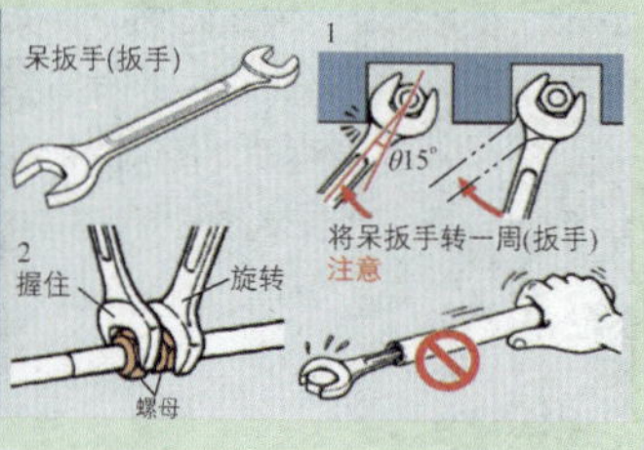

(续)

序号	工具	说 明
4	扭力扳手	扭力扳手有可调式和不可调式之分，主要用于按规定力矩的最终拧紧。通过旋转扭力扳手的手柄可以获得不同的力矩（上有刻度），在扭力扳手的前部有调节旋向的装置，在使用前，调至规定力矩，锁紧，再确认旋向后方可使用；在使用中，要坚持采用拉的姿势，如空间限制无法采用拉的姿势，则可用手掌推的姿势，否则会对螺栓螺母造成严重伤害。扭力扳手的旋向调节和锁紧装置的形式根据厂家的不同可能不同
5	钳子	**尖嘴钳** 用于在密封的空间里操作或夹紧小零件。在钳子的颈部还有一组刀口，用于切割细导线或剥掉电线外面的绝缘层。不可在钳子头部施加大的力，这将导致钳口变形 **鲤鱼钳** 主要用于夹东西，如卡箍等，也可利用刀口剪断导线。通过改变支点的位置，可以调节钳口张开的程度，以实现不同的用途。在夹紧易损件时，需要对易损件做好防护，如在外面包裹防护布
6	螺钉旋具	主要用于拆装螺钉。有十字和一字之分。在使用时，要选择与螺钉槽口尺寸相适合的螺钉旋具，并要使螺钉旋具与螺钉尾端保持直线，边用力边转动。切勿使用其他工具来增加螺钉旋具上的力矩，这将导致螺钉旋具或螺钉的损坏。虽然普通螺钉旋具应用最为广泛，但穿透螺钉旋具、短柄螺钉旋具、方柄螺钉旋具、精密螺钉旋具也得到一定的应用

(续)

序号	工具	说　明
7	活扳手	主要用于拧紧尺寸不规则的螺栓螺母。通过调节螺杆可以改变开口的开度，一个活扳手相当于多个呆扳手，在使用时，要调节钳口使之与螺栓螺母头部无间隙。呆扳手不能施加大的力矩。要使活动钳口在旋转方向上来转动扳手，否则力矩将施加在调节螺杆上，使其损坏
8	锤子	主要通过敲击拆装零部件。常用的有球头销锤子、塑料锤、检修锤。球头销锤子有铸铁头部；塑料锤主要用于通过振动拆卸零部件，同时可避免损坏零部件；检修锤主要用于通过敲击的声音和振动来检查螺栓的松紧度
9	刮刀	主要用于拆卸气缸盖、油底壳等各接合表面的液态密封胶及胶黏物表面上的其他东西。当使用在易于损坏的表面上时，刮刀应包裹塑料带；切勿把手放在刀片前，可能会受伤

二、风动工具的使用

风动工具是以压缩空气为动力源，用于实现快速拆装螺栓、螺母的工具，广泛应用于石化行业、电力行业、交通运输行业、船舶制造行业、冶炼行业等。在汽车维修企业，为了提高生产效率，一般都配有该工具。目前使用比较多的是冲击式气动扳手和棘轮式气动扳手，见表1-4。由于该产品使用的动力源是压缩空气，所以在一些防爆场所特别适宜使用。

表1-4　风动工具

类型	说　明
冲击式气动扳手	冲击式气动扳手主要用于实现拆装大力矩的螺栓、螺母，俗称风炮。该工具的输出力矩和旋转方向可以根据使用对象进行调整。在使用冲击式气动扳手时，请与工具箱内的专用套筒扳手配合使用，专用的套筒扳手经过专门加工，其特点是能防止套筒从传动装置上松脱，同时该套筒为了在较大的冲击载荷下不致损坏，增加了套筒的壁厚，即加强型套筒。力矩调整和旋转方向按钮的位置和形状因生产厂家的不同而有所不同

（续）

类型	说　明
冲击式气动扳手	**注意事项** （1）因是旋转性工具，在使用时请勿戴手套 （2）在使用前请确认套筒和气源连接牢靠，选择适当的档位和旋向，并在使用前确认 （3）选择的气源气压应符合规定 （4）选择的套筒种类和大小应符合要求 （5）使用时要确认套筒与螺母完全套好结合再打开气动扳手，否则会损坏螺母或螺纹 （6）如用于旋紧螺母时，请使用小档位小力矩旋紧，并在使用前确认螺纹螺母完全旋合 （7）如果从螺栓上完全取下螺母，则旋转力有可能使螺母飞出 （8）在操作时，手要握紧气动扳手并用一定的正压力，因为接通气动扳手时会释放比较大的力矩，这将引起振动 （9）定期检查气动扳手，并注意润滑和防锈 
棘轮式气动扳手	棘轮式气动扳手主要用于实现快速拆卸和安装小力矩的螺栓及螺母。这种风动工具可以改变旋向，但不可以对力矩进行调整，可与套筒和加长杆配合使用，在使用时，要确保排风口不要对着螺栓、螺母、小零件、机油等。在没有气源的情况下使用时，其使用方法与普通棘轮扳手一致

三、测量仪器的使用

在汽车上使用的测量仪器一般有游标卡尺、千分尺、百分表等，见表1-5。

表1-5　测量仪器的使用

种类	说　明
游标卡尺	游标卡尺的量程有 0~150、200、300（单位为 mm），测量精度一般为 0.05mm，可以测量长度、外径、内径、深度

（续）

种类	说明	
游标卡尺	测量值的读取：读数大于1.0mm时，读取主标尺刻度的数值，其位于游标"0"的左边，例如A为45mm；读数低于1.0mm大于0.05mm的数值，读取游标上的刻度与主测量刻度相对齐的点，例如B为0.25mm。最终的测量值为A+B=45mm+0.25mm=45.25mm	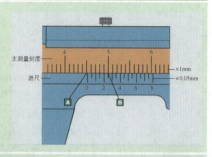
千分尺	常用千分尺的量程有0~25mm、25~50mm、50~75mm和75~100mm四种，测量精度为0.01mm，主要用来测量厚度与外径	 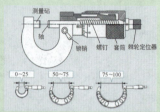
	测量前，首先清洁测量砧，校零，如不在零位可用调整扳手进行调整；测量时，旋转套筒直到轴轻触被测件，并保证测砧与被测件正确接触，然后转动棘轮定位器，直到空转几次后读取测量值。测量值的读取：读出至0.5mm的值，读出在套管刻度上可以看见的最大值，例如A=55.5mm；读出0.5mm以下0.01mm以上的值，读取套筒上的刻度与套管上的刻度对齐点的数值，例如B=0.45mm。最终的测量值为A+B=55.5mm+0.45mm=55.95mm	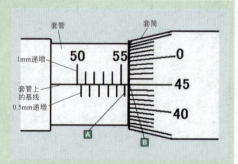
百分表	百分表主要用于测量轴的弯曲、轴向圆跳动等，测量精度为0.01mm。将百分表与磁性表座相连，可以实现测量弯曲度、轴向圆跳动，与内径测量杆相连，可以测量气缸内径。测量时，要使测量头垂直于被侧面，并设置指针位于量程的中间位置，以提高灵敏度。测量值的读取：读取表盘指针在表盘内偏摆的最大刻度，如左、右偏摆7个刻度，则偏差为0.07mm	

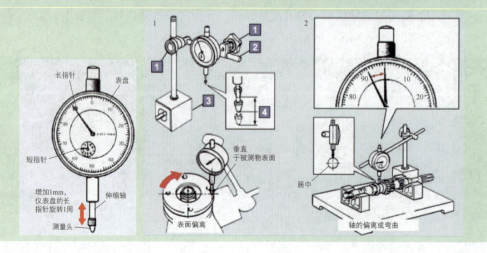

精确测量的要点

（1）测量前

① 清洁被测零部件和仪器，零部件和测量仪器的脏污将导致测量误差，因此测量前必须进行清洁

② 按照测量要求，选择合适精度的测量仪器

③ 使用仪器测量前必须进行校零

（2）测量时

① 测量位置应符合规范，如制动盘圆跳动的测量点在离外边缘 1mm 处

② 测量头（砧）要与被测零部件垂直

③ 读取测量值时，眼睛要与刻度垂直

（3）测量后

① 要清洁测量仪器，并放回原处

② 如果长时间放置不用，需要涂油防锈

四、举升机的使用

举升机是汽车维修企业必备的设备之一，在车辆作业中发挥着至关重要的作用，无论整车大修，还是小修保养，都离不开举升机，常用的有立柱式和剪式举升机，见表1-6。

表1-6 举升机

种类	说明	
立柱式举升机	立柱式举升机安装比较方便，地面无需挖槽，但对车间高度有一定要求 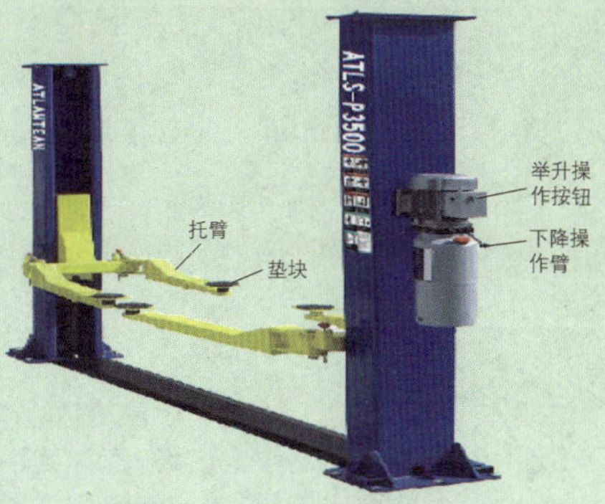	
剪式举升机	剪式举升机的使用方法与注意事项同立柱式举升机，不同之处是，举升前放置好垫块，在车辆受力后再次检查垫块的放置，在举升至操作位置后，应锁止并关闭控制面板上的电源开关	

【实操图解】：操作剪式举升机

下面以剪式举升机为例进行讲解，见表1-7。

表1-7　剪式举升机实操图解

作业项目	作业内容	具体操作方法及要求
1	将车辆置于举升机工位	**要求：** （1）取出车内的大件行李 （2）驾驶车辆，将车辆驶上举升工位 （3）拉紧驻车制动器 **提示：** （1）驾驶车辆时，一定要由有驾驶证的工作人员操作，并确保人员和车辆安全 （2）一定要拉紧驻车制动器手柄，以防车辆移动 （3）一定要拿出车内大件行李  取出车内大件行李 　　车辆驶上举升工位 　　拉紧驻车制动器
2	安装举升机支承垫块	**要求：** 支撑垫块位置应对准车辆被支撑部位 **提示：** 切勿将支撑垫块伸出板外 
3	发出举升机准备举升的信号	**要求：** 甲站在举升机操作台前，高声发出举升信号："请注意，举升机准备上升！" **提示：** 喊声要响亮，环视四周，并聆听配合者的应答 
4	发出举升机可以举升信号	**要求：** 乙在听到甲发出举升机准备举升信号时，用眼睛环顾车辆周围，仔细检查，在确认没有影响举升安全的物体或人的情况下，目视举升者（甲）大声喊出："车辆周围无障碍物，可以举升！"  **提示：** （1）一定要检查待举升车辆周围是否有障碍物，以免存在安全隐患 （2）检查车辆周围时必须认真、仔细

（续）

作业项目	作业内容	具体操作方法及要求
5	举起车辆使车轮即将离开地面	**要求：** （1）将电路、气路开关闭合 （2）按住举升机控制台上的"上升"按钮，将车辆举升至车轮即将离开地面的状态，松开"上升"按钮 **提示：** 车轮离开地面可能存在安全隐患 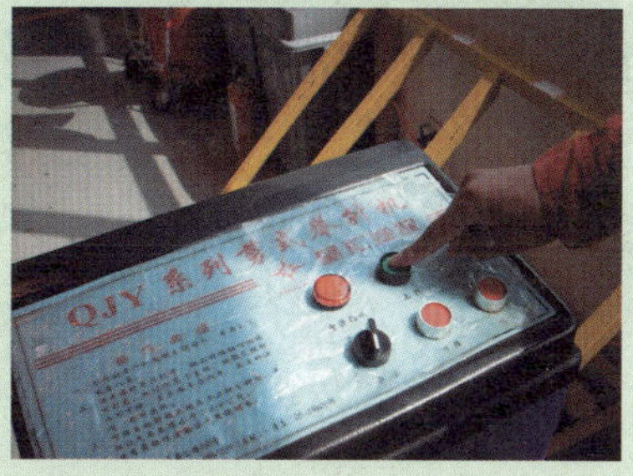
6	再次检查举升机支撑垫块安装情况	**要求：** 蹲下，仔细确认支撑垫块是否对准车辆被支撑部位。支撑垫块不允许歪斜 **提醒：** 如果支撑垫块位置不正确，必须降下举升机重新安放 **提示：** 支撑垫块位置不正确会造成安全隐患 
7	检查车辆支撑牢固情况	**要求：** 甲乙分别在前后保险杠或翼子板处采用下压方式检查车辆支撑是否牢靠 **提示：** （1）不允许按压发动机舱盖等易变形处 （2）按压时的力量要适中 
8	再次发出举升机准备举升信号，进行举升安全检查	**要求：** 两人配合完成该项工作，每人操作的技术要求同步骤3和步骤4 **提示：** 同步骤3和步骤4  

（续）

作业项目	作业内容	具体操作方法及要求
9	按住举升机"上升"按钮，举升车辆	**要求：** （1）按住"上升"按钮，举升车辆 （2）在车辆举升的过程中，操作人员的眼睛要密切注意举升机周围和被举升车辆本身的情况，以免存在安全隐患 **提示：** （1）操作者的眼睛要始终观察举升机周围和车辆本身的情况，遇到安全隐患应及时停止举升作业 （2）在车辆举升的全过程中，不允许在车辆周围或下部进行任何其他作业 按住举升机"上升"按钮　　　　车辆举升过程中要注视举升机和被举升车辆
10	车辆举到适宜高度后，将举升机安全锁止	**要求：** （1）待被举升车辆被举升到适宜的作业高度（作业位置）后，放开举升机控制柜上的"上升"按钮，并按下举升机控制柜上的"锁定"按钮 （2）确认举升机安全锁止后，发出"举升机锁止安全,可以作业！"的指令，然后开始相应作业项目的作业 **提示：** （1）在车辆整个举升过程中，操作人员要始终注意观察举升机周围及被举升车辆的情况，遇到安全隐患应立即停止举升作业 （2）切勿超出举升机最大举升高度，否则容易损坏举升机 操作举升机控制柜上的"上升"按钮　　　　将车辆举到适宜高度
11	完成车辆作业工作任务，发出准备降下举升机信号	**要求：** 在完成车辆相关作业后，甲高声发出"请注意，举升机准备下降！"的提示信息 **提示：** 声音要响亮，要环视举升工位周围，并聆听配合者的应答

（续）

作业项目	作业内容	具体操作方法及要求
12	发出举升机可以下降信号	**要求：** 乙在听到甲的提示信息后，站在车辆另一侧，目视检查车辆周围，确认车辆周围没有影响车辆安全下降的障碍物后，目视举升机操作者高声发出"车辆周围无障碍物，可以下降！"的回应信息 **提示：** （1）一定要进行车辆周围是否有障碍物的检查 （2）在确认车辆周围无障碍物的情况下，一定要高声发出"车辆周围无障碍物，可以下降！"的回应信息
13	将车辆下降到相应作业位置或完全降下	**要求：** （1）解除举升机锁止 （2）按住举升机控制柜上的"下降"按钮 （3）将车辆下降到相应的作业高度位置或完全降下后锁止 （4）如果是作业完毕需要将车辆完全降下，一定要使举升机板条回到最低位置，车轮完全着地 **提示：** （1）在车辆下降的过程中，操作人员要始终注意观察举升机周围和车辆的情况，发现安全隐患应立即停止作业 （2）在车辆下降的过程中，不允许在车辆下部或车辆周围进行任何其他作业
14	取出举升机支撑垫块并放回原位，关闭举升机电源开关	**要求：** （1）取出举升机支撑垫块，并将支撑垫块放到规定位置 （2）关闭举升机电源开关
15	进行设备和场地的5S现场整理工作	**要求：** （1）整理、整顿、清洁、清扫、自律 （2）车身上凡是作业过程中动过的部位均应用干净抹布清洁 （3）地面必须用拖把清洁 （4）举升机控制柜必须清洁 （5）所有废弃物必须分类丢弃 （6）所有物品必须归位 **提示：** 不要用潮湿的抹布清洁电器开关、按钮等

第二章 发动机概述

【实操图解】：观察发动机结构组成

观察发动机结构的操作图解见表2-1。
设备：各种发动机代表车型各一辆。
工具：工具车、翼子板护垫、三件套、抹布等。

表2-1 观察发动机总成

步骤	具体操作方法及要求	步骤	具体操作方法及要求
1	（1）准备翼子板护垫三件套、方向盘套、变速杆手柄套、椅背套、脚垫、抹布等 （2）将上述工具在工具车上叠放整齐 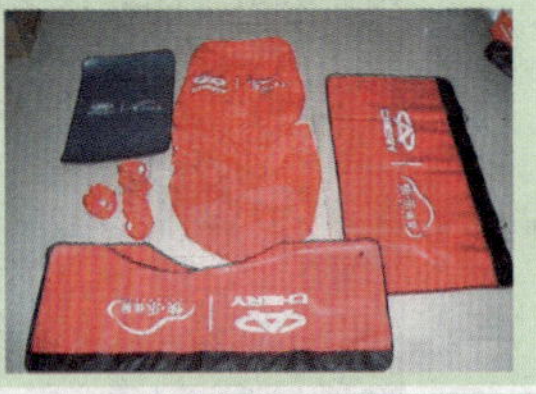	5	打开发动机舱盖挂钩 
2	从汽车外围标记识别发动机的类型及有关技术特征 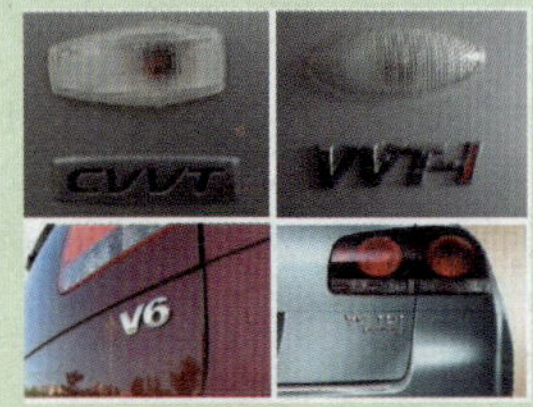	6	（1）打开发动机舱盖 （2）安装发动机舱盖支撑杆 
3	（1）打开车门 （2）依次安装地板垫、方向盘套、座椅套等 	7	安装翼子板布 
4	打开发动机舱盖释放杆开关（不同的车型位置和形状有所不同） 	8	（1）观察发动机装饰盖上的标记 （2）取下发动机装饰盖 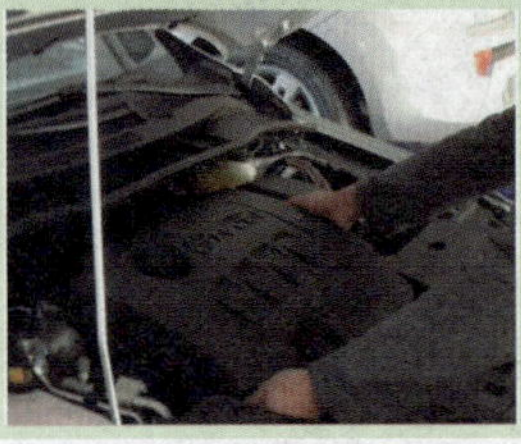

第二章　发动机概述 | 17

（续）

步骤	具体操作方法及要求	步骤	具体操作方法及要求
9	（1）找出发动机各主要部件位置 （2）判断发动机的类型并记录 （3）观察发动机的特点	10	（1）安放发动机装饰盖 （2）取下翼子板布并叠放整齐 （3）关闭发动机舱盖 （4）取下方向盘套、座椅套、地板垫等并叠放整齐 （5）做好车身和地面清洁工作

【知识链接1】：发动机的分类

发动机是汽车的动力源。现代汽车发动机主要采用的是往复式内燃机，本书所提及的发动机，无特别说明的，均指往复式内燃机。发动机的作用是通过燃料在气缸内的燃烧，将化学能转化为热能，再把热能通过膨胀转化为机械能并对外输出动力。其分类见表2-2。

表2-2　发动机的分类

序号	分类依据	说明	
		往复活塞式	旋转活塞式
1	活塞运动方式	活塞在气缸内做往复直线运动	活塞在气缸内做旋转运动也称为三角活塞转子发动机（转子发动机）或米勒循环发动机
		与往复活塞式发动机相比，转子发动机具有体积较小、重量轻、重心低、高功率容积比（发动机容积较小就能输出较多动力）、曲轴平衡简单、转速高、振动和噪声较低、故障率低等优点，但是其制造成本高昂，耐用性也低于往复活塞式发动机	

（续）

序号	分类依据	说　明	
2	所用燃料	**汽油机** 以汽油为燃料	**柴油机** 以柴油为燃料
		汽油机转速高，体积小，质量轻，工作中振动及噪声小，起动容易，制造成本低，但热效率和经济性不如柴油机，适合于中、小型汽车，尤其是高速汽车的使用；柴油机转速低，压缩比大，热效率高，燃料消耗率低，经济性能和排放性能比汽油机好，但体积大，质量重，工作中振动及噪声较大，起动性差（尤其是低温时），价格高，超负荷运转时容易冒黑烟，最大功率时的转速低，适合于载货汽车的使用。另外也有一些发动机以其他液体或气体（如乙醇、植物油、天然气等）为燃料	
3	冲程	**四冲程** 曲轴转两圈（720°），活塞在气缸内上下往复运动四个行程，完成一个工作循环	**二冲程** 曲轴转一圈（360°），活塞在气缸内上下往复运动两个行程，完成一个工作循环
		二冲程发动机体积小，重量轻，功率大，结构简单，制造、维修方便，可靠性高，价格便宜，但油耗高，排放高，主要用于一些对重量、体积和可靠性要求较高的汽车或摩托车；四冲程发动机体积大，结构复杂，油耗低，排放低，制造、维修较麻烦，价格相对较高，用于大多数汽车	
4	冷却方式	**水冷式** 利用在气缸体和气缸盖冷却水套中进行循环的冷却液作为冷却介质进行冷却	**风冷式** 以空气作为冷却介质
		水冷发动机冷却均匀，水路和冷却强度可调节，工作可靠，冷却效果好，广泛地应用于现代车用发动机。风冷发动机结构简单，质量轻，维护使用方便，对气候变化适应性强，起动快，不需要散热器，但缸体和缸盖刚度差，振动大，噪声大，容易过热，多被一些军用汽车和个别载货汽车采用。风冷发动机还用于缺水地区	

(续)

序号	分类依据	说明			
5	气缸数目	**单缸** 仅有一个气缸		**多缸** 有两个及以上气缸，常用缸数有3、4、5、6、8、10、12、16缸等	
		单缸发动机工作平稳性差，转速波动大，振动大，且随着转速或排量的增加而增大，但其结构简单，重量轻，结构尺寸小，制造成本较低，维护方便。多缸发动机在同等缸径下，排量和功率较大；在同等排量下，多缸发动机的缸径小，允许转速高，升功率大，运转平稳，振动与噪声较小。现代汽车都采用多缸发动机，微型汽车发动机多为3缸，小型载重汽车、客车和中型以下轿车发动机多为4缸，中型载重汽车、大型轿车及客车发动机多为6缸，重型汽车一般为6~8缸			
6	气缸排列方式	**L型（直列式）** 所有的气缸均按同一角度肩并肩排列成一个平面	**V型** 所有的气缸分成两组，相邻的气缸以一定的夹角布置在一起，使两组气缸形成两个有一定夹角的平面（左右两列气缸中心线的夹角γ<180°），从侧面看气缸呈V字形	**W型（水平对置式）** 将V型发动机每侧气缸再进行小角度的错开（如帕萨特W8的小角度为15°），从侧面看气缸呈W字形，也可以认为是由两个小V形组成一个W形	**H型** 左右两列气缸之间的夹角等于180°的V型发动机
		结构简单，体积小，制造成本低，运转平衡性和操控性好，但是随着缸数的增加长度也将增加，缸数、最大功率都受到限制，主要有L3、L4、L5、L6型。L型发动机在国产汽车中应用十分广泛，几乎所有中档以下的国产车及采用四缸发动机的车型都是直列发动机。宝马的L6（直列六缸）发动机在技术含量、缸数、性能表现上是直列发动机的极致	气缸之间相互错开布置，缩短了机体的长度和高度，高度的降低可以减小汽车的迎风面积，提高汽车的空气动力学性能；长度的缩短可以增加驾乘舱的空间，还可以扩大气缸直径和气缸数来提高发动机的排量和功率。发动机气缸的对向布置，可抵消一部分振动，使发动机运转更为平顺。但V型发动机结构复杂，制造成本高，保养和维修较为困难。V型发动机从V3到V5、V6、V8、V10、V12、V16都有，排气量可以从很小到很大	比V型发动机的长度短，重量轻，体积小，但结构过于复杂，制造成本高昂，其宽度更大，使发动机室更满。W型发动机是大众的专利技术，只有大众集团旗下的顶级车型上才使用W型发动机，目前主要有W12和W16	其气缸平放，降低了机体的高度和汽车的重心，增强了汽车的行驶稳定性和操控性；较V型发动机运转平顺性更好，油耗更低，功率损耗更小，但水平对置发动机的结构复杂，造价和养护成本高。另外由于重力作用，气缸的上侧得不到充分润滑。富士WRX-Sti和保时捷911车都采用的是水平对置式发动机

(续)

序号	分类依据	说 明	
		自然吸气（非增压式）	**强制进气（增压式）**
7	进气系统是否采用增压方式	空气未经压缩直接供入气缸	将空气预先压缩后再供入气缸
		发动机增压可以分为机械增压、气波增压、废气涡轮增压和复合增压四种，其中废气涡轮增压是最常见的增压装置，它是利用发动机排出废气的惯性冲力来推动涡轮室内的涡轮，涡轮带动同轴的叶轮压送空气。增压使进入燃烧室内的空气量增多，使发动机的功率及转矩可增大20%~30%。但采用增压技术后使发动机强度、机械加工精度、装配技术等要求更严格，同时采用涡轮增压后会出现动力输出反应滞后，即突然加速时，会让人有瞬间提不上速度的感觉	

【知识链接2】：发动机的基本术语（表2-3）

表2-3 发动机的基本术语

序号	术语	说 明	序号	术语	说 明
1	上止点	活塞在气缸内作往复直线运动时，当活塞运动到距离曲轴旋转中心最远时活塞顶所处的位置，称为上止点	3	活塞行程	活塞从一个止点到另一个止点所移动的距离，即上、下止点之间的距离称为活塞行程。一般用S表示，对应一个活塞行程，曲轴旋转180°
2	下止点	活塞在气缸内作往复直线运动时，当活塞运动到距离曲轴旋转中心最近时活塞顶所处的位置，称为下止点	4	曲柄半径	曲轴旋转中心到曲柄销中心之间的距离称为曲柄半径，一般用R表示。通常活塞行程为曲柄半径的两倍，即$S=2R$

活塞位于上止点　　　　活塞位于下止点

（续）

序号	术语	说 明	序号	术语	说 明
5	气缸工作容积	活塞从一个止点运动到另一个止点所扫过的容积，称为气缸工作容积，一般用 V_h（L）表示： $$V_h = \frac{\pi}{4} D^2 S \times 10^{-6}$$ 式中，D 为气缸直径（mm）；S 为活塞行程（mm）	8	发动机排量	多缸发动机各气缸工作容积的总和，称为发动机排量，一般用 V_L 表示： $$V_L = V_h \times i$$ 式中，V_h 为气缸工作容积；i 为气缸数目
6	燃烧室容积	活塞位于上止点时，其顶部与气缸盖之间的容积称为燃烧室容积，一般用 V_c 表示	9	压缩比	压缩比是指气体压缩前的容积与气体压缩后的容积之比值，即气缸总容积与燃烧室容积之比。压缩比表示了气体的压缩程度，是发动机中一个非常重要的概念，发动机实际的压缩比往往受气缸密封性的影响而发生改变，一般用 ε 表示： $$\varepsilon = \frac{V_a}{V_c} = \frac{V_h + V_c}{V_c} = 1 + \frac{V_h}{V_c}$$ 式中，V_a 为气缸总容积；V_h 为气缸工作容积；V_c 为燃烧室容积 通常汽油机的压缩比为 6~10，柴油机的压缩比较高，一般为 16~22
7	气缸总容积	活塞位于下止点时，其顶部与气缸盖之间的容积称为气缸总容积，一般用 V_a 表示。气缸总容积就是气缸工作容积和燃烧室容积之和，即 $V_a = V_c + V_h$	10	工作循环	完成进气、压缩、做功和排气四个过程叫一个工作循环

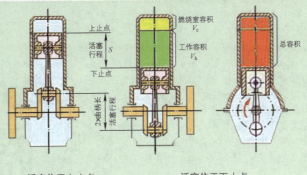

活塞位于上止点　　　　　　活塞位于下止点

【知识链接3】：发动机的工作原理

　　发动机是一种能量转换机构，它将燃料燃烧产生的热能转变成机械能。要完成这个能量转换必须经过进气、压缩、做功、排气四个过程。我们把这四个过程叫做发动机的一个工作循环，工作循环不断地重复，就实现了能量转换，使发动机连续运转。

　1. 四冲程汽油机的工作原理

　　① 进气行程。随着曲轴的旋转，活塞从上止点向下止点运动，这时进气门打开，排气门关闭，如图 2-1 所示。进气过程开始时，气缸内残存有上一循环未排净的废气，因此，气缸内的压力稍高于大气压力。随着活塞下移，气缸内容积增大，压力减小，当压力低于大气压时，在气缸内产生真空吸力，空气经空气滤清器、进气管

道、进气门等被吸入气缸。由于进气系统的阻力，进气终了时，气缸内气体压力略低于大气压，约为 0.075～0.09MPa。同时由于受残余废气和高温机件的加热，气体温度升至370～400K。

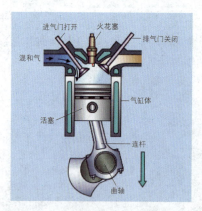

图 2-1 进气行程

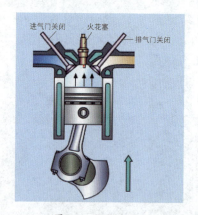

图 2-2 压缩行程

② 压缩行程。进气行程结束后，活塞在旋转曲轴的带动下，从下止点向上止点运动，如图2-2所示，这时进气门和排气门都关闭，气缸内成为封闭容积，进入气缸内的可燃混合气受到压缩，压力和温度不断升高，当活塞到达上止点时压缩行程结束。此时气体的压力和温度主要随压缩比的大小而定，气体压力约为0.6～1.2MPa，温度可达600～700K。

③ 做功行程。当活塞位于压缩行程接近上止点（即点火提前角）位置时，火花塞产生电火花点燃混合气并迅速燃烧，这时进气门和排气门仍然保持关闭，混合气燃烧放出大量的热使气缸内的气体温度和压力急剧升高，从而推动活塞从上止点向下止点运动，通过连杆使曲轴旋转并输出机械能，如图2-3所示。

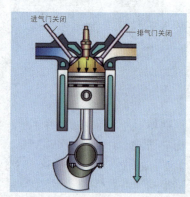

图 2-3 做功行程

做功行程开始阶段气缸内的最高压力可达3～5MPa，温度可达2200～2800K，随着活塞的下移，气缸内容积增加，气体压力和温度逐渐下降，做功行程终了时气体压力约为0.3～0.5MPa，温度约为1300～1600K。

④ 排气行程。当做功接近终了时，排气门开启，进气门仍然关闭，如图2-4所示，靠废气的残余压力先进行自由排气，活塞到达下止点再向上止点运动时，继续把废气强制排到大气中去，活塞越过上止点后，排气门关闭，排气行程结束。由于燃烧室容积的存在，不可能将废气全部排出气缸。受排气阻力的影响，排气终止时，气体压力仍高于大气压力，约为0.105～0.115MPa，温度约为900～1200K。

曲轴继续旋转，活塞从上止点向下止点运动，又开始了下一个新的工作循环。

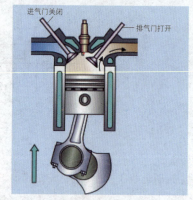

图 2-4 排气行程

2. 四冲程柴油机与四冲程汽油机的主要区别

① 在进气行程，柴油机进入气缸的是纯空气；而汽油机进入气缸的是可燃混合气。柴油发动机混合气形成的时间比汽油发动机混合气形成的时间短。

② 在压缩行程，柴油机的压缩比大，而汽油机的压缩比小。

③ 点火方式不同：柴油机使用压燃式点火方式，汽油机使用点燃式点火方式。

④ 柴油机和汽油机燃烧室的构造不同。

⑤ 柴油机转速低，汽油机转速高。

柴油机工作可靠，寿命长，燃油消耗率低，使用经济性好，有一定的功率储备，能适应短期超载工作，但比重量大，一般噪声较大。汽油机比重量小，噪声和振动小，但燃油消耗率高，经济性较差。

3. 二冲程汽油机的工作原理和工作过程

二冲程汽油机的工作循环也是由进气、压缩、做功、排气四个过程组成,但它是在曲轴旋转一圈(360°)、活塞上下往复运动的两个行程内完成的。因此,二冲程发动机与四冲程发动机工作原理不同,结构也不一样。

曲轴箱换气式二冲程汽油机,气缸上有三排孔,它是利用这三排孔在一定时刻被活塞打开或关闭来进行进气、换气和排气的。当活塞向上运动到将三排孔都关闭时(图2-5a),活塞上部形成了密闭的空间并开始压缩混合气,此时压缩过程开始;活塞继续上行,活塞下方进气孔开始打开,可燃混合气进入曲轴箱(图2-5b),此时进气过程开始;活塞接近上止点时(图2-5c),火花塞点燃混合气,气体燃烧膨胀,推动活塞向下运动,此时做功过程开始;进气孔关闭,曲轴箱内的混合气受到压缩,当活塞接近下止点时,排气孔打开,排出废气,此时排气过程开始;活塞再向下运动,换气孔打开,受到压缩的混合气便从曲轴箱经进气孔流入气缸内,并扫除废气(图2-5d),此时换气过程开始。

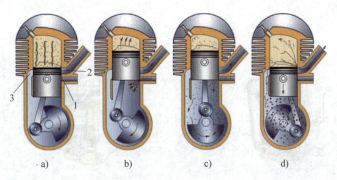

图2-5 二冲程汽油机工作原理

第一行程:活塞从下止点向上止点运动,事先已充满活塞上方气缸内的混合气被压缩,新的可燃混合气被吸入活塞下方的曲轴箱内。

第二行程:活塞从上止点向下止点运动,活塞上方进行做功过程和换气过程,而活塞下方则进行可燃混合气的预压缩。

【知识链接4】:发动机的结构组成

发动机是一种由许多机构和系统组成的复杂机器。无论是汽油机还是柴油机,无论是四冲程发动机还是二冲程发动机,无论是单缸发动机还是多缸发动机,要完成能量转换,实现工作循环,保证连续正常工作,都必须具备以下一些机构和系统,见表2-4。

发动机的结构组成

表2-4 发动机的结构组成

序号	机构和系统	说明
1	曲柄连杆机构	曲柄连杆机构是发动机实现工作循环、完成能量转换的传动机构。在做功行程中,活塞承受燃气压力在气缸内作直线运动,通过连杆转换成曲轴的旋转运动,并通过曲轴对外输出动力。而在进气、压缩和排气行程中,飞轮释放能量又把曲轴的旋转运动转化成活塞的直线运动。曲柄连杆机构一般由机体组、活塞连杆组和曲轴飞轮组等组成

（续）

序号	机构和系统	说 明
2	配气机构	配气机构的功用是根据发动机的工作顺序和工作过程，定时开启和关闭进气门和排气门，使可燃混合气或空气进入气缸，并使废气从气缸内排出，实现换气过程。配气机构大多采用顶置气门式配气机构，一般由气门组、气门传动组和气门驱动组等组成
3	燃料供给系统	汽油机燃料供给系统的功用是根据发动机的要求，配制出一定数量和浓度的混合气，供入气缸，并将燃烧后的废气从气缸内排出到大气中去；柴油机燃料供给系统的功用是把柴油和空气分别供入气缸，在燃烧室内形成混合气并燃烧，最后将燃烧后的废气排出。燃料供给系统一般由空气供给装置、燃油供给装置和废气排除装置等组成
4	润滑系统	润滑系统的功用是向作相对运动的零件表面输送定量的清洁润滑油，以实现液体摩擦，减小摩擦阻力，减轻机件的磨损，并对零件表面进行清洗和冷却。润滑系统通常由润滑油道、机油泵、机油滤清器和一些阀门等组成
5	冷却系统	冷却系统的功用是将发动机受热零部件吸收的多余热量及时散发出去，保证发动机在最适宜的温度状态下工作。水冷发动机的冷却系统通常由冷却水套、水泵、风扇、散热器、节温器等组成
6	点火系统	点火系统的功用是按照发动机的工作顺序定时产生足够强度的电火花点燃混合气。点火系统通常由蓄电池、发电机、分电器、点火线圈和火花塞等组成

（续）

序号	机构和系统	说　明
7	起动系统	要使发动机由静止状态过渡到工作状态，必须先用外力转动发动机的曲轴，发动机才能自行运转，工作循环才能自动进行。因此，曲轴在外力作用下从开始转动到发动机开始自动怠速运转的全过程，称为发动机的起动。完成起动过程所需的装置，称为发动机的起动系统

总　结

汽油机由曲柄连杆机构、配气机构、燃料供给系统、润滑系统、冷却系统、点火系统和起动系统两大机构和五大系统组成；柴油机由曲柄连杆机构、配气机构、燃料供给系统、润滑系统、冷却系统、起动系统两大机构和四大系统组成，柴油机是压燃的，不需要点火系统。

【知识链接5】：发动机的主要性能指标

发动机的性能指标是用来衡量发动机性能好坏的标准。发动机的主要性能指标有动力性能指标、经济性能指标和排放性能指标，见表2-5。

表2-5　发动机主要性能指标

指标	说　明
动力性能指标（反映曲轴对外做功能力）	**有效转矩**　指发动机通过曲轴或飞轮对外输出的转矩，通常用 T_e 表示，单位为 N·m。有效转矩是作用在活塞顶部的气体压力通过连杆、传给曲轴产生的转矩，并克服了摩擦、驱动附件等损失之后从曲轴对外输出的净转矩 **有效功率**　指发动机通过曲轴或飞轮对外输出的功率，通常用 P_e 表示，单位为 kW。有效功率同样是曲轴对外输出的净功率。它等于有效转矩和曲轴转速的乘积。发动机的有效功率可以在专用的试验台上用测功器测定，测出有效转矩和曲轴转速，然后用下面公式计算出有效功率：$$P_e = T_e \frac{2\pi n}{60} \times 10^{-3} = \frac{T_e n}{9550}$$式中，T_e 为有效转矩（N·m）；n 为曲轴转速（r/min） **转速**　指发动机曲轴每分钟的转数，单位为 r/min。发动机产品铭牌上标明的功率及相应转速称为额定功率和额定转速。按照汽车发动机可靠性试验方法的规定，汽车发动机应能在额定工况下连续运行 300~1000h
经济性能指标	通常用燃油消耗率来评价发动机的经济性能。燃油消耗率是指单位有效功的燃油消耗量，也就是发动机每发出 1kW 有效功率在 1h 内所消耗的燃油质量（单位为 g），燃油消耗率通常用 g_e 表示，其单位为 g/(kW·h)，计算公式为$$g_e = \frac{1000 G_T}{P_e}$$式中，G_T 为每小时的燃油消耗量（kg/h）；P_e 为有效功率（kW） 很明显，有效燃油消耗率越小，表示发动机曲轴输出净功率所消耗的燃油越少，其经济性越好。通常发动机铭牌上给出的有效燃油消耗率 g_e 是最小值
排放性能指标	包括排放烟度、有害气体（CO，HC，NO_x）排放量、噪声等

【知识链接6】：识别发动机编号

为了便于发动机的生产管理和使用，国家标准（GB 725—2008）《内燃机产品名称和型号编制规则》中对发动机的名称和型号作了统一规定。

1. 发动机型号的排列顺序及符号所代表的意义（图2-6）

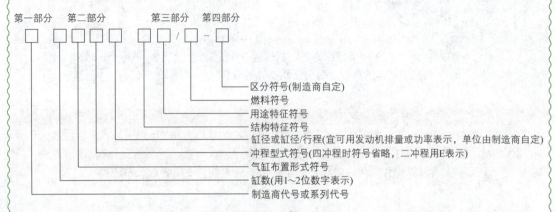

图2-6 型号表示方法

气缸布置形式符号	含义	气缸布置形式符号	含义
无符号	多缸直列及单缸	H	H型
V	V型	X	X型
P	卧式		

结构特征符号	结构特征	结构特征符号	结构特征
无符号	冷却液冷却	Z	增压
F	风冷	ZL	增压中冷
N	凝气冷却	DZ	可倒转
S	十字头式		

用途特征符号	用途	用途特征符号	用途
无符号	通用型及固定动力（或制造商自定）	G	工程机械
T	拖拉机	Q	汽车
M	摩托车		

2. 型号示例

（1）柴油机型号

G12V190ZLD——12缸、V型、四冲程、缸径190mm、冷却液冷却、增压中冷、发电用（G为系列代号）。

R175A——单缸、四冲程、缸径75mm、冷却液冷却、（R为系列代号、A为区分符号）。

YZ6102Q——六缸直列、四冲程、缸径102mm、冷却液冷却、车用（YZ为扬州柴油机厂代号）。

（2）汽油机型号

IE65F/P——单缸、二冲程、缸径65mm、风冷、通用型。

492Q/P-A——四缸、直列、四冲程、缸径92mm、冷却液冷却、汽车用（A为区分符号）。

第三章　曲柄连杆机构

曲柄连杆机构是内燃机实现工作循环、完成能量转换的传动机构，用来传递力和改变运动方式。曲柄连杆机构在做功行程把活塞的往复运动转变成曲轴的旋转运动，对外输出动力；而在其他三个行程，即进气、压缩、排气行程中又把曲轴的旋转运动转变成活塞的往复直线运动。曲柄连杆机构可分为机体缸盖组、活塞连杆组和曲轴飞轮组三个部分。

机体组的组成

第一节　机体缸盖组的构造与检修

【实操图解1】：检测气缸盖和油底壳（表3-1）

设备：丰田5A发动机拆装翻转台架1台，零件车1台，工具车1台，维修手册1套。

表3-1　检测气缸盖和油底壳

步骤	具体操作方法及要求	
1. 工具准备	（1）要准备的工具：摇把，刀口尺，塞尺，指针式扭力扳手，可调式扭力扳手，毛刷，抹布，油盆，枕木，吸棒，橡皮锤，螺钉旋具，大飞接杆，专用套筒一个（10号），丁字套筒一个（10号），转角扳手，气枪，铲刀，游标卡尺，机油，煤油，标注笔等 （2）工具准备要齐全，摆放要整齐	
2. 拆缸气缸盖螺栓	（1）组装工具：10号专用套筒，指针式扭力扳手和大飞接杆 （2）用扭力扳手按先两边后中间的交叉顺序松动气缸盖螺栓 （3）用摇把按顺序分两次拆下气缸盖螺栓	
3. 取下气缸盖的螺栓和垫片	（1）用吸棒取出气缸盖10个螺栓和10个垫片 （2）按顺序放好气缸盖螺栓和垫片	

（续）

步骤	具体操作方法及要求
4. 取下气缸盖、气缸垫	（1）用螺钉旋具和橡皮锤松动气缸盖，水平抬起气缸盖，将气缸盖倒放在枕木上 （2）取下气缸垫，水平放置
5. 拆油底壳，清洁气缸体下平面	（1）拆下19个螺栓和两个螺母 （2）铲掉密封垫和拆下油底壳 （3）铲掉密封胶，用抹布清洁
6. 清洁气缸体、气缸盖	（1）用铲刀铲气缸盖下平面和气缸体上平面，分别从两边由内向外铲 （2）用抹布清洁气缸盖下平面和气缸体上平面，向两边擦，防止杂物掉进气缸里 （3）将气缸盖放入油盆中用毛刷轻轻洗 （4）用压缩空气对气缸盖下平面和气缸体上平面进行清洁。对于气缸盖，先吹燃烧室，再吹螺栓孔和油孔，最后吹整个平面，由中间向两边吹；对于气缸体上平面，先吹螺栓孔，再由中间向两边吹
7. 测量气缸盖下平面的平面度	用塞尺和刀口尺在缸盖下平面上依次测量横向、纵向及交叉共6个位置，每个位置5个点。采用塞尺测量之前需目测检查刀口尺和气缸体上平面之间的透光度
8. 清洁和检测缸盖螺栓	（1）将气缸盖螺栓放入油盆里清洗，并用压缩空气吹 （2）取出游标卡尺，清洁、校零，按安装顺序测量气缸盖螺栓的长度和直径 （3）注意螺栓的摆放顺序
9. 安装油底壳	（1）彻底清洁所有组件，油底壳和气缸体接触表面应无油，清除所有松脱的材料 （2）涂上新的密封胶后，立即安装，用19个螺栓和两个螺母紧固油底壳

(续)

步骤	具体操作方法及要求
10. 安装气缸垫和气缸盖	（1）清洁和检查定位销（目视检查和游标卡尺检查） （2）清洁气缸垫（用蘸煤油或柴油的抹布擦拭），并水平安装（注意正反面） （3）水平安装气缸盖，注意定位，保证一次到位 
11. 安装气缸盖螺栓	（1）润滑气缸盖螺栓旋入机体部分的螺纹 （2）先用手旋入气缸盖螺栓 2~3 牙，再用摇把按先中间后两边交叉的顺序上紧，最后用可调式扭力扳手分两次将连杆螺栓按顺序上紧至 29N·m，使用转角盘（做标记也可），再次将连杆螺栓拧紧两次 90° 
12. 清洁整理工具和工作台	（1）所有用过的工量具必须及时清洁归位 （2）最后要注意整理好工作台 （3）分类收集废弃物 （4）用拖把清洁地面

【实操图解2】：检测气缸体（表3-2）

设备：丰田 5A 发动机拆装翻转台架 1 台，零件车 1 台，工具车 1 台，维修手册 1 套。

表3-2　检测气缸体

步骤	具体操作方法及要求
1. 工具准备	（1）要准备的工具：刀口尺，塞尺，毛刷，抹布，油盆，气枪，铲刀，游标卡尺，千分尺，内径百分表，机油，煤油，标记笔等 （2）工具准备要齐全，摆放要整齐 

（续）

步骤	具体操作方法及要求
2. 检测气缸体上平面	（1）清洁气缸体上平面（方法见 [实操图解1]） （2）用塞尺和刀口尺在缸盖下平面上依次测量横向、纵向及交叉共6个位置，每个位置5个点。采用塞尺测量之前需目测检查刀口尺和气缸体上平面之间的透光度 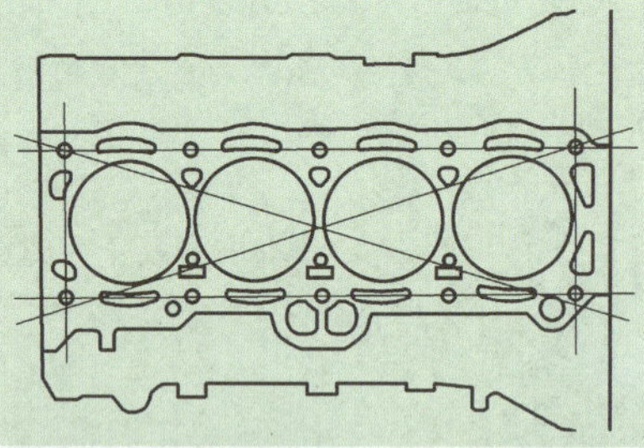
3. 清洁气缸体	（1）检查气缸内壁有无损坏 （2）用干净柔软的抹布擦拭气缸内壁 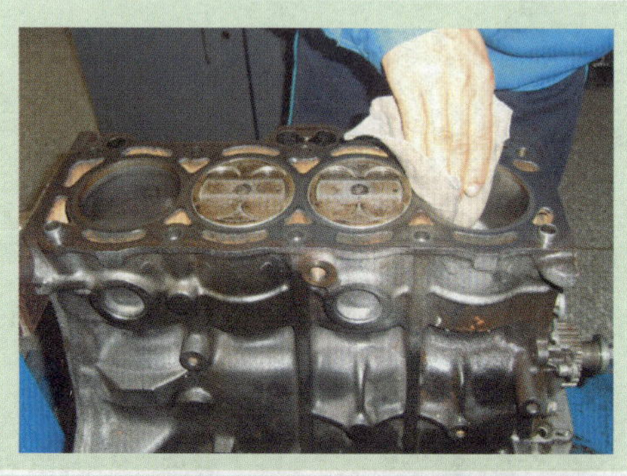
4. 使用游标卡尺测量气缸直径	（1）清洁游标卡尺，检查锁止螺母后校零 （2）测量每个缸横向和纵向两个方向的气缸直径 （3）用游标卡尺测量气缸直径时，要来回晃动游标卡尺的游标端，以找到最大的尺寸 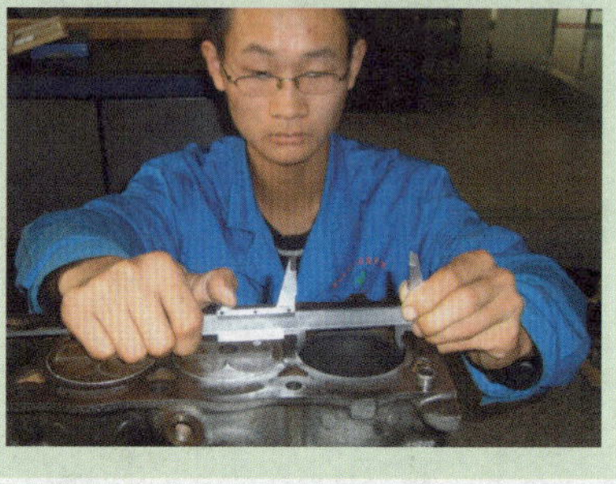
5. 组装量缸表并校零	（1）检查百分表表头的活动情况，转动表盘应无卡滞，捏住百分表上部的拉手部位轻轻向上提，应无卡滞 （2）检查表杆是否弯曲 （3）组装量缸表，并留1~2mm的预压缩量 （4）检查量缸表导向端的活动情况 （5）检查调整垫片是否有锈蚀或脏物，清洁并测量调整垫片 （6）根据测量的气缸直径选择合适的接杆和调整垫片，并用扳手拧紧接杆 （7）在台虎钳上校准千分尺 （8）用千分尺校量缸表，保持千分尺水平放置 （9）量缸表复校 

步骤	具体操作方法及要求
6.测量气缸直径，记录数据并计算	（1）测量位置：上、中、下三个平面，每个平面横向和纵向测量两个直径。上平面是指活塞在上止点时第一道气环所对应的位置（丰田8A距缸口10mm）；中平面是指活塞在上止点时活塞裙部所对应的位置；下平面是活塞在下止点时最下一道活塞环所对应的位置（丰田8A距底部缸口10mm） （2）测量气缸直径时，要先将导向轮放入气缸并贴着缸壁直到表头达到待测位置，切勿磨损表头 （3）测量气缸直径时，要前后摆动量缸表，当指针出现最大偏转时的计数即为该位置气缸的直径 （4）计算各缸的圆度误差（同一平面位置两直径之差再除以2） （5）计算各缸的圆柱度误差（最大直径与最小直径之差再除以2） （6）判断能否正常使用，得出结论
7.整理工量具及工作台	（1）拆卸量缸表，同时要求千分尺归零，及时清洁量具 （2）工量具归位摆好

【知识链接】：发动机机体组的结构组成（表3-3）

表3-3 发动机机体组的结构组成

发动机机体组	说 明
发动机的机体组主要由气缸体、曲轴箱、气缸盖和气缸垫等零件组成	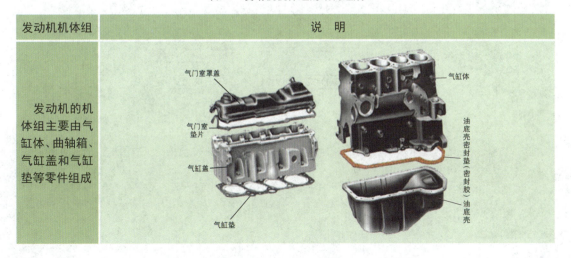

发动机机体组	说　明
气缸体	水冷发动机的气缸体和上曲轴箱常铸成一体，称为气缸体-曲轴箱，也可称为气缸体。气缸体一般用灰铸铁铸成，气缸体上部的圆柱形空腔称为气缸，下半部为支承曲轴的曲轴箱，其内腔为曲轴运动的空间。在气缸体内部铸有许多加强筋、水套和润滑油道等。 气缸体要有足够的强度和刚度，根据气缸体与油底壳安装平面位置的不同，通常把气缸体分为一般式、龙门式和隧道式三种形式。 为了使气缸内表面在高温下正常工作，必须对气缸和气缸盖进行适度冷却。冷却方法有两种：一种是水冷；一种是风冷。水冷发动机的气缸周围和气缸盖中都加工有冷却液套且水套相通，冷却液在水套内不断循环，带走部分热量，对气缸和气缸盖起冷却作用。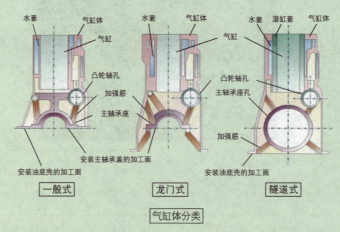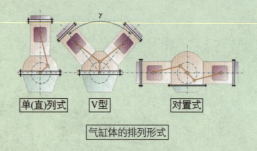现代汽车基本都采用多缸水冷发动机。对于多缸发动机，气缸的排列形式决定了发动机外形尺寸和结构特点，对发动机机体的刚度和强度也有影响，并关系到汽车的总体布置。按照气缸排列方式的不同，气缸体可以分成单列式、V型（还有一种称为W型的气缸的排列方式，它是由两个V型组成一个大V型）和对置式三种，各种排列方式的特点参考第二章的知识链接

（续）

发动机机体组		说　明
气缸		气缸直接镗在气缸体上叫做整体式气缸，整体式气缸的强度和刚度较好，能承受较大的载荷，但对材料要求高，成本高。用耐磨的优质材料将气缸制造成单独的圆筒形零件，然后再装到气缸体内，这种气缸叫气缸套。采用气缸套后，气缸体可用价格较低的一般材料制造，降低了发动机的制造成本；同时气缸套还可以从气缸体中单独取出，便于修理和更换，大大延长了气缸体的使用寿命。气缸在磨损后，将失去正确的几何形状，影响发动机的动力性和经济性，因此在汽车修理时，要对气缸体的磨损进行检验，以此来判断发动机是否需要大修。 气缸磨损的规律：发动机在使用中，气缸表面在活塞环运动区域内磨损较大且不均匀。从气缸的纵断面看，磨损最大部位一般在活塞到达上止点时，第一道环所对应的气缸壁处，使气缸磨损形成了上大下小的形状。从气缸的横断面看，磨损呈不规则的椭圆形，最大磨损一般发生在气缸的前后方向或左右方向。因此，在测量气缸的磨损时，通常是取上、中、下三个截面，并在气缸的前后和左右两个方向进行测量，检测其圆柱度误差
气缸套	干式气缸套	干式气缸套的特点是气缸套装入气缸体后，其外壁不直接与冷却液接触，而和气缸体的壁面直接接触，壁厚较薄，一般为 1~3mm。它具有整体式气缸体强度和刚度都较好的优点，但由于气缸套的内、外表面都需要进行精加工，加工比较复杂，而且制造成本高，拆装不方便，散热不良 干式气缸套
	湿式气缸套	湿式气缸套的特点是气缸套装入气缸体后，其外壁直接与冷却液接触，气缸套仅在上、下各有一圆环带和气缸体接触，壁厚一般为 5~9mm。它散热良好，冷却均匀，加工容易，通常只需要精加工内表面，而与冷却液接触的外表面不需要加工，拆装方便，但缺点是强度、刚度都不如干式气缸套好，而且容易产生冷却液泄漏现象，必须采取一些防漏措施 湿式气缸套

（续）

发动机机体组	说　明
气缸盖	气缸盖安装在气缸体的上面，从上部密封气缸并构成燃烧室。它经常与高温高压燃气接触，承受很大的热负荷和机械负荷。水冷发动机的气缸盖内部制有冷却液套，缸盖下端面的冷却液孔与缸体的冷却液孔相通，利用循环冷却液来冷却燃烧室等高温部分。缸盖上还装有进、排气门座，气门导管孔，用于安装进、排气门，另外还有进气通道和排气通道等。汽油机的气缸盖上加工有安装火花塞的火花塞孔，柴油机的气缸盖上加工有安装喷油器的喷油器孔。顶置凸轮轴式发动机的气缸盖上还加工有凸轮轴轴承孔，用以安装凸轮轴气缸盖一般由灰铸铁或铝合金等铸成。由于铝合金的导热性好，有利于提高压缩比，铝合金气缸盖近年来被采用得越来越多 气缸盖是燃烧室的组成部分，燃烧室的形状对发动机的工作影响很大。由于汽油机和柴油机的燃烧方式不同，气缸盖上组成燃烧室的部分差别较大，汽油机的燃烧室主要在气缸盖上，而柴油机的燃烧室主要在活塞顶部的凹坑。汽油机燃烧室常见的有半球形燃烧室、楔形燃烧室、盆形燃烧室三种形式。柴油机的燃烧室对可燃混合气的形成和燃烧过程影响较大，将在柴油供给系部分详细介绍  　半球形燃烧室　楔形燃烧室　盆形燃烧室
气缸垫	气缸垫装在气缸盖和气缸体之间，其功用是保证气缸盖与气缸体接触面的密封，防止漏气、漏水和漏油。气缸垫要有一定的弹性，能补偿接合面的不平度，以确保密封；要有好的耐热性和耐压性，确保在高温高压下不烧损、不变形。目前应用较多的是铜皮和石棉结构的气缸垫。有的发动机还采用在石棉中心用编织的钢丝网或有孔钢板为骨架，两面用石棉及橡胶黏结剂压成的气缸垫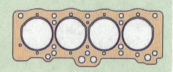 安装气缸垫时，首先要检查气缸垫的质量和完好程度，所有气缸垫上的孔要和气缸体上的孔对齐，其次要严格按照技术要求上好气缸垫螺栓。拧紧气缸盖螺栓时，必须按维修手册规定的顺序分2~3次进行，最后一次拧紧到规定的力矩
油底壳	气缸体下部用来安装曲轴的部位称为曲轴箱，曲轴箱分上曲轴箱和下曲轴箱。下曲轴箱用来储存润滑油，并封闭上曲轴箱，故又称为油底壳，如右图所示。油底壳受力很小，一般用薄钢板冲压而成，其形状取决于发动机的总体布置和机油的容量。油底壳内装有稳油挡板，以防止汽车颠动时油面波动过大。油底壳底部装有放油螺塞，放油螺塞上通常装有永久性磁铁，以吸附机油中的金属屑，减少发动机的磨损。在上、下曲轴箱接合面之间装有衬垫，以防止机油泄漏

第二节 活塞连杆组的构造与检修

【实操图解】：检修活塞连杆组（表3-4）

1. 设备：丰田5A发动机拆装翻转台架1台，零件车1台，工具车1台，维修手册1套。
2. 工具：常用工具1套，世达工具1套，拆装活塞及活塞环工具，标记笔1支，抹布若干。

表3-4 检修活塞连杆组

步骤	具体操作方法及要求
1. 工具准备	（1）要准备的工具：14号套筒，指针式扭力扳手、橡胶锤、螺栓保护套、锤子、活塞环扩张器、气枪、活塞安装工具、千分尺、钢直尺、塞尺、游标卡尺、外径百分表、铲刀、抹布等 （2）工具准备要齐全，摆放要整齐
2. 清洁气缸体上平面	（1）使用指针式扭力扳手旋转曲轴，使所有的活塞在气缸筒内保持同一高度 （2）用铲刀清洁气缸体上平面，再用抹布由内向外擦
3. 检查连杆是否弯曲和序号是否一致	（1）将要拆卸的活塞连杆旋转到上止点位置，检查连杆是否有明显的弯曲现象 （2）检查活塞连杆组的序号是否与气缸体上的序号一致 （3）将指定活塞连杆旋转到下止点位置，用抹布清洁气缸，检查有无缸肩和积炭

（续）

步骤	具体操作方法及要求
4. 检查连杆和连杆轴承盖标记	（1）翻转台架，使油底壳位置向上 （2）检查或设置装配标记。如果无原车标记，则用记号笔在连杆和连杆轴承盖上做记号 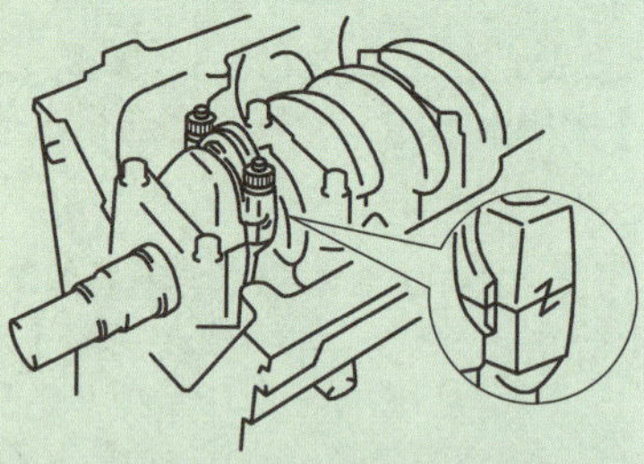
5. 取下连杆轴承	（1）用指针式扭力扳手和14号套筒分两次旋松连杆螺母，手旋并取下螺母 （2）用橡胶锤轻敲连杆螺栓，取出连杆盖（注意连杆轴承不要掉落），同时取下下盖上的连杆轴承，按顺序摆放连杆轴承 
6. 取下活塞连杆组	（1）套上连杆螺栓保护套 （2）用锤子柄在合适的位置推出连杆活塞组（用左手在缸体上平面处扶持住） （3）取下连杆螺栓上的护套，取下连杆和连杆轴承盖上的连杆轴承，并按顺序摆放 
7. 取下活塞环	（1）使用活塞环扩张器拆下两道压缩环 （2）用手拆下组合油环 （3）用铲刀清理活塞顶面、活塞环和活塞环槽的积炭 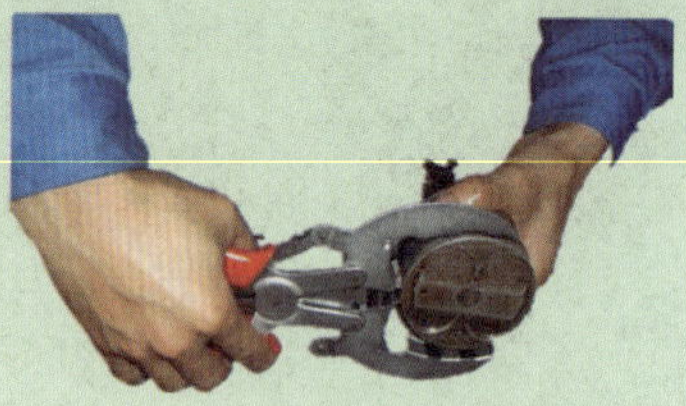
8. 取下活塞销	（1）从活塞中压出活塞销 （2）拆下连杆 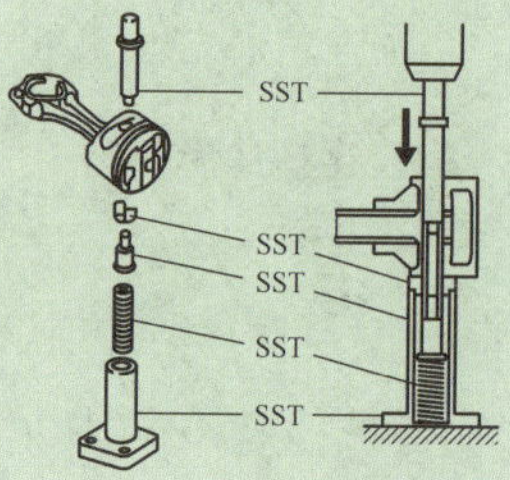

（续）

步骤	具体操作方法及要求
9. 清洁活塞及相关部件	（1）清洁活塞连杆、活塞环、连杆轴承（两片，并注意原来的安装位置摆放）、连杆轴承盖、连杆螺母、气缸筒和连杆轴颈 （2）用压缩空气吹净上述清洗零件
10. 目视检查活塞连杆组	（1）检查气缸体有无垂直划痕 （2）活塞有无损伤 （3）连杆轴颈和连杆轴承有无麻点、划痕和损伤 （4）检查活塞销状况
11. 测量活塞环侧隙	（1）清洁塞尺，用塞尺测量活塞环与相应环槽的侧壁的间隙，边滚动边测量（3点位置） （2）如果测量间隙超过标准，则更换活塞 **技术标准** 第一道气环：0.040~0.080mm 第二道气环：0.030~0.070mm
12. 测量活塞环端隙	（1）用钢直尺或游标卡尺的深度尺测量活塞高度（50.00mm），将第一道（或第二道）气环放入相应气缸，用活塞将活塞环推入气缸（可以用钢直尺借用活塞销平面处测量，此时的距离为47mm），取出活塞，用钢直尺再次检查推入深度，应为97mm。清洁塞尺，测量端隙 （2）如果端隙超过使用极限，则更换活塞环，如果使用新活塞环，端隙超过最大值，则重新镗削所有四个气缸或更换气缸体 **技术标准** 第一道气环：0.250~0.450mm（使用极限为1.05mm） 第二道气环：0.350~0.600mm（使用极限为1.20mm） 油环：0.150~0.500mm（使用极限为1.10mm）

(续)

步骤	具体操作方法及要求
13. 检查连杆螺栓	（1）把螺母装到连杆螺栓上，应能用手容易地将螺母拧到底。如果螺母转动困难，则用游标卡尺测量螺栓外径（在距离螺栓底面15mm处测量） （2）如果外侧的直径小于最小值，则一起更换连杆螺栓和螺母 **技术标准** 标准外径：8.86~9.00mm 最小外径：8.60mm
14. 测量活塞与气缸间隙	（1）将活塞倒置，清洁千分尺并校零（注意手法），用布清洁活塞裙部，在与销孔轴线垂直的方向距离活塞顶28.5 mm处测量活塞头部直径 （2）用气缸直径减去气缸筒直径 （3）如果间隙超过最大值，则更换所有四个活塞并重新镗削所有四个气缸。如有必要，则更换气缸体 **技术标准** 标准活塞直径有3级尺寸，分别标记"1""2""3"，这个标记打在活塞顶上 1：78.615~78.625mm 2：78.625~78.635mm 3：78.635~78.645mm 标准间隙：0.075~0.095mm 最大间隙：0.115mm
15. 检查连杆分总成	使用连杆校正器检查连杆变形，检查是否有弯曲和扭曲 **技术标准** 最大弯曲：0.05mm/100mm 最大扭曲：0.05mm/100mm
16. 组装活塞环	（1）组装活塞环（油环开口直接装配到位，气环开口在安装活塞前错口），将连杆轴承（两片）安装到相应位置，套上连杆螺栓保护套 （2）用压缩空气再次吹气缸筒，清洁连杆轴颈（用布擦）和连杆上的连杆轴承（用布擦），润滑气缸筒、活塞裙部、活塞环、活塞销和连杆轴承（连杆上的轴承）

（续）

步骤	具体操作方法及要求
17. 安装活塞组	（1）放入活塞安装工具，调整安装工具 （2）按照装配记号放入活塞，用橡胶锤轻轻推入（推入深度与缸体平面平齐），取下活塞安装工具，再次用橡胶锤将活塞推入到位 
18. 安装连杆螺母	（1）取下连杆螺栓保护套，清洁（用布擦）并润滑连杆轴承盖，装入连杆盖 （2）注意连杆螺母的安装方向，润滑螺母的旋转平面，用手拧连杆螺母，分两次拧紧到 29N·m（第一次 15N·m，第二次 29N·m），再用记号笔或角度计转动 45° （3）转动曲轴，使活塞旋转到上止点位置，确认安装良好 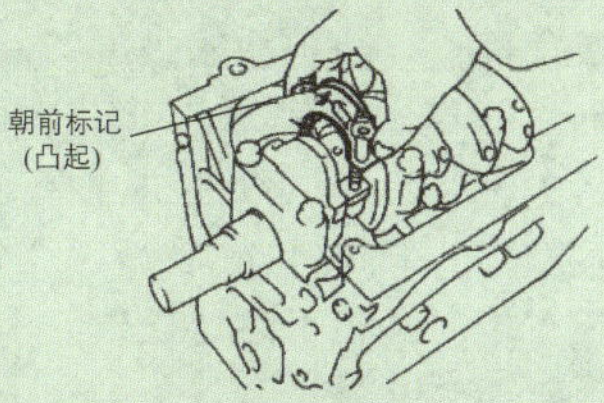 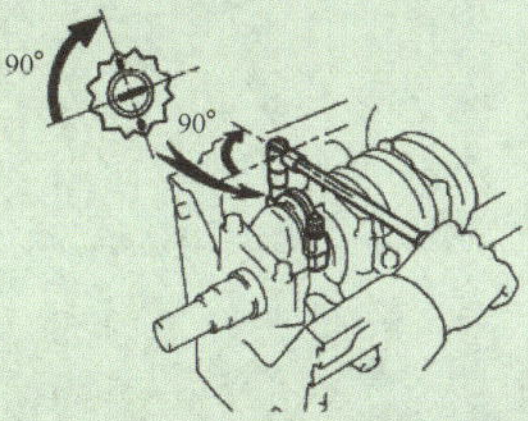
19. 检查连杆止推间隙	（1）使用百分表，前后移动连杆，测量止推间隙 （2）如果止推间隙超过最大值，则更换连杆总成 标准值：0.15~0.25mm 最大止推间隙：0.30mm 
20. 整理工量具及工作台	及时归位整理工量具以及工作台 

表3-5 活塞连杆组的结构

部件	说　明
活塞	活塞的功用是承受气体压力，并通过活塞销传给连杆以驱动曲轴旋转，活塞顶部还是燃烧室的组成部分。活塞直接与高温气体接触，受热严重，散热条件差，活塞工作时的温度很高且分布很不均匀；活塞顶部承受气体压力很大，特别是做功行程压力最大，汽油机高达3~5MPa，柴油机高达6~9MPa，这对活塞就会产生冲击和侧压力；活塞在气缸内以很高的速度（8~12m/s）往复运动，且速度在不断地变化，这就产生了很大的惯性力；另外高温、高压还会使活塞产生变形，高速和润滑不良会加速磨损，同时受到燃气的化学腐蚀作用。因此要求活塞的材料要有足够的刚度和强度，耐高压高温，耐磨损，导热性能好，质量小，重量轻。一般都采用高强度铝合金，在一些低速柴油机上也采用高级铸铁或耐热钢

活塞顶部	承受气体压力，也是燃烧室的组成部分，其形状、大小都和燃烧室的具体形式有关。其顶部形状可分为四大类：平顶活塞、凸顶活塞、凹顶活塞和成形顶活塞	平顶活塞 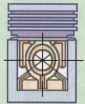 平顶活塞顶部是一个平面，结构简单，制造容易，受热面积小，顶部应力分布较为均匀，一般用在汽油机上，柴油机很少采用	凸顶活塞 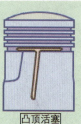 凸顶活塞顶部凸起呈球冠形，二冲程汽油机常采用凸顶活塞，有利于改善换气过程	凹顶活塞  凹顶活塞顶部呈凹陷形，凹坑的形状和位置有利于可燃混合气的形成和燃烧，主要用于柴油机，有双涡流凹坑、球形凹坑、U形凹坑等	成形顶活塞 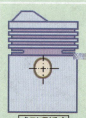 成形顶活塞的顶部有一半是凸起的一半是凹下去的，一般适用于对燃烧有特殊要求的柴油机

活塞头部	活塞头部指第一道活塞环槽到活塞销孔以上部分。它有数道环槽，用以安装活塞环，起密封作用，又称为防漏部。柴油机压缩比高，一般有四道环槽，上面三道安装气环，下面一道安装油环。汽油机一般有三道环槽，上面两道安装气环，下面一道安装油环。在油环槽底面上钻有许多径向小孔，使被油环从气缸壁上刮下的机油经过这些小孔流回油底壳 活塞顶部吸收的热量主要是由防漏部的活塞环传给气缸壁，再由冷却液传出去。活塞头部除了用来安装活塞环外，还有密封和传热作用

活塞裙部	活塞裙部指从油环槽下端面起至活塞最下端的部分，它包括装活塞销的销座孔。活塞裙部对活塞在气缸内的往复运动起导向作用，并承受侧压力。裙部的长短取决于侧压力的大小和活塞直径。所谓侧压力是指在压缩行程和做功行程中，作用在活塞顶部的气体压力的水平分力使活塞压向气缸壁。压缩行程和做功行程气体的侧压力方向正好相反，因为燃烧压力大大高于压缩压力，所以，做功行程中的侧压力也大大高于压缩行程中的侧压力。活塞裙部承受侧压力的两个侧面称为推力面，它们处于与活塞销轴线相垂直的方向上	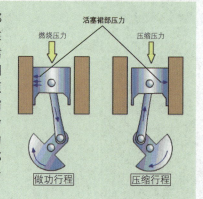

(续)

部件		说 明	
活塞环		具有弹性的开口圆环，有气环和油环之分。活塞环在高温、高压、高速和润滑极其困难的条件下工作，尤其是第一道环。长期以来，活塞环一直是发动机上使用寿命最短的零件。活塞环工作时受到气缸中高温高压燃气的作用，温度很高（特别是第一道环温度可高达600K），活塞环在气缸内随活塞一起作高速运动，加上高温下机油可能变质，使环的润滑条件变坏，难以保证良好的润滑，因而磨损严重。另外，由于气缸壁的锥度和椭圆度，活塞环随活塞往复运动时，沿径向会产生一胀一缩运动，使环受到交变应力而容易折断。因此，要求活塞环弹性好，强度高，耐磨损。目前广泛采用的活塞环材料是合金铸铁，第一道环镀铬，其余环一般镀锡或磷化	
	气环	气环是保证气缸与活塞间的密封性，防止漏气，并且要把活塞顶部吸收的大部分热量传给气缸壁，由冷却液带走。其中密封作用是主要的，因为密封是传热的前提。如果密封性不好，高温燃气将直接从气缸表面流入曲轴箱。这样不但由于环面和气缸壁面贴合不严而不能很好散热，而且由于外圆表面吸收附加热量而导致活塞和气环烧坏。气环是一个有开口的弹性圆环，在自由状态下外径大于气缸直径，它与活塞一起装入气缸后，外圆柱面紧贴在气缸壁上，形成第一密封面，被封闭的气体不能通过环周与气缸之间，便进入了环与环槽的空隙，一方面把环压到环槽端面形成第二密封面，同时，作用在环背的气体压力又大大加强了第一密封面的密封作用，气环密封效果一般与气环数量有关，汽油机一般采用两道气环，柴油机一般多采用三道气环 气环的断面形状很多，最常见的有矩形环、扭曲环、锥面环、梯形环和桶面环	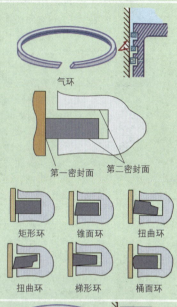
	油环	油环起布油和刮油的作用，下行时刮除气缸壁上多余的机油，上行时在气缸壁上铺涂一层均匀的油膜。这样既可以防止机油窜入气缸燃烧掉，又可以减少活塞、活塞环与气缸壁的摩擦阻力，此外，油环还能起到封气的辅助作用。油环有普通油环和组合油环两种	普通油环又叫整体式油环。环的外圆柱面中间加工有凹槽，槽中钻有小孔或开切槽，当活塞向下运动时，将缸壁上多余的机油刮下，通过小孔或切槽流回曲轴箱；当活塞上行时，刮下的机油仍通过回油孔流回曲轴箱。有些普通环还在其外侧上边制有倒角，使环在随活塞上行时形成油楔，可起均布润滑油的作用，下行刮油能力强，减少了润滑油的上窜 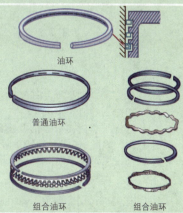
		组合环由上下两片侧轨环与中间的扩胀器组成，侧轨环用镀铬钢片制成，扩胀器的周边比气缸内圆周略大一些，可将侧轨环紧紧压向气缸壁。这种油环的接触压力高，对气缸壁面适应性好，而且回油通路大，重量小，刮油效果明显。其缺点是制造成本高	
		切槽环　倒角方向相同　倒角方向不同　组合式　螺旋衬簧式	

(续)

部件		说明
活塞销		其功用是连接活塞和连杆小头,并把活塞承受的气体压力传给连杆 由于活塞销在高温下周期性地承受很大的冲击载荷,其本身又作摆转运动,而且处于润滑条件很差的情况下工作,要求活塞销具有足够的强度和刚度,表面韧性好,耐磨性好,重量轻。因此,活塞销一般都做成空心圆柱体,采用低碳钢和低碳合金钢制成,外表面经渗碳淬火处理以提高硬度,精加工后进行磨光,有较高的尺寸精度和表面光洁度 活塞销的内孔有圆柱形、两段截锥与一段圆柱组合、两段截锥形三种形状
	全浮式安装	发动机工作时,活塞销、连杆小头和活塞销座都有相对运动,这样,活塞销能在连杆衬套和活塞销座中自由摆动,使磨损均匀。为了防止全浮式活塞销轴向窜动刮伤气缸壁,在活塞销两端装有挡圈,进行轴向定位。由于活塞是铝活塞,而活塞销采用钢材料,铝比钢热膨胀系数大。为了保证高温工作时活塞销与活塞销座孔为过渡配合,装配时,先把铝活塞加热到一定程度,然后再把活塞销装入,这种安装方式应用较广泛 圆柱形孔结构简单,加工容易,但从受力角度分析,中间部分应力最大,两端较小,所以这种结构质量较大,往复惯性力大 为了减小质量,减小往复惯性力,活塞销做成两段截锥形孔,接近等强度梁,但孔的加工较复杂 活塞销内孔形状 圆柱形　两段截锥与一段圆柱结合（介于二者之间）　两段截锥形
	半浮式安装	活塞中部与连杆小头采用紧固螺栓连接,活塞销只能在两端销座内作自由摆动,而和连杆小头没有相对运动。活塞销不会作轴向窜动,不需要锁片 
连杆		连杆的功用是连接活塞与曲轴。连杆小头通过活塞销与活塞相连,连杆大头与曲轴的连杆轴颈相连,并把活塞承受的气体压力传给曲轴,使活塞的往复运动转变成曲轴的旋转运动 连杆工作时,承受活塞顶部气体压力和惯性力的作用,而这些力的大小和方向都是周期性变化的。因此,连杆受到的是压缩、拉伸和弯曲等交变载荷。这就要求连杆强度高,刚度大,重量轻。连杆一般都采用中碳钢或合金钢经模锻或辊锻而成,然后经机加工和热处理
		对全浮式活塞销,由于工作时小头孔与活塞销之间有相对运动,所以常常在连杆小头孔中压入减磨的青铜衬套。为了润滑活塞销与衬套,在小头和衬套上铣有油槽或钻有油孔以收集发动机运转时飞溅上来的润滑油并用以润滑。有的发动机连杆小头采用压力润滑,在连杆杆身内钻有纵向的压力油通道。采用半浮式活塞销是与连杆小头紧配合的,所以小头孔内不需要衬套,也不需要润滑 连杆杆身通常做成"I"字形断面,抗弯强度好,重量轻;采用压力法润滑的连杆,杆身中部都制有连通大、小头的油道 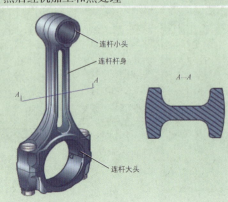

第三节　曲轴飞轮组的构造与维修

【实操图解】：检修曲轴飞轮组（表3-6）

任务准备
1. 设备：丰田5A发动机拆装翻转台架1台，零件车1台，工具车1台，维修手册1套。
2. 工具：常用工具1套，世达工具1套，标记笔1支，抹布若干。

表3-6　检修曲轴飞轮组

步骤	具体操作方法及要求	步骤	具体操作方法及要求
1.工具准备	（1）要准备的工具：指针式扭力扳手、14号套筒、平台、V形架、千分尺、百分表、表架、机油、标记笔、抹布 （2）工具准备要齐全，摆放要整齐	4.拆卸主轴承盖螺栓	（1）使用指针式扭力扳手和套筒由外向内拆卸主轴承盖螺栓 （2）分几次均匀松开主轴承盖螺栓
2.拆卸机油泵总成	（1）拆下机油泵7个螺栓 （2）用塑料锤轻轻敲击机油泵体，拆下机油泵 （3）拆下垫片	5.取下主轴承盖	（1）检查主轴承盖对前记号 （2）使用拆下的主轴承盖的螺栓，前后撬动并拆下主轴承盖和下止推片（只有3号主轴承盖处有） （3）检查轴承和轴承盖标记
3.拆下发动机后油封座	拆下6个螺栓、座圈和垫片	6.取下曲轴和止推垫片	（1）抬出曲轴，平行放在V形架上 （2）把下轴承和主轴承盖放在一起，并按顺序摆放 （3）检查下轴承标记

（续）

步骤	具体操作方法及要求	步骤	具体操作方法及要求
7.清洁曲轴及相关零件	（1）清洁曲轴轴颈、轴承和轴承盖，用气枪吹净 （2）检查每个主轴颈、连杆轴颈和轴承有无麻点和划痕	10.安装曲轴轴承和止推垫片	（1）对准轴承凸起和缸体的凹槽 （2）安装止推垫片，带槽的一面朝外 （3）润滑轴承内面，润滑止推垫片
8.检查曲轴磨损	（1）检查主轴颈直径 （2）检查连杆轴颈直径 （3）计算主轴颈、连杆轴颈圆度和圆柱度误差 **技术标准** 主轴颈直径标准：47.982~48.000mm 连杆轴颈直径标准：39.985~9.755mm 圆度和圆柱度误差：0.02mm	11.安装曲轴	（1）安装曲轴，注意止推垫片 （2）润滑轴颈
		12.安装曲轴轴承盖	（1）对准轴承凸起和主轴承盖的凹槽 （2）润滑轴承内面 （3）轴承盖标记向前，按顺序摆放，相互位置不要更换
9.检查曲轴变形	（1）将曲轴水平放置平台上，并用V形架支承 （2）检查百分表及支架并组装 （3）测量曲轴弯曲变形 **技术标准** 最大弯曲度：0.06mm	13.安装轴承盖螺栓	（1）主轴承盖螺栓的螺纹和螺栓头下面涂一薄层机油 （2）按顺序几次均匀拧紧10个主轴承螺栓 （3）拧紧力矩：60N·m （4）检查曲轴转动是否灵活

（续）

步骤	具体操作方法及要求	步骤	具体操作方法及要求
14. 安装机油泵总成和后油封座	（1）安装一个新的垫片，用6个螺栓安装后油封座圈，拧紧力矩为9.3N·m （2）更换新气垫片，使机油泵的驱动转子的花键齿与油泵侧曲轴的大齿啮合 （3）安装7个螺栓，拧紧力矩为22N·m 　标记A：35mm 　标记B：25mm	15. 检查曲轴止推间隙	（1）检查百分表和支架，并组装 （2）使用百分表顶住曲轴一端，用螺钉旋具前后撬动曲轴测量止推间隙 **技术标准** 标准止推间隙：0.020~0.220mm 最大止推间隙：0.30mm
		16. 及时清洁、整理工量具	（1）及时清洁工量具并整理 （2）及时清洁工作台

【知识链接】：曲轴飞轮组的结构组成（表3-7）

曲轴飞轮组主要由曲轴、飞轮和一些附件组成。

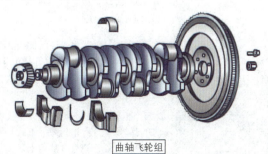

曲轴飞轮组

表3-7 曲轴飞轮组的结构组成

曲轴飞轮组		具体操作方法及要求
曲轴	功用	曲轴是发动机最重要的机件之一。它与连杆配合将作用在活塞上的气体压力变为旋转的动力,传给底盘的传动机构。同时,驱动配气机构和其他辅助装置,如风扇、水泵、发电机等
	特性	工作时,曲轴承受连杆的压力、惯性力及惯性力矩的作用,受力大、复杂,并且承受交变负荷的冲击作用。同时,曲轴又是高速旋转件,因此,要求曲轴具有足够的刚度和强度,具有良好的承受冲击载荷的能力,耐磨损且润滑良好
	材料及加工要求	曲轴一般用中碳钢或中碳合金钢模锻而成。为提高耐磨性和耐疲劳强度,轴颈表面经高频淬火或氮化处理,并经精磨加工,以达到较高的表面硬度和表面粗糙度的要求
	结构 主轴颈	全支承曲轴:曲轴的主轴颈数比气缸数目多一个,即每一个连杆轴颈两边都有一个主轴颈,如六缸发动机全支承曲轴有7个主轴颈,四缸发动机全支承曲轴有五个主轴颈。它是曲轴的支承部分,通过主轴承支承在曲轴箱的主轴承座中。主轴承的数目不仅与发动机气缸数目有关,还取决于曲轴的支承方式。这种支承方式使曲轴的强度和刚度都比较好,并且减轻了主轴承载荷,减小了磨损。柴油机和大部分汽油机多采用这种形式
		非全支承曲轴:曲轴的主轴颈数比气缸数目少或与气缸数目相等。虽然这种支承的主轴承载荷较大,但缩短了曲轴的总长度,使发动机的总体长度有所减小。有些承受载荷较小的汽油机可以采用这种曲轴形式
	连杆轴颈	曲轴的连杆轴颈是曲轴与连杆的连接部分,通过曲柄与主轴颈相连,在连接处用圆弧过渡,以减少应力集中。直列发动机的连杆轴颈数目和气缸数相等。V型发动机的连杆轴颈数等于气缸数的一半
	曲柄及平衡块	曲柄是主轴颈和连杆轴颈的连接部分,断面为椭圆形。为了平衡惯性力,曲柄处铸有(或紧固有)平衡重块。平衡重块用来平衡发动机不平衡的离心力矩,有时还用来平衡一部分往复惯性力,从而使曲轴旋转平稳
	曲轴前端	曲轴前端装有正时齿轮,驱动风扇和水泵的带轮以及起动爪等。为了防止机油沿曲轴前颈外漏,在曲轴前端装有一个甩油盘,在齿轮室盖上装有油封
	曲轴后端	曲轴的后端用来安装飞轮,在后轴颈与飞轮凸缘之间制成挡油凸缘与回油螺纹,以阻止机油向后窜漏

曲轴一般由主轴颈、连杆轴颈、曲柄、平衡块、前端和后端等组成。一个主轴颈、一个连杆轴颈和一个曲柄组成了一个曲拐,曲轴的曲拐数目等于气缸数(直列式发动机),V型发动机曲轴的曲拐数等于气缸数的一半

曲轴的形状和曲拐相对位置(即曲拐的布置)取决于气缸数、气缸排列和发动机的发火顺序。安排多缸发动机的发火顺序时,应注意使连续做功的两缸相距尽可能远,以减轻主轴承的载荷,同时避免可能发生的进气重叠现象。做功间隔应力求均匀,也就是说发动机在完成一个工作循环的曲轴转角内,每个气缸都应发火做功一次,而且各缸发火的间隔时间以曲轴转角表示,称为发火间隔角。四冲程发动机完成一个工作循环曲轴转两圈,其转角为720°,在曲轴转720°内发动机的每个气缸应该点火做功一次,且点火间隔角是均匀的,因此四冲程发动机的点火间隔角为720°/i,(i为气缸数目),即曲轴每转720°/i,就应有一缸做功,以保证发动机运转平稳

(续)

曲轴飞轮组		具体操作方法及要求
曲轴	四缸四冲程发动机的发火顺序和曲拐布置	四缸四冲程发动机的发火间隔角为 720°/4=180°，曲轴每转半圈（180°）做功一次，四个缸的做功行程是交替进行的，并在720°内完成，因此可使曲轴获得均匀的转速，工作平稳柔和。对于每一个气缸来说，其工作过程和单缸机的工作过程完全相同，只不过是要求它按照一定的顺序工作，即为发动机的工作顺序，也叫发动机的发火顺序。多缸发动机的工作顺序（发火顺序）就是各缸完成同名行程的次序。四缸发动机四个曲拐布置在同一平面内。1、4缸在上，2、3缸在下，互相错开180°，其发火顺序的排列只有两种可能，即为 1—3—4—2 或为 1—2—4—3

发火顺序1—3—4—2工作循环表

曲轴转角/(°)	1缸	2缸	3缸	4缸
0~180	做功	排气	压缩	进气
180~360	排气	进气	做功	压缩
360~540	进气	压缩	排气	做功
540~720	压缩	做功	进气	排气

发火顺序1—2—4—3工作循环表

曲轴转角/(°)	1缸	2缸	3缸	4缸
0~180	做功	压缩	排气	进气
180~360	排气	做功	进气	压缩
360~540	进气	排气	压缩	做功
540~720	压缩	进气	做功	排气

飞轮	功用	飞轮的主要功用是用来储存做功行程的能量，用于克服进气、压缩和排气行程的阻力和其他阻力，使曲轴能均匀地旋转。飞轮外缘压有的齿圈与起动机的驱动齿轮啮合，供起动发动机用；汽车离合器也装在飞轮上，利用飞轮后端面作为驱动件的摩擦面，用来对外传递动力
	特性	飞轮是高速旋转件，因此，要精确地平衡校准，平衡性能要好，达到静平衡和动平衡。飞轮是一个很重的铸铁圆盘，用螺栓固定在曲轴后端的接盘上，具有很大的转动惯量。飞轮轮缘上镶有齿圈，齿圈与飞轮紧密配合，有一定的过盈量 在飞轮轮缘上作有记号（刻线或销孔），供找压缩上止点用（四缸发动机为1缸或4缸压缩上止点；六缸发动机为1缸或6缸压缩上止点）。当飞轮上的记号与外壳上的记号对正时，正好是压缩上止点

飞轮与曲轴在制造时一起进行过动平衡试验，在拆装时为了不破坏它们之间的平衡关系，飞轮与曲轴之间应有严格不变的相对位置。通常用定位销和不对称布置的螺栓来定位

第四章 配气机构

配气机构是进、排气管道的控制机构,它按照气缸的工作顺序和工作过程的要求,准时地开闭进、排气门,向气缸供给可燃混合气(汽油机)或新鲜空气(柴油机)并及时排出废气;当进、排气门关闭时,保证气缸密封。四冲程发动机都采用气门式配气机构。

配气机构

◆ 第一节 配气机构的结构组成 ◆

【实操图解】:拆装配气机构(表4-1)
1. 设备:发动机拆装翻转台架1台。
2. 工具:常用工具1套,世达工具1套,标记笔1支,抹布若干。

表4-1 拆装配气机构

步骤	具体操作方法及要求	步骤	具体操作方法及要求
1. 准备工作	(1)工具准备齐全,摆放整齐,场地清洁 (2)常用拆装工具,工具柜,抹布若干,维修手册 (3)发动机台架	2. 拆卸发动机舱盖	(2)取下正时下罩盖
2. 拆卸发动机舱盖	(1)取下正时上罩盖	2. 拆卸发动机舱盖	(3)用13号套筒松开曲轴正时调整孔螺栓 注意:调整螺栓位于起动机的上方

（续）

步骤	具体操作方法及要求	步骤	具体操作方法及要求
2.拆卸发动机舱盖	（4）用发动机正时工具插入正时孔中并拧紧，用扳手转动曲轴带轮中的大螺母，使曲轴旋转，同时慢慢拧入发动机正时工具，直到曲轴不能转动为止	2.拆卸发动机舱盖	（7）用凸轮轴正时工具卡在凸轮轴的卡槽内
	（5）用10号套筒松开张紧轮固定螺栓并将其取下，再取下张紧轮		（8）用18号套筒松开凸轮轴正时齿轮的固定螺栓 注意：所需力矩为(120±5)N·m；进气凸轮轴和排气凸轮轴的正时齿轮是没有分别的，两者可以通用 
	（6）取下正时带 注意：取下正时带时，正时带运转方向以发动机曲轴运转方向和正时带箭头方向为参考		（9）用十字槽螺钉旋具松开正时齿轮内挡板的固定螺栓 

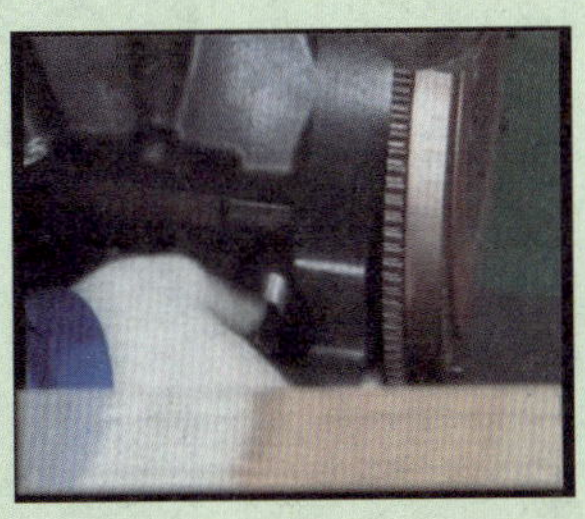

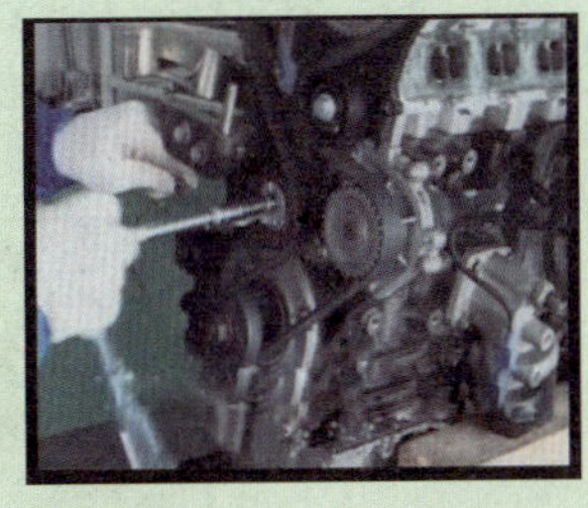

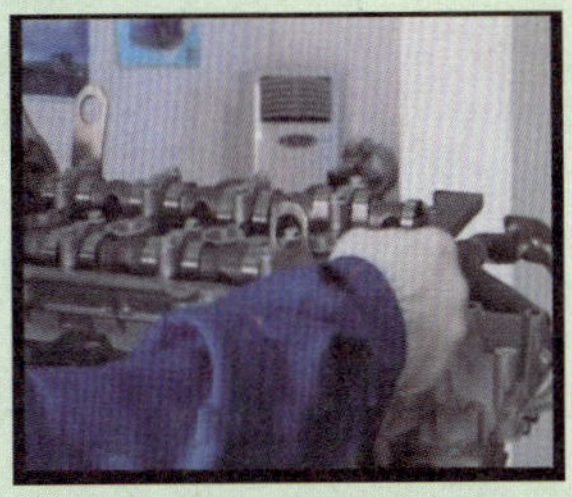

(续)

步骤	具体操作方法及要求	步骤	具体操作方法及要求
2. 拆卸发动机舱盖	（10）取下正时齿轮内挡板 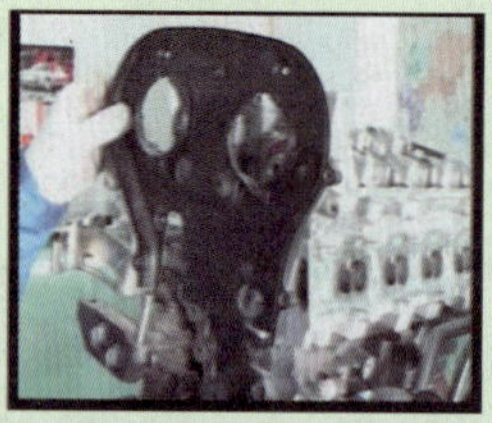	2. 拆卸发动机舱盖	（15）用专用维修工具压缩气门弹簧并拆卸两个定位锁片
	（11）按照由两边向中间对角的顺序，用10号套筒拆下凸轮轴轴承盖的固定螺栓 注意：凸轮轴轴承盖的位置和顺序包括螺栓的位置都是不可以改变的，在拆卸和安装时应按照标记一一对应		（16）拆卸弹簧座圈、气门弹簧、气门，所有拆下的零件按照顺序摆放好
	（12）取下凸轮轴轴承盖		（17）用专用工具拉出气门油封，用同样的方法拆卸其他弹簧座圈、气门弹簧、气门等部件，并依次放好 
	（13）取出凸轮轴总成	3. 安装配气机构	（1）安装气门油封：在新油封上涂抹一薄层机油，用气门油封导套将新的气门油封安装在气门导管上；用气门油封安装工具套在气门油封导套上，并轻轻用力压紧；用锤子敲打气门油封安装工具，当听到金属碰撞声音的时候去除气门油封导套 
	（14）取出液压挺柱体		

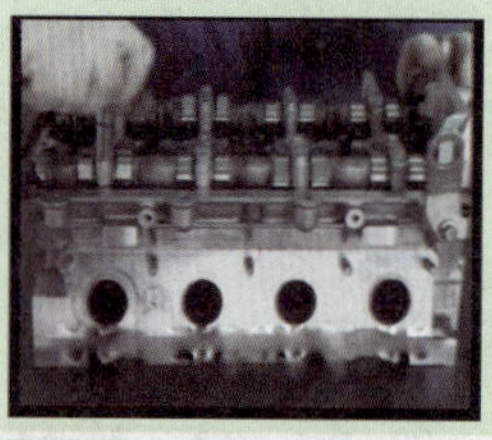

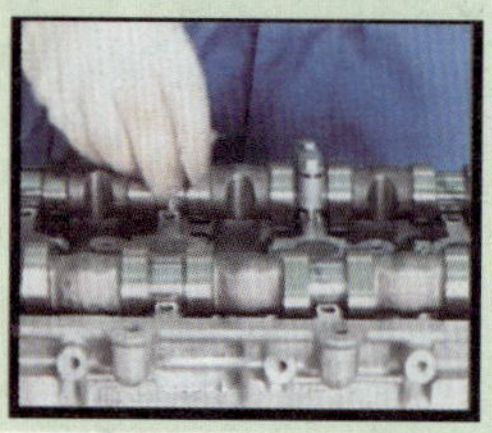

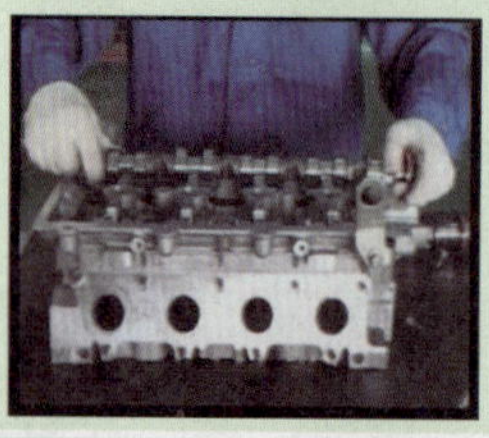

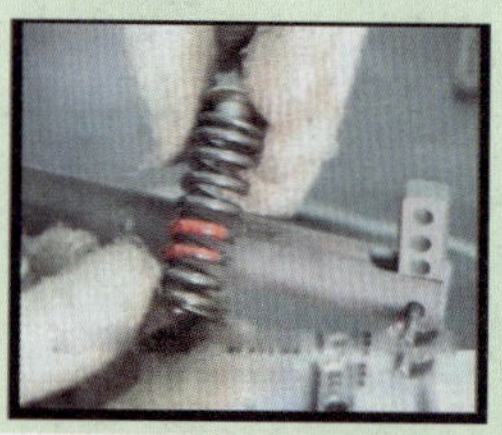

（续）

步骤	具体操作方法及要求	步骤	具体操作方法及要求
3. 安装配气机构	（2）安装气门 （3）安装气门弹簧 （4）安装气门弹簧上座、气门锁块 **注意**：安装气门锁块时，用专用维修工具压缩气门弹簧；将两个锁片装入气门杆和弹簧座圈之间，要保证锁块安装到位，锁止可靠 （5）安装液压挺柱和摇臂 **注意**：安装液压挺柱时在孔内加少量机油	3. 安装配气机构	（6）安装进气凸轮轴 （7）安装排气凸轮轴 **注意**：安装时注意区分进气凸轮轴和排气凸轮轴。凸轮轴尾部有齿轮的是进气凸轮轴，并注意凸轮轴轴瓦盖的区分标记 （8）安装凸轮轴轴承盖及油封 **注意**：在凸轮轴轴瓦上加注机油后，放置进、排气凸轮轴并盖好轴瓦盖；安装第一道轴瓦时注意按照要求涂抹密封胶；在凸轮轴油封上涂抹少量机油，把油封套在凸轮轴上，用专用工具安装；装上轴瓦盖固定螺栓，用10号套筒扳手逐步压紧轴瓦盖，同一轴瓦盖上的两个螺栓同时拧紧

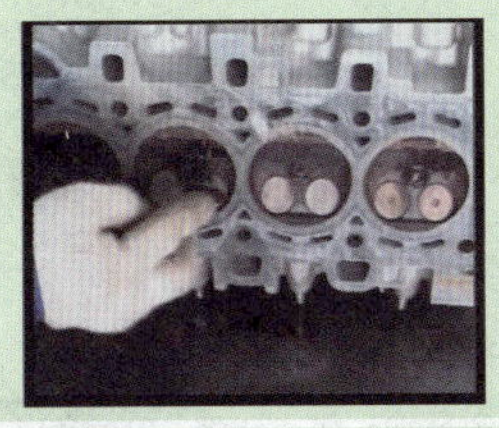

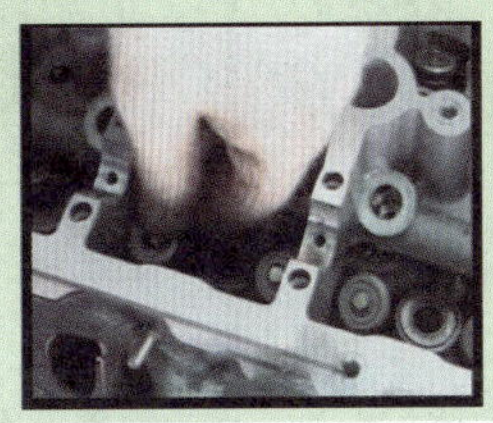

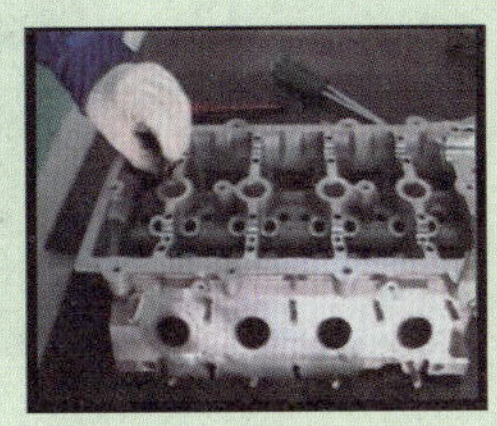

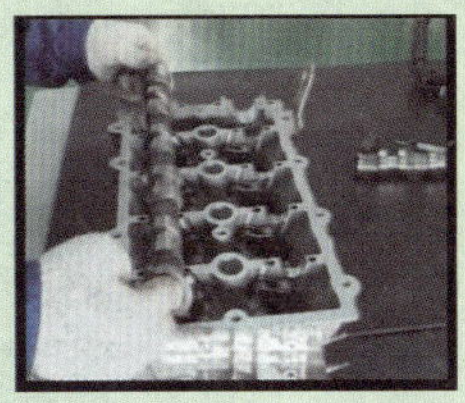

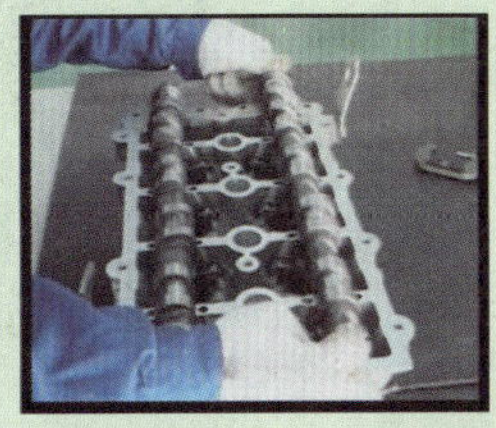

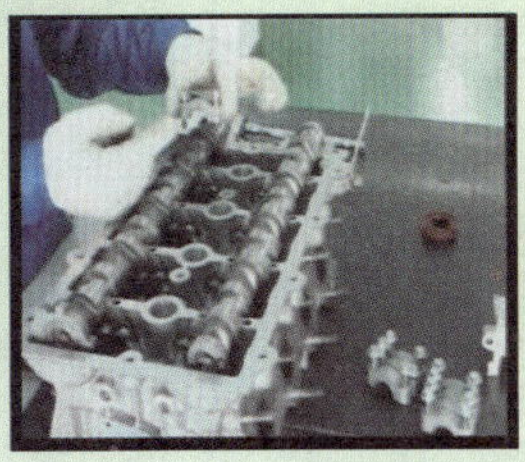

(续)

步骤	具体操作方法及要求	步骤	具体操作方法及要求
3. 安装配气机构	（9）按照对角由中间向两端的顺序拧紧凸轮轴轴瓦盖螺栓 **注意**：所需拧紧力矩为（8.5±1.5）N·m （10）装上内挡板，用十字螺钉旋具拧紧正时齿轮内挡板的固定螺栓 （11）装上凸轮轴正时齿轮，拧上其固定螺栓 （12）安装惰轮，并拧上紧固螺栓	3. 安装配气机构	（13）松开张紧轮固定螺栓并转动到最小张紧位置 （14）安装正时带，并用5号内六角扳手转动张紧轮。转动到调整内六角和固定螺栓大约在同一水平线时停止，并拧紧固定螺栓 **注意**：所需拧紧力矩为（27±3）N·m （15）安装正时下罩盖 （16）安装正时上罩盖
4			整理工具，清理工作场所

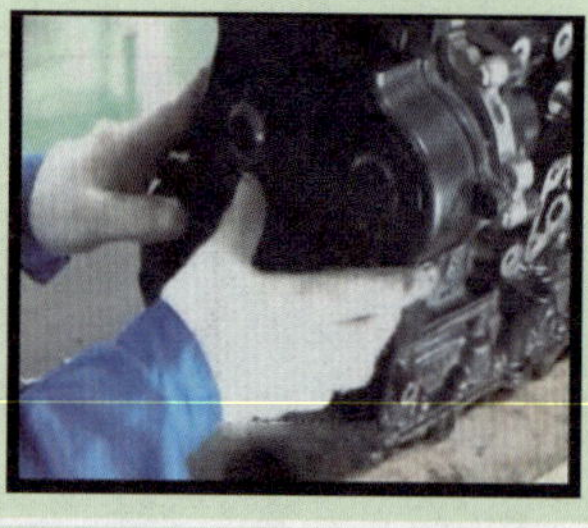

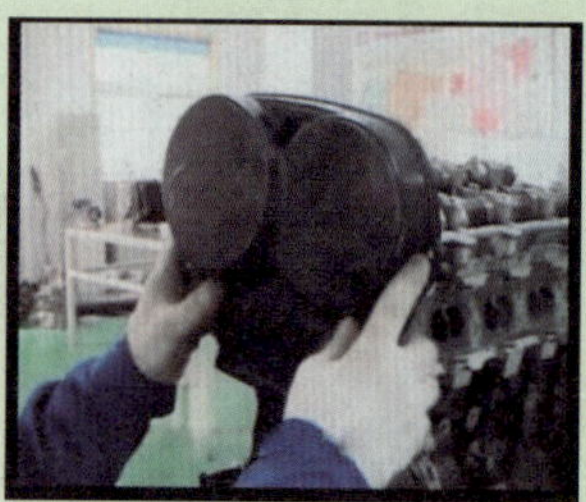

【知识链接】：配气机构的作用、组成与分类（表4-2）

表4-2 配气机构的作用、组成与分类

项目		说　明
作用		配气机构是进、排气管道的控制机构，它按照气缸的工作顺序和工作过程的要求，准时地开闭进、排气门，向气缸供给可燃混合气（汽油机）或新鲜空气（柴油机）并及时排出废气；当进、排气门关闭时，保证气缸密封
组成	气门组	气门组的作用是封闭进、排气道，主要包括气门、气门座圈、气门导管、气门油封、气门弹簧、弹簧座和气门锁片等 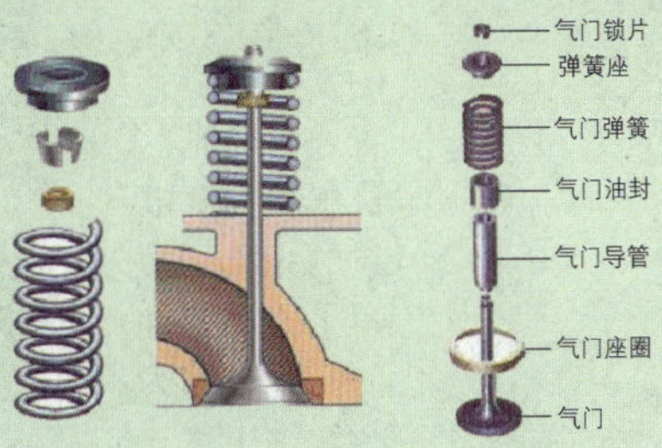
	气门传动组	气门传动组的作用是使进、排气门按配气相位规定的时刻开闭，且保证有足够的开度，主要包括正时齿轮、凸轮轴、挺柱、挺杆、摇臂、摇臂轴座和摇臂轴等 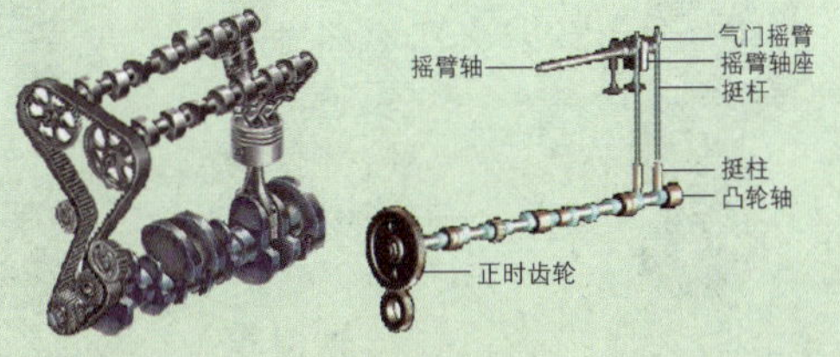

（续）

项目	说　明		
分类	**按气门的布置位置分类** 　　按气门的布置位置不同，可以分为顶置式气门和侧置式气门两类。顶置式配气机构的优点很多，如进气阻力小、燃烧室结构紧凑等，故被广泛采用。侧置式配气机构现已被淘汰  气门侧置式 　　顶置式配气机构按每缸气门的数量，可分为双气门式和多气门式。一般发动机较多采用一个进气门和一个排气门。其特点是结构简单，能适应各种燃烧室，但其气缸换气受到过气通道的限制，故都用于低速发动机  气门顶置式	**按凸轮轴的位置分类** 　　大多数载货汽车和大、中型客车发动机都采用这种方式。凸轮轴平行布置在曲轴的一侧，由于曲轴和凸轮轴位置靠近，只用一对正时齿轮传动，使得传动系比较简单  凸轮轴下置式 　　为减小气门传动组零件的往复运动惯性力，某些速度较高的发动机将下置式凸轮轴的位置抬高到缸体的上部，缩短了传动零件的长度，称为凸轮轴中置式配气机构  凸轮轴中置式 　　配气机构的凸轮轴直接布置在缸盖上。凸轮轴直接通过摇臂来驱动气门，省去了推杆、挺柱等，使往复运动质量大大减小，因此它适合于高速发动机。由于凸轮轴离曲轴中心较远，都采用链传动或同步带传动，使得正时传动机构较为复杂，而且拆装气缸盖也比较困难  凸轮轴上置式	**按凸轮轴传动方式分类** 　　凸轮轴下置、中置的配气机构大多采用圆柱形正时齿轮传动，从曲轴到凸轮轴的传动只需一对正时齿轮，若齿轮直径过大，可在中间加装一个惰轮，如YC6105柴油机就用此传动型式。为了啮合平稳，减小噪声，正时齿轮多用斜齿。在中小功率发动机上，曲轴正时齿轮用钢来制造，而凸轮正时齿轮则用铸铁或夹布胶木制造，以减小噪声 齿轮传动 　　链传动适用于凸轮轴上置的配气机构。为使工作时链条有一定的张力而不至脱链，通常装有导链板、张紧轮装置等  链传动 　　近年来，在高速发动机上广泛采用同步带来代替传动链。这种同步带用氯丁橡胶制成，中间夹有玻璃纤维和尼龙织物，以增加强度。采用同步带传动，能减少噪声和减少结构质量，也可以降低成本 同步带传动

第二节 气门传动组的检修

【实操图解】：检修气门传动组（表4-3）

1. 设备：发动机台架、492发动机台架、零件车1台，工具车1台，维修手册1套。
2. 工具：常用拆装工具1套，游标卡尺、内径量表、外径千分尺、V形架两对、测量工作台、标记笔1支，抹布若干。

表4-3 检修气门传动组的步骤

步骤	具体操作方法及要求	步骤	具体操作方法及要求
1. 工具准备	（1）工具准备齐全，摆放整齐，场地清洁 （2）常用拆装工具，磁性百分表支架，百分表，游标卡尺，外径千分尺，内径量表，V形架，测量工作台，拆装工具，维修手册 （3）发动机台架	2. 凸轮轴及轴承的修理	（2）凸轮轴凸轮高度检查：用外径千分尺测量凸轮轴凸轮的高度，如果凸轮的高度低于允许值，应更换凸轮轴 （3）检查凸轮轴主轴颈磨损情况：先用外径千分尺分别测量各道轴颈的圆度和圆柱度，若其误差超过0.015mm，应该进行修复。修复方法可以经涂镀后磨削或更换新件
2. 凸轮轴及轴承的修理	（1）凸轮轴外观检查 ① 检查凸轮工作面有无擦伤、疲劳剥落现象 ② 如果擦伤是沿滑动方向产生的小痕迹，而后发展成为严重的黏着损伤，则应更换		（4）检查凸轮轴的弯曲度可用百分表，以两端轴颈为支承检查中间两轴颈的径向圆跳动。对AJR发动机来说，若该值不大于0.05mm，可不修理

(续)

步骤	具体操作方法及要求	步骤	具体操作方法及要求
2. 凸轮轴及轴承的修理	（5）检查凸轮轴轴向间隙：首先拆去桶形挺柱，装好1号和5号轴承盖，用百分表水平抵住凸轮轴一端，测其轴向间隙，若超过 0.15mm，则应修理或更换 （6）凸轮轴油膜间隙的检测：把凸轮轴放置在气缸盖轴承座上，在各轴颈表面按轴向位置放上一小段塑料线规，装上轴承盖并按规定力矩紧固螺栓；重新把轴承盖拆下，通过规尺确定油膜间隙的大小	3. 气门挺柱的检修	（4）挺柱与导管孔的配合间隙检查：当挺柱与导孔的配合间隙过大时，应更换挺柱或导孔支架 （5）液力挺柱的检修 ① 液力挺柱与承孔的配合间隙一般为 0.01~0.04mm，使用极限为 0.10mm。间隙过大应更换液力挺柱 ② 液力挺柱密封性检查：液力挺柱的柱塞和油缸是一对精密偶件，其配合间隙不得超过 0.005mm。若间隙过大，则工作中液压油过度渗漏，会影响挺柱的正常工作长度
3. 气门挺柱的检修	（1）机械挺柱的检修 （2）外观检查 （3）当挺柱底部出现裂纹、疲劳剥落、擦伤划痕时，应更换	4. 气门推杆的检查	（1）外观：检查推杆杆身，表面应光滑、平直，不得有锈蚀及裂纹现象 （2）气门推杆弯曲度检查：测量其弯曲度误差，应不大于 0.30mm；如超过规定值，应进行冷压校直 （3）上端凹球端面和下端凸球面半径磨损应控制在 -0.01~0.03mm 之间

(续)

步骤	具体操作方法及要求	步骤	具体操作方法及要求
5. 摇臂和摇臂轴的检查	（1）摇臂外观检查 ① 工作面应无缺口、凹陷、沟槽、麻点、滑损等缺陷，否则应修磨或更换 ② 摇臂头部磨损后，其凹陷量应不大于0.50mm；如超过规定，应采用堆焊，然后铣平的方法修复 ③ 摇臂上的调整螺钉螺纹孔损坏，应换用新件 （2）摇臂和摇臂轴之间间隙的检查 ① 用手检查摇臂与摇臂轴的配合情况 ② 用内径量表检查摇臂孔的直径 ③ 用外径千分尺测量摇臂轴的直径 ④ 计算摇臂轴和摇臂孔之间的间隙。摇臂轴轴颈磨损量大于0.02mm，与摇臂的配合间隙大于0.10mm，应换用新件或采用涂镀法修复 ⑤ 检查摇臂轴弯曲变形，其弯曲度误差应不大0.20mm；如超过此值，应冷压校直，校正后的弯曲度误差在100mm长度上应不大于0.03mm	6. 正时链轮和链条的检查	（1）测量正时链条的长度：测链条长度的方法是对链条施以一定的拉力拉紧后测量其长度。测量时的拉力为50 N，例如：丰田2Y、3Y发动机的链条长度应不超过291.4 mm，若长度超过此值，应更换新链条 （2）正时链轮的检查 测量最小的链轮直径。将链条分别包住凸轮轴正时链轮和曲轴正时齿轮，用游标卡尺测其直径，不得小于允许值。例如：丰田2Y、3Y发动机允许的最小值：凸轮轴正时链轮为114 mm；曲轴正时链轮为59 mm。若小于此值，应更换链条和链轮
		7. 同步带的检查与调整	（1）检查同步带有无裂纹、老化、破损或折断现象，如有应换用新件。 （2）为保证配气机构的正常工作，同步带的张紧力应符合要求

【知识链接】：气门组的结构组成

根据发动机配气机构的形式不同，气门传动组一般由凸轮轴、凸轮轴正时齿轮、挺柱、挺柱导管、推杆、摇臂和摇臂轴等组成，见表4-4。

表4-4　气门组的结构组成

组成	说　明
凸轮轴	凸轮轴是由发动机曲轴驱动而旋转，用来驱动和控制各缸气门的开启和关闭，使其符合发动机的工作顺序、配气相位及气门开度的变化规律等要求。凸轮轴主要由凸轮、轴颈、偏心轮和螺旋齿轮等组成 凸轮轴承受周期性的冲击载荷；凸轮与挺柱之间的接触应力很大，相对滑动速度很高，因此其工作表面的磨损较快。凸轮轴轴颈和凸轮工作表面除应有较高的尺寸精度、较小的表面粗糙度和足够的刚度外，还应有较高的耐磨性和良好的润滑。凸轮轴通常由碳钢或合金钢锻造，也可用合金铸铁或球墨铸铁铸造。轴颈和凸轮工作表面经热处理后磨光 由于凸轮轴是通过凸轮轴轴颈支撑在凸轮轴轴承孔内的，凸轮轴轴颈数目的多少是影响凸轮轴支撑刚度的重要因素。如果凸轮轴刚度不足，工作时将发生弯曲变形，影响配气正时 上置式凸轮轴的轴承若为剖分式结构，各凸轮轴轴颈的直径均相等，其轴颈直径由前端向后端依次减小，目的是便于安装 中置式和下置式凸轮的轴承一般通过衬套压入整体式轴承座孔内，再加工轴承内孔，使其与凸轮轴轴颈相配合。上置式凸轮轴的轴承多由上下两片轴瓦对合而成，装入剖分式轴承座孔内。轴承材料多与主轴承相同，在低碳钢钢背上浇敷减摩合金层，也有的凸轮轴轴承采用粉末冶金衬套或青铜衬套
挺柱	挺柱是凸轮的从动件，其作用是将来自凸轮的运动和作用力传给推杆或气门，同时还承受凸轮所施加的侧向力，并将其传给机体或气缸盖 挺柱可分为机械挺柱和液力挺柱两大类，每一类中又有平面挺柱和滚子挺柱等多种结构形式。近年来，液力挺柱被广泛地应用
	机械挺柱	杯形平面挺柱由于结构简单，质量轻，在中小型发动机中应用比较广泛；滚子挺柱的突出优点是摩擦和磨损小，但其结构比平面挺柱复杂，质量也比较大，多用于气缸直径较大的发动机

（续）

组成		说　明
挺柱	液力挺柱	挺柱体由圆筒和上端盖焊接而成。下端封闭的油缸外圆柱面与挺柱导向孔配合，内圆柱面与柱塞配合。球阀被补偿弹簧压靠在柱塞下端面的阀座上 　　挺柱体内部的低压油腔通过挺柱顶背面的键形槽与柱塞上方的低压油腔相通。挺柱在运动过程中，当挺柱体上的环形槽与缸盖上的斜油孔对齐时，缸盖油道内的润滑油通过量油孔、斜油孔和环形油槽进入低压油腔。柱塞下端油缸内部的空腔，称为高压油腔，当球阀打开时，高压油腔与低压油腔相通 　　气门关闭以后，补偿弹簧将柱塞和挺柱体继续向上推动一个微小的行程（补偿由于油液泄漏而造成的柱塞与挺柱体的下降），同时高压油腔油压下降，此时球阀打开，低压油腔的油液进入高压油腔内补充泄漏掉的油液。当气门关闭时，挺柱体上的环形油槽与缸盖上的斜油孔对齐，润滑系统的油液进入挺柱低压油腔内 　　气门受热膨胀伸长时，通过柱塞与油缸之间的间隙，高压油腔内的油向低压油腔泄漏一部分，柱塞与油缸产生相对运动，从而使挺柱自动"缩短"，保证气门关闭紧密。同时，通过减少气门关闭后的补油量，也保证了气门的关闭紧密。当气门冷却收缩时，补偿弹簧将柱塞与挺柱体向上推动，球阀打开，低压油腔油液进入高压油腔，挺柱自动"伸长"，可保证无气门间隙
推杆		推杆处于挺柱和摇臂之间，其作用是将挺柱传来的运动和作用力传给摇臂。它是配气机构中最容易弯曲的零件，要求有很高的刚度，在动载荷大的发动机中，推杆应尽量做得短些 　　推杆一般用冷拔无缝钢管制造，两端焊上球头和球座；也可以用中碳钢制成实心推杆，这时两端的球头或球座与推杆锻成一个整体；对于机体和气缸盖都是用铝合金制造的发动机，宜采用锻铝或硬铝制造推杆，并在其两端压入钢制球头和球座，其目的是当发动机温度变化时，不至于因为材料热膨胀系数的不同而引起气门间隙的改变
摇臂		摇臂是一个双臂杠杆，以中间摇臂轴孔为支点，将推杆传来的力改变方向和大小，传给气门并使气门开启。摇臂的两臂不等长，摇臂两边臂长的比值称为摇臂比。摇臂比约为1.2~1.8。短臂端装有调节螺钉而与推杆接触，长臂端用以推动气门杆端，可使气门的升程大于凸轮的升程。摇臂在摆动过程中承受很大的弯矩，因此应有足够的强度和刚度，以及较小的质量。摇臂由锻钢、可锻铸铁、球墨铸铁或铝合金制造 　　摇臂中间摇臂轴轴孔内镶有摇臂轴套与摇臂轴配套。长臂端制成圆弧状，与气门杆尾端接触。短臂端制成螺纹孔，安装有调整螺钉，用来调整气门间隙。调整时转动调整螺钉，调好后将调节螺母拧紧，以防调整螺钉在使用中松动而改变气门间隙。摇臂上端面钻有油孔，中间轴孔的润滑油通过该油孔流向摇臂两端进行润滑

（续）

组成	具体操作方法及要求
摇臂组	摇臂组主要由摇臂、摇臂轴、摇臂轴支座和定位弹簧等组成。 摇臂轴为空心轴，支撑在摇臂轴支座孔内，支座用螺栓固定于缸盖上。为防止摇臂轴转动，利用摇臂轴紧固螺钉将摇臂轴固定于支座。中间支座有油孔与缸盖油道相通，油道内的润滑油通过摇臂轴上的油孔进入摇臂轴内腔。碗形塞封住摇臂轴两端，防止润滑油漏出。摇臂通过中间轴孔套装在摇臂轴上，摇臂内的润滑油通过轴上的油孔进入轮与摇臂衬套的配合间隙中进行润滑，并通过摇臂上的油孔对摇臂两端进行润滑。 摇臂在轴上的位置通过定位弹簧来定位，在轴上两摇臂之间装有一个定位弹簧，防止摇臂轴向窜动

◆ 第三节　气门组的拆装及检修 ◆

【实操图解】：拆装及检修气门组（表4-5）

设备：发动机拆装翻转台架1台，零件车1台，工具车1台，维修手册1套，测量工作台一个。

表4-5　拆装及检修气门组

步骤	具体操作方法及要求	步骤	具体操作方法及要求
1. 工具准备	要准备的工具：常用工具1套，标记笔1支，抹布若干，百分表，游标卡尺，螺旋千分尺，磁性表座，气门光磨机，铰刀，气门密封性检测仪，深度游标卡尺，台秤，直角尺	2. 气门的检修	（1）外观检验：观察气门是否有裂纹、破损或烧蚀现象，若有则应更换

（续）

步骤	具体操作方法及要求	步骤	具体操作方法及要求
2. 气门的检修	（2）气门杆磨损的检修：使用外径千分尺和游标卡尺测量气门杆磨损。一般情况下，当货车气门杆的磨损量大于0.01mm时，轿车气门杆的磨损量大于0.05mm时，或出现明显的台阶形磨损时应更换气门 （3）气门弯曲度的测量：将气门支撑在两V形架上，用支撑钉顶住气门两端面。检查时将百分表触头与气门杆中间接触，转动气门杆一周，百分表摆差的一半，即气门杆的直线度误差。当气门杆的直线度误差大于0.05mm时应更换或校直 （4）气门杆端面磨损的检修：用V形架支撑气门杆，用百分表检查气门杆端面，百分表的摆差应不大于0.03mm；否则可用气门光磨机将气门杆端面磨平	2. 气门的检修	（5）气门工作面磨损的检修：主要检查气门的密封性，气门工作面的磨损超过极限时可以在气门光磨机磨削后，再进行研磨
		3. 气门座的检修	（1）气门座外观的检修 ① 外观检视气门座，如果气门座出现松动、下沉则需要更换 ② 新座圈与座孔一般有0.075~0.125mm的过盈量，将气门座圈镶入座圈孔内，通常采用冷缩法和加热法 （2）气门密封性检查方法 ① 将气缸盖倒置，将气门放入气门座内，注入煤油检验 ② 将气门装上气门弹簧，气缸盖侧置，从进、排气歧管处注入煤油检验 ③ 在气门头工作锥面径向划铅笔线条法检验 ④ 用气门密封检验器检验

(续)

步骤	具体操作方法及要求	步骤	具体操作方法及要求
3.气门座的检修	（3）气门座的铰削 ① 铰削气门座前，应检查气门导管，若不符合要求应先更换或修理，以保证气门座与气门导管的中心线重合 ② 按气门头部直径和气门座各锥面角度选择一组合适的气门座铰刀。按气门导管内径选择合适的气门座铰刀杆，将铰刀杆插入气门导管，应转动灵活而不松旷 ③ 先用45°的粗铰刀加工气门座工作锥面，直到工作面全部露出金属光泽 注意：铰削时，两手握住手柄垂直向下用力，并只作顺时针方向转动，不允许倒转或只在小范围内转动	3.气门座的检修	④ 然后用修理好的气门或新气门进行试配，根据气门密封锥面接触环带的位置和宽度调整铰削。接触环带偏向气门杆部，应用75°的铰刀铰削；接触环带偏向气门顶部，应用15°的铰刀修正。铰削好的气门座工作面宽度应符合规定，接触环带应处在气门密封锥面中部偏气门顶的位置 ⑤ 最后用45°的细铰刀精铰气门座工作锥面，并在铰刀下面垫上细砂布修磨 （4）气门座的磨削：气门座工作面也可用高速砂轮机进行磨削，这主要是利用砂轮来代替铰刀，以小型电动机作为动力。用气门座磨光机磨气门座，速度快，质量高，对于磨削硬度高的气门座效果更好 （5）气门座的研磨：对于磨损较轻、气门斜面有轻微麻点或更换过的气门以及经过铰削的气门座，通常都是采用研磨的方法来恢复它们配合的严密性 ① 机动研磨法：在气门研磨机上进行

（续）

步骤	具体操作方法及要求	步骤	具体操作方法及要求
3.气门座的检修	②手工研磨法 　a. 研磨前，先将气门、气门座及气门导管内的积炭清除干净，并在气门上顺序做出记号 　b. 在气门工作面上涂抹一层粗研磨砂，并在气门杆上涂上机油后插入导管内 　c. 研磨时，用手掌搓转气门捻子，带动气门在气门座上往复转动，进行研磨 　d. 当气门斜面与气门座磨出一条较整齐而无斑痕、麻点的接触环带时，洗去粗气门砂，涂上细气门砂继续研磨，等到气门斜面出现一条整齐的灰色环带时，洗去细气门砂，涂上机油继续研磨 5min，就完成了研磨工作。研磨中，注意不要让研磨砂掉入气门导管内，以免气门杆与气门导管受到磨损 　e. 气门和气门座经过研磨后，需进行密封性检查 （6）气门座圈下陷量的测量：气门座经多次铰削或磨削，将导致气门与气门工作面下陷 气门座圈下陷量的测量：可用深度游标卡尺测量气缸盖平面至气门顶平面的距离。当气门工作面下陷低于气缸盖 2mm 时，或原气门座圈有裂纹，严重烧蚀或松动时，应重新镶配气门座圈	3.气门座的检修 4.气门导管的检修	（7）气门座圈的镶配 　①取出旧气门座圈 　②检查气门座圈孔 　③气门座圈与气门座圈孔为过盈配合。用冷镶法，过盈量为 0.05~0.15mm；用热镶法，过盈量为 0.20~0.25mm。座圈镶入后，上端面与基体平面平齐，高出平面部分应予修平 （1）气门杆与气门导管配合间隙的检查：将气门提离气缸盖平面 15mm 左右，用百分表触头抵在气门头的边缘处，然后左右摆动气门，百分表指针摆动读数的一半即为被测气门杆与导管的配合间隙。如该值超过使用极限时，应更换气门导管

（续）

步骤	具体操作方法及要求	步骤	具体操作方法及要求
4.气门导管的检修	（2）气门导管的镶配 ① 选择新导管，要求导管的内径应与气门杆的尺寸相适应，其外径与导管承孔的配合应有一定的过盈 ② 用直径小于导管外径1.0～1.5mm的铜铳压出或冲出旧气门导管，并清洁导管孔 ③ 将选择好的新导管外面涂一层薄机油，然后用铜铳压入或冲入新导管 ④ 镶入后，气门导管的压入深度必须符合有关规定 （3）气门导管的铰削：气门导管镶好后，应检查气门杆与气门导管的配合间隙是否符合要求，如果间隙小，可用气门导管铰刀进行铰削，以达到与气门杆的配合要求。铰削时，将铰刀放入孔内，铰刀要求正直，用扳钳夹手柄顺时针转动刀杆，双手用力要均匀，边铰边试配，直至达到规定的配合要求	5.气门弹簧的检查与选配	（1）外观检查：从外观上检查气门弹簧，不允许有任何变形、裂纹或折断，如有则应更换 （2）气门弹簧自由长度的检查 ① 新旧对比法：将一标准弹簧与被测弹簧置于同一平板上，比较其长度差是否超出允许极限 ② 用游标卡尺测量弹簧的自由长度。当自由长度减小值超过2mm时，应予以更换 （3）测量弹簧弹力：用台秤测量弹簧弹力，将弹簧压至规定长度，台秤上所示弹力的大小即为所测弹簧弹力 （4）气门弹簧弯曲和扭曲变形的检查：将气门弹簧放置在平板上，用直角尺检查其弯曲量(δ)和扭曲变形。当$\delta \leq 1.5$ mm时，弹簧轴线偏移小于等于2°时为合格，否则应更换

【知识链接】：气门组的结构组成（表4-6）

气门组由气门、气门导管、气门弹簧、锁片、弹簧座、气门座圈等零件组成。

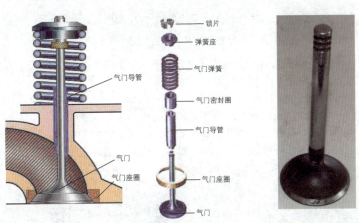

表4-6 气门组的结构

组成		说　明
气门		气门主要起到控制进、排气管的开闭作用。气门主要在高温、高压、冲击大、润滑困难的条件下工作，要求有足够的强度、刚度，耐磨、耐高温、耐腐蚀、耐冲击。通常进气门采用合金钢（铬钢或镍铬钢等），排气门采用耐热合金钢（硅铬钢等）
头部		气门头部是一个具有圆锥斜面的圆盘，气门锥角一般为45°，也有30°的，气门头边缘应保持一定厚度，一般为1~3 mm，以防工作中冲击损坏和被高温烧蚀。气门密封锥面与气门座配对研磨 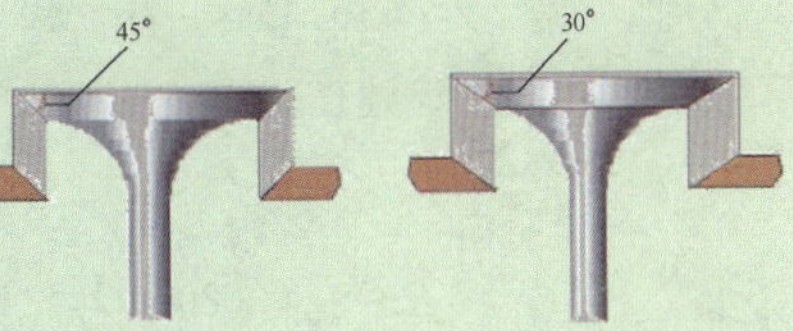
	平顶	结构简单，制造方便，吸热面积小，质量小，进、排气门均可采用 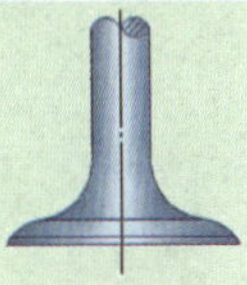
	球面顶	适用于排气门，强度高，排气阻力小，废气的清除效果好，但受热面积大，质量和惯性力大，加工较复杂 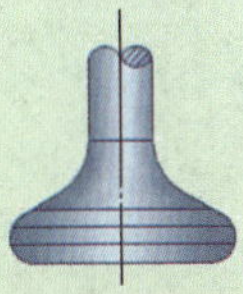
	喇叭形顶	适用于进气门，进气阻力小，但受热面积大 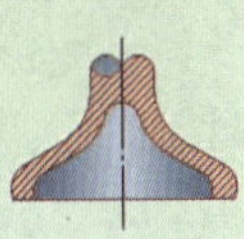

(续)

组成	说 明
杆身	杆身与头部制成一体，装在气门导管内起导向作用，杆身与头部采用圆滑过渡连接
尾部	制有凹槽（锥形槽或环形槽），用来安装锁紧件
气门导管	① 气门导管起导向作用，保证气门作直线往复运动，同时还起导热作用，将气门头部传给杆身的热量，通过气缸盖传出去 ② 为了保证导向正确，导管应有一定的长度，气门导管的工作温度也较高，约500K。气门导管和气门是靠配气机构飞溅出来的机油进行润滑的，因此易磨损。为了改善润滑性能，气门导管常用灰铸铁或球墨铸铁或铁基粉末冶金制造。导管内、外圆面加工后压入气缸盖的气门导管孔内，然后再精铰内孔。为了防止气门导管在使用过程中松脱，有的发动机对气门导管用卡环定位
气门座圈	气门座圈与气门头部密封锥面配合以密封气缸，气门头部的热量也经过气门座外传。气门座圈可以在缸盖或缸体上直接镗出，也可以采用镶嵌式结构。镶嵌式结构气门座圈都采用较好的材料（合金铸铁、奥氏体钢等）单独制作
气门弹簧	**功用**：① 气门弹簧能保证气门关闭时紧密地与气门座或气门座圈贴合，并克服在气门开启时配气机构所产生的惯性力，使传动件始终受凸轮控制而不相互脱离。为保证上述作用的实现，气门弹簧的刚度一般都很大，而且在安装时进行了预紧压缩，预紧力很大 ② 气门弹簧承受交变载荷，为保证其工作可靠，气门弹簧多采用优质合金钢丝卷绕成螺旋状，并经热处理，两端磨平，以防止在工作中弹簧产生歪斜。为提高弹簧的疲劳强度，保证弹簧的弹力不下降，弹簧不折断，弹簧丝表面要进行磨光、抛光或喷丸处理，再经发蓝或磷化处理，以免在使用中生锈 **分类及结构措施**：气门弹簧一般为等螺距圆柱形螺旋弹簧。当气门弹簧的工作频率与其固有的振动频率相等或为整数倍时，气门弹簧就会发生共振。共振时将使配气定时遭到破坏，使气门发生反跳和冲击，甚至使弹簧折断。为防止共振的发生，常采取下列结构措施： 采用双气门弹簧：在柴油机和高性能汽油机上广泛采用每个气门安装两个直径不同、旋向相反的内外弹簧。由于两个弹簧的固有频率不同，当一个弹簧发生共振时，另一个弹簧能起到阻尼减振作用。采用双气门弹簧可以减小气门弹簧的高度，而且当一个弹簧折断时，另一个弹簧仍可维持气门工作。弹簧旋向相反，可以防止折断的弹簧圈卡入另一个弹簧圈内使其不能工作或损坏 采用变螺距气门弹簧：某些高性能汽油机采用变螺距单气门弹簧。变螺距弹簧的固有频率不是定值，从而可以避开共振 采用锥形气门弹簧：锥形气门弹簧的刚度和固有振动频率沿弹簧轴线方向是变化的，因此可以消除发生共振的可能性

（续）

组成	说明
气门旋转机构	当气门工作时，气门旋转机构能使气门产生缓慢的旋转运动。气门旋转机构可使气门头部周向温度分布比较均匀，从而减小气门头部的热变形。同时，气门旋转时，在密封锥面上产生轻微的摩擦力，能够清除锥面上的沉积物 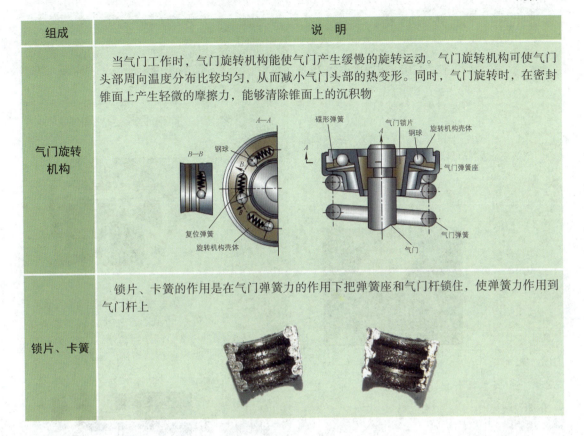
锁片、卡簧	锁片、卡簧的作用是在气门弹簧力的作用下把弹簧座和气门杆锁住，使弹簧力作用到气门杆上

第四节 配气机构气门间隙的检测与调整

【实操图解】：检测与调整配气机构气门间隙（表4-7）

设备：汽车发动机翻转台架、维修手册、工具车。

表4-7 检测与调整配气机构气门间隙

步骤	具体操作方法及要求	步骤	具体操作方法及要求
1.工具准备 	要准备的工具：常用工具1套，塞尺，摇把，抹布若干。工具准备要齐全，摆放要整齐	2.拆下气缸盖罩 	（1）拆下气缸盖罩的固定螺钉，小心取下气缸盖罩 注意：不要损坏气缸盖罩耐油橡胶衬垫。用抹布擦净气门及摇臂轴上的油污，以方便气门调整作业

步骤	具体操作方法及要求	步骤	具体操作方法及要求
2. 拆下气缸盖罩	（2）根据记号确定1缸活塞处于上止点位置；检查1缸两个气门的摇臂是否能够绕轴颈微微摆动，若进、排气门均能摆动，则表明此时1缸处于压缩上止点，进、排气门间隙都可以进行调整 （3）选出符合规格的塞尺插入气门杆与气门摇臂（或凸轮）之间，稍微拉动塞尺，如有轻微的阻力，表示间隙正确，若间隙偏大或偏小都需进行调整	2. 拆下气缸盖罩	（4）调整时先松开气门调整螺钉的固定螺母，把规定厚度的塞尺插入气门间隙处，一手抽拉塞尺，一手转动调整螺钉，直到塞尺稍微受到阻力为止。调整气门间隙完毕后要拧紧紧固螺母 （5）锁好螺钉后，再用塞尺重新测量气门间隙，若在锁紧时无意转动了调整螺钉，则会使气门间隙改变，此时应重新调整到正确为止 （6）再次转动曲轴，使得各缸依次处于压缩上止点位置，使用同样的方法依次检查和调整其余各缸的气门间隙

【知识链接】：配气相位，气门间隙，可变气门正时和气门升程电子控制系统（表4—8）

表4-8 配气相位，气门间隙，可变气门正时和气门升程电子控制系统

组 成	说 明
配气相位	发动机实际工作中，为使进气充分，排气干净，进气门和排气门均存在早开晚关的情况，进气门和排气门的开启持续时间也大于180°曲轴转角。配气相位是用曲轴转角表示的进、排气门的开启时刻和开启延续时间，通常用环形图表示配气相位图。配气相位是否准确对发动机的动力性、经济性、环保性有很大的影响。配气相位不准，会导致进气不充分、排气不顺畅，将影响混合气的形成品质，造成燃烧不完全，使发动机的动力性下降，燃料消耗量增加，排放污染物中的一氧化碳、氮氧化物、碳氢化合物将大大增加 **进气门配气相位** 发动机实际工作过程中，进气门是在活塞运行到排气行程上止点之前开始打开的，而在活塞运行到进气行程下止点之后才关闭。从进气门开始开启到活塞运行到上止点曲轴转过的角度，称为进气门提前角 α，一般为 10°~30°。从进气行程下止点到进气门完全关闭曲轴转过的角度，称为进气门的迟闭角 β，一般为 40°~80°。从进气门开始开启到完全关闭，曲轴转过的角度称为进气门开启持续角，即 $\alpha+180°+\beta$ **排气门配气相位** 发动机实际工作过程中，排气门是在活塞运行到做功行程下止点之前开始打开的，而在活塞运行到排气行程上止点之后才关闭。从排气门开始开启到活塞运行到下止点曲轴转过的角度，称为排气门提前角 γ，一般为 40°~80°。从排气行程上止点到排气门完全关闭曲轴转过的角度，称为排气门的迟后角 δ，一般为 10°~30°。从排气门开始开启到完全关闭曲轴转过的角度，称为排气门开启持续角，即 $\gamma+180°+\delta$
气门重叠角	活塞处于排气行程上止点附近时，由于进气门在上止点前开启，而排气门在上止点后才关闭，这就出现了在一段时间内排气门和进气门同时开启的现象，称为气门叠开。气门叠开过程中，曲轴转过的角度称为气门重叠角，即 $\alpha+\delta$ 如果气门重叠角过大，当汽油机小负荷运转，进气管内压力很低时，就可能出现废气倒流，进气量减少
气门间隙	气门间隙是指发动机处于冷态时，气门完全关闭（凸轮的凸起部分不顶挺柱）在气门杆端面与传动机构间留有适当的间隙，以补偿气门受热后的膨胀量，这一预留间隙称为气门间隙。一般排气门的气门间隙要略大于进气门的气门间隙 不同机型，气门间隙的大小不同，根据试验可知，一般冷态时，排气门间隙大于进气门间隙，进气门间隙约为 0.25~0.3mm，排气门间隙约为 0.3~0.35mm 气门间隙过大会造成进、排气门开启迟后，缩短了进排气时间，降低了气门的开启高度，改变了正常的配气相位，使发动机因进气不足、排气不净而功率下降，此外还会使配气机构零件的撞击增加，磨损加快；气门间隙过小会造成发动机工作后，零件因受热膨胀，将气门推开，使气门关闭不严，造成漏气，功率下降，并使气门的密封表面严重积炭或烧坏，甚至使气门撞击活塞。采用液力挺柱的配气机构不需要留气门间隙

（续）

组成	说　明
可变气门正时和气门升程电子控制系统（VTEC系统）	VTEC系统全称是可变气门正时和气门升程电子控制系统，是本田公司的专有技术，它能随发动机转速、负荷、冷却液温度等运行参数的变化，而适当地调整配气正时和气门升程，使发动机在高、低速下均能达到最高效率。在VTEC系统中，其进气凸轮轴上有三个凸轮面，分别顶动摇臂轴上的三个摇臂，当发动机处于低转速或者低负荷时，三个摇臂之间无任何连接，左边和右边的摇臂分别顶动两个进气门，使两者具有不同的正时及升程，以造成挤气效果。此时中间的高速摇臂不顶动气门，只是在摇臂轴上进行无效的运动。当转速不断提高时，发动机的各传感器将监测到的负荷、转速、车速以及冷却液温度等参数送到电脑中，电脑对这些信息进行分析处理。当需要变换为高速模式时，电脑就发出一个信号打开VTEC电磁阀，使压力机油进入摇臂轴内顶动活塞，使三只摇臂连接成一体，使两只气门都按高速模式工作。当发动机转速降低达到气门正时需要再次变换时，电脑再次发出信号，打开VTEC电磁阀开关，使压力机油泄出，气门再次回到低速工作模式

第五章 汽油机电控燃油喷射系统

汽油机电控燃油喷射系统（EFI）由空气供给系统、燃油供给系统和电子控制系统三部分组成。系统通过喷油器将一定数量和压力的汽油喷射到进气歧管中，与进入的空气混合形成可燃混合气。其目的是为了提高汽油的雾化质量，改进燃烧，同时对可燃混合气空燃比进行精确控制，使发动机在不同工况下都处于最佳工作状态，改善汽油机的性能。目前汽油机电控燃油喷射系统已被世界各国汽车业广泛采用。

第一节 空气供给系统

【实操图解1】：检查节气门体（表5-1）

设备准备：桑塔纳2000GSi整车1台或桑塔纳2000GSi发动机电控台架1台、节气门总成1个，工具车1台、零件车1台、维修手册1套。

表5-1 检查节气门体

步骤	具体操作方法及要求	步骤	具体操作方法及要求
1.工具准备	要准备的工具：组合套筒1套，呆扳手、梅花扳手各1套，鲤鱼钳、尖嘴钳、一字槽螺钉旋具、十字槽螺钉旋具各1把，万用表、塞尺各1只，化油器清洗剂1瓶，接水盆，抹布若干。工具准备要齐全，摆放要整齐	2.拆卸节气门体	（5）拆卸节气门体
2.拆卸节气门体	（1）断开蓄电池负极线 （2）拆卸空气滤清器进气软管 （3）拆卸节气门位置传感器插头、真空管和加热水管等 （4）拆卸节气门体与进气总管间的连接螺栓	3.检查节气门体	（1）检查节气门回位情况 （2）检查节气门开度

【实操图解2】：检测节气门位置传感器（表5-2）

表5-2 检测节气门位置传感器

步骤	具体操作方法及要求	步骤	具体操作方法及要求
1. 确定安装位置	查看节气门位置传感器（G69）、怠速节气门位置传感器（G88）和怠速开关（F60）安装在节气门控制装置（J338）内部	4. 检查连接线路	关闭点火开关，拔下ECU上28号端子插头。节气门控制装置插头的4号端子与ECU插头62号端子、插头8号端子与ECU插头74号端子、插头5号端子与ECU插头75号端子、插头3号端子与ECU插头69号端子，它们之间的导线电阻不得大于0.5Ω；插头7号端子与ECU插头67号端子、插头1号端子与ECU插头66号端子、插头2号端子与ECU插头59号端子，它们之间的导线电阻不得大于1.0Ω。导线与导线之间不得有短路和漏电，否则应更换线束
2. 确定连接电路	查看节气门位置传感器（G69）、怠速节气门位置传感器（G88）和怠速开关（F60）与ECU连接电路	5. 检查节气门位置传感器本身	关闭点火开关，拔下节气门传感控制装置的插头，测量8号端子和7号端子的电阻，缓慢踩加速踏板，节气门从全闭到全开（节气门从0°至90°顺畅平稳转动）时电阻值应平稳变化。也可以插上节气门控制装置的插头，打开点火开关，用电压表检测插座8的8号端子和7号端子，同样节气门从全闭到全开，电压应平稳变化，节气门位置传感器的电压最大值必须达到4V以上，否则应更换节气门控制装置
3. 检查电源	节气门位置传感器和怠速节气门位置传感器需要ECU内部的电源供电（5V），由ECU 62号端子引出。打开点火开关，测量4号端子和7号端子之间的电压，其值不应低于4.5V		

第五章 汽油机电控燃油喷射系统 | 73

（续）

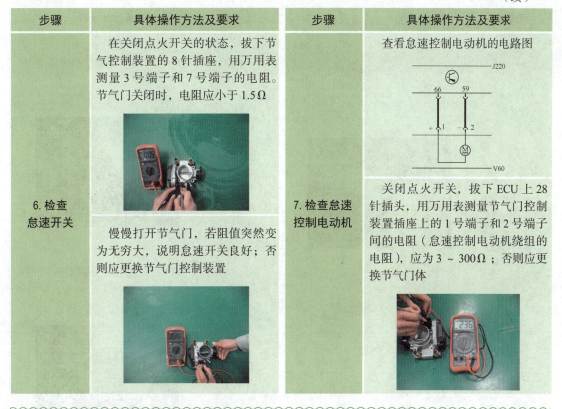

步骤	具体操作方法及要求	步骤	具体操作方法及要求
6. 检查怠速开关	在关闭点火开关的状态，拔下节气控制装置的 8 针插座，用万用表测量 3 号端子和 7 号端子的电阻。节气门关闭时，电阻应小于 1.5Ω 慢慢打开节气门，若阻值突然变为无穷大，说明怠速开关良好；否则应更换节气门控制装置	7. 检查怠速控制电动机	查看怠速控制电动机的电路图 关闭点火开关，拔下 ECU 上 28 针插头，用万用表测量节气门控制装置插座上的 1 号端子和 2 号端子间的电阻（怠速控制电动机绕组的电阻），应为 3～300Ω；否则应更换节气门体

【实操图解3】：检测空气流量传感器（表5-3）

桑塔纳 2000GSi 轿车发动机采用热膜式空气流量传感器，是质量式空气流量传感器。

表5-3 检测空气流量传感器

步骤	具体操作方法及要求	步骤	具体操作方法及要求
1. 确定空气流量传感器安装位置	空气流量传感器安装在空气滤清器和进气软管之间，主要由控制电路、热膜、金属护网等组成	2. 确定空气流量传感器的连接电路	确定空气流量传感器（G70）与 ECU 的连接电路

（续）

步骤	具体操作方法及要求	步骤	具体操作方法及要求
3.检查空气流量传感器的电源	关闭点火开关，拔下空气流量传感器的5针插头。原地起动车辆，测量插头2号端子与发动机搭铁间的电压，该电压不应低于11.5V 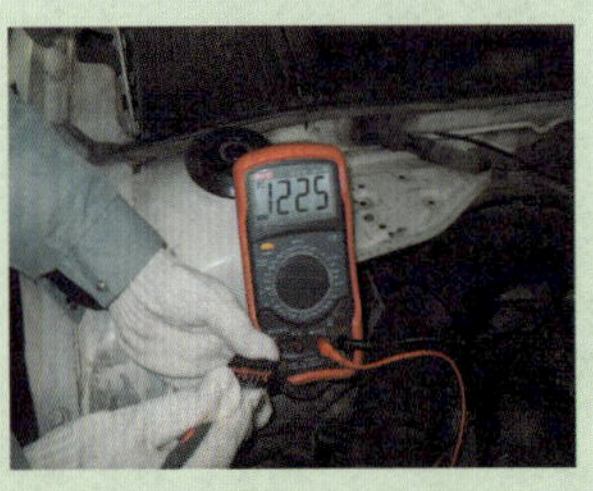 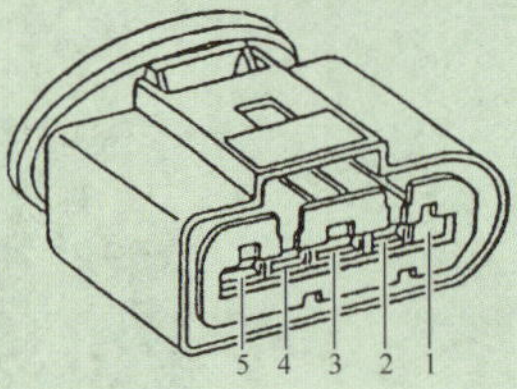	5.拆卸空气流量传感器	（1）断开蓄电池负极线 （2）拔下空气流量传感器插头 （3）拆卸进气软管 （4）拆卸空气流量传感器
4.检查连接线路	关闭点火开关，断开蓄电池负极线，拔下ECU上的52针插头。检查空气流量传感器的插头3号端子与ECU插头12号端子、传感器插头4号端子与ECU插头11号端子、传感器插头5号端子与ECU插头13号端子间的导线电阻，不得大于0.5Ω。导线与导线之间不得有短路或漏电，否则应更换线束	6.检查空气流量传感器本身	观察空气流量传感器的防护网有无堵塞或破裂。如有异常，应更换传感器 将蓄电池电压（或稳压电源12V）接至传感器插座内的电源输入端，然后用万用表电压档测量信号输出端的电压。用嘴或风扇将风吹入空气流量传感器，吹风时信号输出端的电压应平稳变化。若测量结果不符合要求，应更换传感器

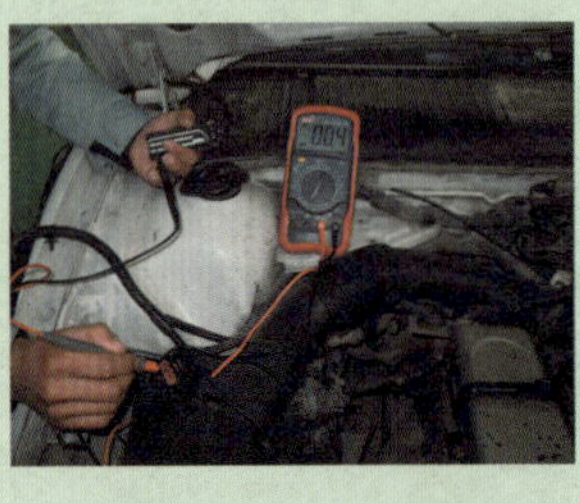

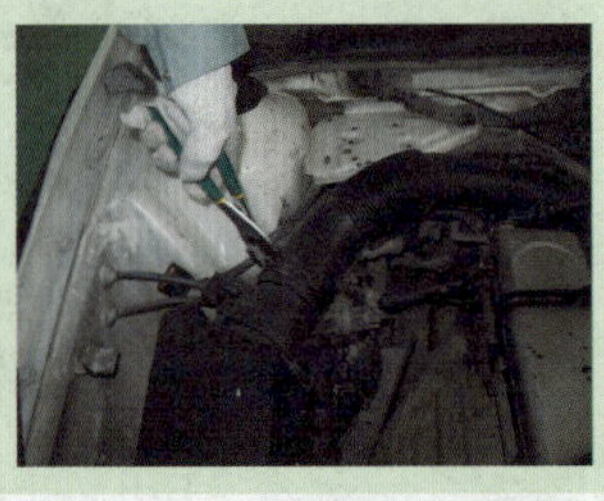

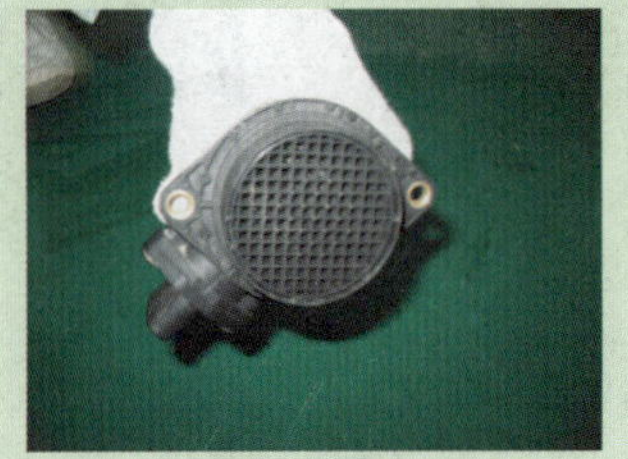

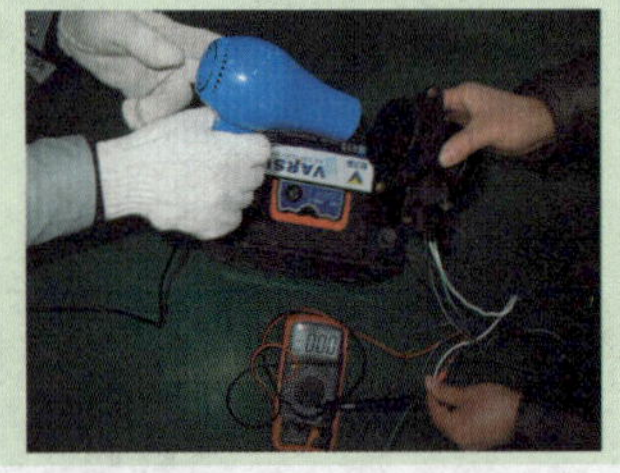

【实操图解4】：检测氧传感器（表5-4）

桑塔纳2000GSi轿车发动机采用氧化钛式传感器。

表5-4 检测氧传感器

步骤	具体操作方法及要求	步骤	具体操作方法及要求
1.确定氧传感器及插头位置	将氧传感器安装在排气管上 确定氧传感器插头位置	5.检查氧传感器本身	原地起动发动机，使其处于怠速状态。待发动机温度达到正常工作温度时，迅速增大发动机转速，再回到怠速状态运行2min，取下氧传感器4针插头，检测传感器插座4号端子与搭铁线间的电压，该电压应该是波动电压。当可燃混合气较浓时，电压应在0.7~1V之间波动；当可燃混合气较稀时，电压应在0.1~0.3V之间波动。如果传感器的反应速度太慢，则传感器或系统有故障
2.确定氧传感器的连接电路	确定氧传感器（G39）与ECU的连接电路		
3.检查参考电压	关闭点火开关，拔下氧传感器4针黑色插头，打开点火开关，检查来自ECU的参考电压，即测量3号端子和4号端子，它们之间的电压应为0.40~0.55V	6.检查加热元件	关闭点火开关，拔下氧传感器4针插头。打开点火开关，起动发动机使其处于怠速状态，检查来自ECU一侧插座上的1号端子和2号端子之间的电压，该值不应该低于11.5V，否则应检查氧传感器加热线圈电路 在常温下，加热元件的电阻约为1~5Ω（冷态电阻），温度升高，电阻应增大；否则说明加热元件损坏，应更换氧传感器
4.检查连接线路	关闭点火开关，断开蓄电池负极线，拔下氧传感器4针插头和ECU的52针插头。检查传感器插头的3号端子与ECU插头25号端子、氧传感器插头4号端子与ECU插头26号端子，它们之间的导线电阻不得大于0.5Ω。导线与导线之间不得有短路或漏电，否则应更换线束		

【知识链接1】：空气供给系统的组成及主要部件（表5-5）

表5-5　空气供给系统的组成及主要部件

空气供给系统	说　明
功用	根据发动机的负荷需要，及时地将新鲜空气送入进气管并与燃油充分混合，形成一定浓度的可燃混合气进入气缸燃烧
组成	电控汽油机空气供给系统主要由空气滤清器、空气流量传感器、节气门体、进气总管、进气歧管等组成 节气门体 节气门体的主要功用是通过改变节气门开度的大小来改变进气通道的横截面积，从而改变发动机的进气量，控制发动机的运转工况。节气门体位于空气流量传感器之后的进气管上，它包括节气门、节气门位置传感器、怠速旁通气道和怠速调整螺钉等。还有的车型发动机将怠速控制阀、怠速空气阀等安装在节气门体上 　　图示为桑塔纳2000GSi轿车的AJR发动机上使用的节气门体：其特点是没有旁通道式的怠速空气阀，没有怠速调整螺钉（发动机怠速的调整是通过专用仪器对电控单元中的怠速数据进行基本设定的）。它对发动机怠速的控制，是利用怠速电动机及其传动机构直接控制节气门的开度来调节怠速空气的进气量。节气门开度是由驾驶人通过操纵加速踏板来进行控制，并由怠速节气门电位计和节气门电位计将其转换成电信号输入发动机的ECU。这种节气门体结构紧凑，可靠性好
主要部件	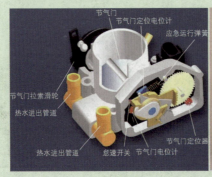 

(续)

空气供给系统	说明
主要部件	**电子节气门（ETCS-i）** 电子节气门（ETCS-i）系统的功用是利用发动机 ECU 来精确地控制节气门开度。该系统主要由加速踏板位置传感器、ECU 和节气门体等组成 为了保证加速踏板传感器 APP 和节气门位置传感器 TPS 的测量精度和可靠性，电子节气门控制系统都使用双传感器结构，两个传感器的电压信号之间呈现特定的代数对应关系，两个加速踏板传感器信号电压之间的关系是 $U_{APP1}=2U_{APP2}$，两个节气门位置传感器信号电压之间的关系是 $U_{TPS1}+U_{TPS2}=5V$ ETCS-i 能够进行以下控制： ① 怠速控制（ISC）。一些发动机是利用步进电动机式怠速控制阀来实现怠速控制的，而 ETCS-i 是通过 ECU 和节气门控制电动机控制节气门开度来完成对怠速的控制 ② 减少换档冲击控制。在变速器换档期间，ETCS-i 与电控变速器之间能实现同步控制，以减少换档冲击 ③ 巡航控制。以前车速是由巡航控制执行器打开或关闭节气门来控制的。在采用 ETCS-i 后，车速是通过 ECU 和节气门控制电动机控制节气门开度来完成对巡航的控制 除此之外，ETCS-i 还可以实现雪地模式控制、牵引力控制（TRC）、车辆稳定控制（ESP）等 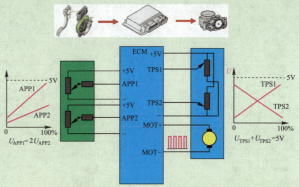 **进气管** 进气管包括进气总管和进气歧管。进气总管具有稳压的功能，可减小由于气缸进气而产生的空气脉动。进气歧管一般采用一缸一根式，但为了增加进气气流速度，一缸二根进气歧管的使用也相当广泛（即多气门发动机）：一根进气歧管常进气；而另一根进气歧管的进气与否根据发动机的负荷利用真空膜片阀控制。为了保证各缸配气的均匀，对进气总管和进气歧管在形状、长短、容积等方面都提出了严格的设计要求。进气总管与进气歧管有制成整体型的，有分开制造再以螺栓连接的 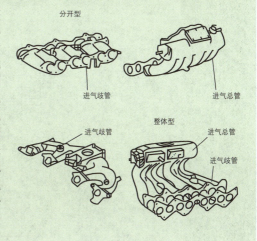

【知识链接2】：空气流量传感器及氧传感器

空气流量传感器是测量发动机进气量的装置。它的功用是将吸入的空气量转换为电信号传送给发动机ECU，是发动机ECU确定发动机基本喷油量的重要信号之一。根据测量原理的不同，空气流量传感器又分为热线式、热膜式和卡门旋涡式三种，见表5-6。

表5-6　空气流量传感器及氧传感器

步骤	类型	说　明
1	热线式空气流量传感器	热线式空气流量传感器的基本原理：在空气通道中放置一发热体，空气流经发热体时带走其热量，对发热体进行冷却，发热体周围通过的空气流量越多，被带走的热量也就越多。热线式空气流量传感器就是利用热线与空气之间的这种热传递现象进行空气质量流量测量的 进气道的两端设有金属防护网，防护网用卡箍固定在壳体上，取样管置于进气道中间，管内架有一根极细的铂线（直径约为0.07mm），铂线被电流加热至120℃左右，因此被称为热线。在热线式空气流量传感器电路中，热线是惠斯顿电桥电路的一部分，混合集成控制电路调节电桥的电流，使电桥保持平衡。当空气流经流量传感器时，进入取样管的气流流经热线周围，使其冷却，温度下降，电阻也随之减小。热线电阻的减小使电桥失去了平衡，此时混合集成控制电路会自动增加供给热线的电流，使热线恢复原来的温度和电阻值，直至电桥恢复平衡。混合集成控制电路所增加的电流大小取决于热线被冷却的程度，也就是取决于通过流量传感器的空气流速。由于电流的增加，电阻两端的电压降也会增加，这就将电流的变化转换为电压的变化。当发动机ECU接收到电压信号后，会计算出通过流量传感器的空气量 发动机ECU还具有对热线的自清洁功能，在每次发动机停止运转后，ECU便会对热线进行通电，使热线温度达到1000℃左右，时间为 1～2s，以清除热线上的污物

（续）

步骤	类型	说　明
2	热膜式空气流量传感器	热膜式空气流量传感器的结构和工作原理与热线式空气流量传感器基本相同，它是将发热体由热线改为热膜，热膜是由发热金属铂固定在薄的树脂膜上构成的。这种结构可使发热体不直接承受空气流动所产生的作用力，增加了发热体的强度，使其可靠、耐用，不会因黏附污物而影响其测量精度，故提高使用了寿命。 热线式和热膜式空气流量传感器能测量出空气质量流量，避免了压力引起的误差，并且响应时间短，测量精度高，被广泛应用于现代汽车发动机电控燃油喷射系统中
3	卡门旋涡式空气流量传感器	卡门旋涡式空气流量传感器在进气道的正中间有一个锥形的涡流发生器，故又称卡尔曼涡流式空气流量传感器。当空气流经涡流发生器时，在其后方的气流中会产生空气旋涡，这些旋涡移动的速度与空气流速成正比。因此，通过测量单位时间内旋涡的数量就可计算出空气流速和流量。根据检测方式的不同，卡门旋涡式空气流量传感器可分为反光镜检测方式和超声波检测方式
4	进气歧管绝对压力传感器	进气歧管绝对压力传感器的功用是通过检测进气歧管内的绝对压力，将其转变为电压信号输送到发动机 ECU，发动机 ECU 据此和发动机转速信号确定实际进气量。进气歧管绝对压力传感器的种类较多，下面以电子控制燃油喷射系统应用较多的半导体压敏电阻式进气歧管绝对压力传感器为例介绍其结构和工作原理 半导体压敏电阻式进气歧管绝对压力传感器是利用半导体的压阻效应制造而成的，其特点是尺寸小、精度较高、成本低、响应性和抗振性较好，因而被广泛采用。它主要由压力转换元件、集成电路、滤清器和壳体等组成 压力转换元件是利用半导体的压阻效应制成的硅膜片。硅膜片的一面是真空室，另一面通过连接管路与进气歧管相通。硅膜片为约 3mm 的正方形，其中部分经光刻腐蚀形成直径为 2mm、厚度约为 0.05 mm 的薄膜，薄膜周围有 4 个应变电阻，组成惠斯顿电桥。薄膜一侧是真空室，另一侧是进气歧管绝对压力，当进气歧管内绝对压力变化时，硅膜片也产生变形，附着在薄膜上的应变电阻的阻值与变形成正比例关系，因此即可通过惠斯顿电桥将硅膜片的变形转换为电信号，经集成电路放大后输入到发动机 ECU。传感器输出的信号电压具有随进气歧管绝对压力的增大呈线性增大的特性

(续)

步骤	类型	说　明
5	进气温度传感器	进气温度传感器通常安装在空气滤清器之后的进气软管或空气流量传感器上，也有个别车型将其安装在进气管的动力腔上，用以检测进气温度。它与进气压力传感器联合使用可以间接测量进入气缸的空气量。发动机ECU根据进气温度传感器检测到的进气温度来修正喷油量，使发动机自动适应外部环境（寒冷、高温、高原、平原）的变化 进气温度传感器属于热敏电阻型，主要由外壳和对温度变化非常敏感的负温度系数热敏电阻组成。负温度系数热敏电阻具有外界温度越高而其电阻值越小的特性 当发动机工作时，进气温度传感器的热敏电阻随进气温度而变化，发动机ECU检测的电压信号也随之改变。进气温度低时（进气密度大），热敏电阻阻值大，ECU检测到的信号电压高，根据此信号，相应增加喷油量；反之，当进气温度高时（进气密度小），热敏电阻阻值小，ECU检测到的信号电压低，根据此信号，相应减小喷油量
6	氧传感器	氧传感器是电子控制燃油喷射系统进行反馈控制的传感器，一般安装在排气管上。它的功用是用来检测排气中的氧气含量，以确定实际空燃比是比理论空燃比浓还是稀，并向发动机ECU反馈相应的电压信号。发动机ECU根据氧传感器反馈的混合气浓稀信号，在上次喷油量的基础上对本次喷油量进行减小或增加的修正。目前实际应用的氧传感器主要有氧化锆式和氧化钛式两种
		氧化锆式氧传感器：其基本元件是氧化锆固体电解质。氧化锆制成试管状，也称为锆管。锆管固定在带有安装螺钉的固定套中，其内表面与大气相通，外侧与排气直接接触。锆管内外表面都覆盖着一层多孔性的铂膜作为电极，外表面加装一个带有槽口的防护套

(续)

步骤	类型		说 明
6	氧传感器	氧化钛式氧传感器	具有两个二氧化钛元件：一个具有多孔性，用来检测排气中含氧量的二氧化钛元件；另一个则是实心二氧化钛元件，用作加热器以调节温度，补偿温度的误差。传感器的外端是用具有孔槽的金属管制成的保护管，既可以让废气进出，也可以防止内部的二氧化钛元件受外物的撞击。接线端用橡胶作为密封材料，以防止外界空气渗入 氧传感器通常与三元催化转化器一同使用。三元催化转化器安装在排气管中段，它能同时净化排气中 CO、HC 和 NO_x 三种主要的有害气体，但只有在混合气的空燃比处于接近理论空燃比的一个窄小范围内，三元催化转化器才能有效地起到净化作用。因此应用氧传感器进行反馈控制的目的也在于保证三元催化转化器的排气净化效果，以解决功率、油耗和排气污染之间的矛盾 氧传感器信号反馈控制的闭环控制，能使实际混合气的空燃比接近理论空燃比。但对特殊工况如起动、暖机、急速、加速、满负荷等需加浓混合气的情况，仍需要开环控制（即发动机 ECU 暂不采用氧传感器反馈回的信号，而是按实际运行工况进行喷油控制），以充分发挥发动机的动力性能。所以目前普遍采用开环和闭环相结合的控制方式，而开环和闭环控制之间的转换则由发动机 ECU 来完成

第二节　燃油供给系统

【实操图解1】：检测喷油器（表5-7）

设备：桑塔纳2000GSi整车1台或桑塔纳2000GSi发动机电控台架1台、工具车1台、零件车1台、维修手册1套。

要准备的工具：组合套筒1套、呆扳手、梅花扳手各1套，鲤鱼钳、尖嘴钳、一字槽螺钉旋具、十字槽螺钉旋具各1把，万用表和塞尺1只，化油器清洗剂1瓶。

工具准备要齐全，摆放要整齐。

表5-7　检测喷油器

步骤	具体操作方法及要求	步骤	具体操作方法及要求
1.感觉喷油器喷油脉动	查看喷油器（N30、N31、N32、N33）与ECU连接电路	1.感觉喷油器喷油脉动	发动机运转时，用手指接触喷油器，正常时应可感觉到喷油器喷油时的脉动

（续）

步骤	具体操作方法及要求	步骤	具体操作方法及要求
2. 检查喷油器电阻值	关闭点火开关，拔下喷油器插头，测量喷油器端子间的电阻值。冷态阻值应为 13～18Ω（发动机热态时，电阻会增加 4～6Ω）；否则说明喷油器有故障，应更换	4. 检查连接线路	如 LED 测试灯不亮，则检查线路。检查 1 缸喷油器插头的 2 号端子与 ECU 插头的 73 号端子、2 缸喷油器插头的 2 号端子与 ECU 插头的 80 号端子、3 缸喷油器插头的 2 号端子与 ECU 插头的 58 号端子、4 缸喷油器插头的 2 号端子与 ECU 插头的 65 号端子间的电阻，其阻值应小于 1.0Ω。导线和导线之间不得有短路和漏电；否则应更换相应导线。如导线也正常，则说明 ECU 有问题
3. 检查电源	关闭点火开关，拔下喷油器插头，在插头的 1 号端子和搭铁之间接入电压表。原地起动发动机，电压表的读数应为电源电压（大于 11.5V）。如果没有电压，则应检查喷油器电路	5. 检查漏油情况	如以上检查没有问题，则检查喷油器漏油情况。打开点火开关，使发动机原地急速运行一段时间后，关闭发动机，喷油器不应漏油，正常油压下，每分钟漏油不应多于两滴；否则应更换喷油器
4. 检查连接线路	在喷油器插头 1 号端子与 2 号端子间接入 LED 测试灯。起动发动机，若 LED 测试灯闪亮，则说明有控制信号		

第五章 汽油机电控燃油喷射系统 | 83

【实操图解2】：检查燃油压力调节器（表5-8）

表5-8 检查燃油压力调节器

步骤	具体操作方法及要求	步骤	具体操作方法及要求
1. 确定燃油压力调节器的安装位置	检查燃油压力调节器安装位置	3. 检查燃油压力调节器工作状况	（1）起动发动机并使其怠速运转，测量怠速状态下的燃油压力，应为250kPa左右 （2）拔下燃油压力调节器上的真空软管，检查燃油压力，应比怠速运转时的燃油压力高50kPa左右。若压力不符合要求，说明燃油压力调节器工作不良，应更换
2. 检查燃油压力调节器外观	检查其外观有无破裂，滤网有无脏污，密封圈是否完好		

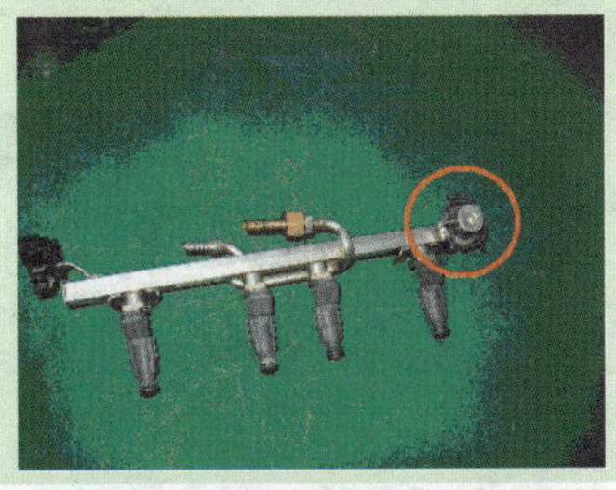

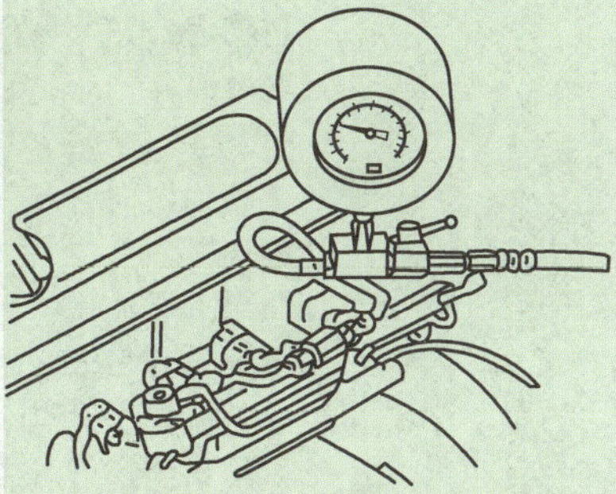

【实操图解3】：检查燃油分配管（表5-9）

表5-9 检查燃油分配管

步骤	具体操作方法及要求	
1	用5号内六角扳手拆下燃油分配管支架	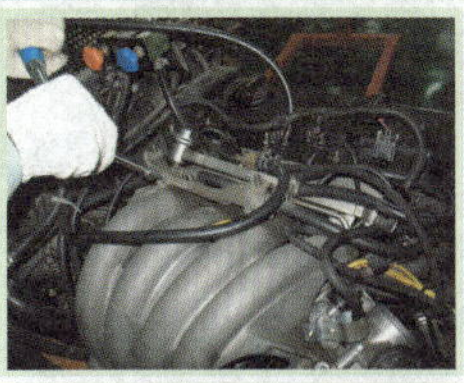
2	（1）用5号内六角扳手拆下喷油器固定卡子 （2）拆下压力调节器固定卡子	
3	（1）轻轻取下燃油分配管组件 （2）检查燃油分配管是否存在破损或漏油现象	

【知识链接】：燃油供给系统的基本组成和主要部件（表5-10）

表5-10　燃油供给系统的基本组成和主要部件

燃油供给系统	说　明
功用	电控汽油机燃油供给系统的作用是通过位于油箱中电动燃油泵将汽油加压形成符合压力和流量要求的清洁燃油送入喷油器，经喷油器喷射雾化后与进气管中的新鲜空气混合形成可燃混合气。发动机ECU控制电磁喷油器的开启时间（ms）对喷油量进行控制
分类（根据喷油器的安装位置）	单点燃油供给系统　由一个或两个喷油器将燃油喷射在节气门上方，与新鲜空气形成可燃混合气，供所有气缸使用 多点燃油供给系统　在每个气缸的进气歧管与气缸盖连接处分别设置一个喷油器，每个喷油器向所属气缸独立喷油，形成可燃混合气 与单点燃油喷射系统相比，多点燃油喷射系统具有每个气缸燃油分配均匀、燃油供给响应快等优点，现在主要使用多点燃油供给系统，单点燃油供给系统主要使用于早期电控汽油机
工作原理	电动燃油泵吸进油箱中的燃油并形成一定的压力，经燃油滤清器过滤杂质送至燃油总管（油轨），发动机ECU根据发动机的工况需要，控制安装在燃油总管上的电磁喷油器的开启时间（ms），将燃油喷入进气管雾化与新鲜空气混合形成空燃比可控的可燃混合气，实现对喷油量的控制。燃油压力调节器根据进气管中进气压力的变化自动控制燃油总管中的油压，使燃油总管中的燃油压力 p_y 与进气管中的空气压力 p_q 之差保持不变，以保证喷油器单位时间内喷油量的精确恒定 为了进一步提高燃油供给系统的安全性，简化油路，降低油箱燃油蒸气的生成量，近年许多新式轿车（如丰田系列、本田系列）采用无回油燃油供给系统设计，取消回油管，将燃油压力调节器、燃油滤清器和电动燃油泵集中在一起作为一个总成件安装在燃油箱中

（续）

燃油供给系统		说　明
组成	燃油箱	目前，现代汽油机电控系统都设置了油箱燃油蒸气活性炭罐吸收系统（EVAP），将油箱中产生的燃油蒸气引入发动机燃烧，以减少燃油蒸气对环境的污染，同时降低发动机的耗油率，改善发动机经济性
	电动燃油泵	ECU 对电动燃油泵 FP 执行以下控制功能： ① 燃油泵 3S 供油功能：当点火开关置 ON，ECU 1 号端子接收到点火开关 +15 电源电压信号，燃油泵继电器控制线经 ECU 4 号端子搭铁 3S，使燃油泵工作，对供油系统进行预加压，使发动机容易起动 ② 燃油泵正常工作控制：当发动机旋转，曲轴位置传感器 CKP 向 ECU 54 号端子~63 号端子发送发动机转速信号时，ECU 控制燃油泵连续工作。ECU 一旦不能收到 CKP 信号和 15 电源信号，即刻控制燃油泵停止工作 ③ 燃油泵强制切断控制：当汽车发生碰撞事故时，为了防止汽车发生次生火灾，减少事故损失，许多汽车燃油供给系统都设计了燃油泵强制切断控制功能。早期的汽车一般是在燃油泵供电电路中串联了一个机械惯性开关，当汽车发生强烈碰撞事故时，惯性开关自动切断燃油泵供电电源，如早期美国福特系列轿车和国产神龙富康、爱丽舍轿车等即采用这种控制方式。近年生产的安装了安全气囊和 CAN 总线的新式轿车则采用数字程序控制方式，当汽车发生强烈碰撞事故，在安全气囊弹出的同时，发动机 ECU 通过 CAN 总线即收到这个碰撞信号，执行燃油泵断电功能，如奥迪、大众、本田、通用系列轿车等都采用这种控制方式 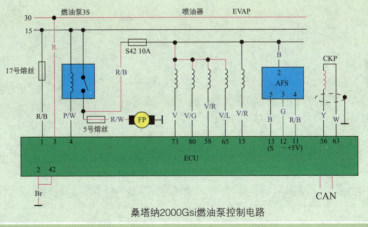 桑塔纳2000Gsi燃油泵控制电路
	燃油滤清器	燃油滤清器的功用是滤除燃油中的氧化铁、粉尘等固体夹杂物，防止供油系统的堵塞，减小系统的机械磨损，确保发动机稳定运转，提高工作的可靠性。燃油滤清器通常安装在燃油泵之后的高压油路中 燃油滤清器应具有过滤效率高、寿命长、压力损失小、耐压性能好、体积小、质量小的优点。燃油滤清器主要由壳体和滤芯等组成 燃油滤清器一般是整体形的一次性产品，当滤芯堵塞时，将使管路中的燃油压力下降，造成发动机起动困难，发动机功率降低，因此应按规定定期更换燃油滤清器  燃油滤清器

燃油供给系统	说　明
组成	**燃油压力调节器** 汽油机 EFI 系统中，电磁喷油器将燃油喷入进气歧管中与新鲜空气混合形成可燃混合气，当喷油器的结构参数一定时，燃油压力调节器的作用是保证燃油总管中的系统油压 p_{oil} 随进气歧管气压 p_{gas} 的变化而变化，使 p_{oil} 与 p_{gas} 气之差保持不变，即 $p_{oil} - p_{gas} =$ 恒值 p，保证喷油器在 ECU 控制下每单位时间 T 喷出的燃油质量 M 都是相等的 喷油器喷油量为 $$m = kpt\ (\text{ECU 执行喷油量时间控制})$$ 式中，m 为喷油量；k 为喷油器结构常数；p 为喷油器进、出油口的压力差；t 为喷油器开启时间 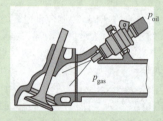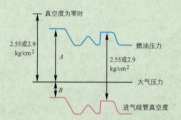 燃油压力调节器作用原理 燃油压力调节器主要由膜片、控制阀、真空室和油压室等组成 当发动机负荷较小，即节气门开度较小时，进气歧管中的真空度较大，绝对压力 p_{gas} 较小，处于膜片下方的油压 p_{oil} 大于真空室绝对压力 p_{gas} 和弹簧力之和，膜片上移，控制阀打开，燃油总管及下油室的燃油压力经回油管泄压而降低；反之，当发动机负荷较大，即节气门开度较大时，控制阀的开度较小，燃油压力调节器使系统油压 p_{oil} 随绝对压力 p_{gas} 的增大而增大，使喷油器进、出油口的压力之差保持恒定 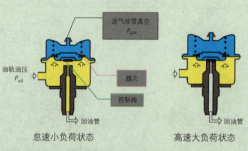 燃油压力调节器结构原理
	燃油分配管 燃油分配管的功用是将燃油均匀、等压地输配给各个喷油器，同时还具有储油蓄压的作用。其容积油量相对于发动机的循环喷油量要大很多，因而可以防止燃油压力的波动，可供给各喷油器以等量的燃油。此外，还可使喷油器的安装不过于复杂。右图为桑塔纳 2000GSi 轿车 AJR 发动机燃油总管和各缸喷油器、燃油压力调节器组合件的安装 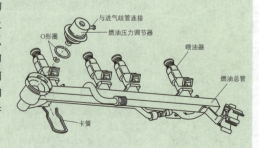

（续）

燃油供给系统	说　明
组成	**喷油器** 　　单点喷射系统和多点喷射系统使用的喷油器在结构上存在一些差异，由于单点喷射系统已几近淘汰，在此只介绍多点喷射系统使用的喷油器。 　　喷油器安装在燃油分配总管和进气歧管之间 　　当电磁线圈在 ECU 的控制下流过电流时，线圈产生的电磁吸力使衔铁及针阀阀体克服复位弹簧的弹力，阀体与针阀上升，阀门打开，压力燃油从喷孔喷入进气歧管，雾化后与新鲜空气混合，形成可燃混合气；当线圈电流切断时，电磁力消失，针阀与阀体在弹簧的弹力作用下回位，阀门关闭，喷油停止。 　　喷油器的供电电源由燃油泵继电器提供，ECU 控制喷油器的负极搭铁回路，控制电磁线圈电流的导通时间（ms）实现对喷油量的实时控制。ECU 根据发动机工况不同，执行相应的喷油量控制程序 喷油器实物外形图　　轴针式电磁喷油器结构
	进油回油管路

第三节　汽油蒸气排放 (EVAP) 控制系统

【实操图解】：检查EVAP控制系统（表5-11）

　　设备准备：桑塔纳 2000GSi 整车 1 台或桑塔纳 2000GSi 发动机电控台架 1 台、零件车 1 台、工具车 1 台、维修手册 1 套。

表5-11　检查EVAP控制系统

步骤	具体操作方法及要求	步骤	具体操作方法及要求
1.工具准备	要准备的工具：组合套筒 1 套，呆扳手、梅花扳手各 1 套，鲤鱼钳、尖嘴钳、一字螺钉旋具、十字螺钉旋具各 1 把，万用表和塞尺各 1 只，化油器清洗剂 1 瓶，故障检测仪 1 台，抹布若干 工具准备要齐全，摆放要整齐	2.确定活性炭罐和活性炭罐电磁阀的安装位置	活性炭罐的位置在右前轮罩下，拆卸及安装活性炭罐要拆下右前轮罩的挡板

(续)

步骤	具体操作方法及要求	步骤	具体操作方法及要求
2. 确定活性炭罐和活性炭罐电磁阀的安装位置	查看活性炭罐电磁阀的安装位置 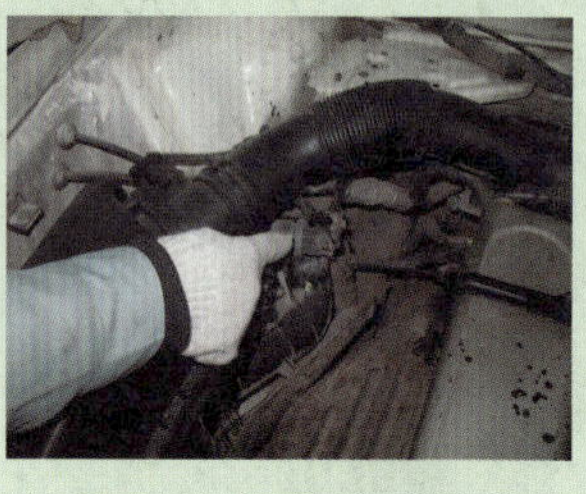	5. 检查活性炭罐电磁阀	起动发动机运转时，用手触摸活性炭罐电磁阀，应有明显的振动感。当断开点火开关时，应能听到电磁阀阀门关闭的"咔嚓"声；否则说明电磁阀线路断路或电磁阀失效，可继续以下检查 
3. 确定燃油蒸发控制装置电路连接	查看燃油蒸发控制装置电路连接 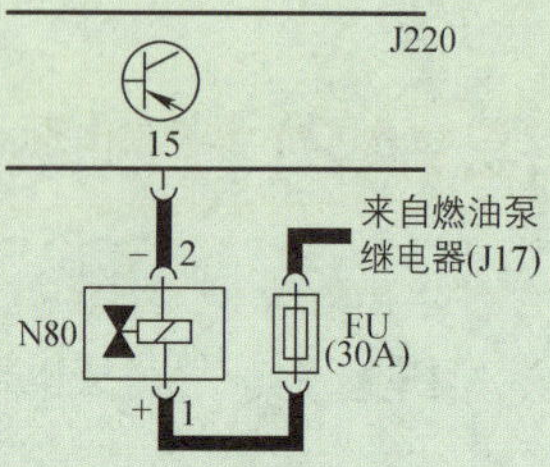	6. 检查活性炭罐电磁阀电源	关闭点火开关，拔下活性炭罐电磁阀的插头，起动发动机，急速运行。检查活性炭罐电磁阀插头 2 号端子与搭铁之间的电压，该值应大于 11.5V；否则应检查燃油泵继电器 
4. 检查活性炭罐	先将活性炭罐拆下，检查活性炭罐是否有开裂或损坏现象，如果发现上述情况或活性炭罐内部被燃油浸泡，就必须更换活性炭罐 	7. 检查活性炭罐电磁阀线圈	关闭点火开关，拔下活性炭罐电磁阀的插头，检查电磁线圈的电阻，其冷态电阻应为 22～30Ω；否则应更换电磁阀  

【知识链接】：EVAP控制系统的组成、典型布置方式及其工作过程（表5-12）

表5-12　EVAP控制系统的组成、典型布置方式及其工作过程

EVAP		说　明
功用		汽油是一种易挥发的液体，在常温下燃油箱经常充满蒸气。燃油蒸发排放控制系统的作用是将蒸气引入燃烧并防止挥发到大气中。在这个过程中起重要作用的是活性炭罐储存装置，因为活性炭有吸附功能，当汽车运行或熄火时，燃油箱的燃油蒸气通过管路进入活性炭罐的上部，新鲜空气则从活性炭罐下部进入活性炭罐。发动机熄火后，燃油蒸气与新鲜空气在罐内混合并储存在活性炭罐中，当发动机起动后，装在活性炭罐与进气歧管之间的燃油蒸发净化装置的电磁阀门打开，活性炭罐内的燃油蒸气被吸入进气歧管参加燃烧 　　为了控制燃油箱逸出的燃油蒸气，电控发动机普遍采用了炭罐，油箱中的燃油蒸气在发动机不运转时被炭罐中的活性炭所吸附，当发动机运转时，依靠进气管中的真空度将燃油蒸气吸入发动机中。ECU根据发动机的工况，通过通或断电磁阀来控制燃油蒸气，因此可减少大气中的HC，节约燃料
组成		燃油蒸气排放(EVAP)控制系统主要包括单向阀、炭罐控制真空电磁阀、活性炭罐等
	活性炭罐	活性炭罐内部装有活性炭，用来吸附燃油蒸气，活性炭罐的作用就是收集油箱等部位的燃油蒸气。当发动机工作时，又将这些蒸气送入进气歧管
	排放控制阀	用来控制从活性炭罐吸入进气歧管的气体流量（含空气和蒸气），它受炭罐控制真空电磁阀控制。当发动机怠速时，从活性炭罐吸入进气歧管的气体流量应少些，否则会使混合气过稀而造成怠速不稳；当发动机转速升高、负荷增大时，吸入的气体流量可大些，以使炭罐内的燃油蒸气能被及时净化
	炭罐控制真空电磁阀	用来控制通向排放控制阀的真空度，受发动机ECU控制
	真空泄放阀	安装在油箱加油口盖上，用来保持油箱内的气压。当油箱内因燃油减少，真空度增大到某一极限值时，该阀打开，使油箱内保持正常大气压力，保证供油稳定

（续）

EVAP	说　明
典型布置方式	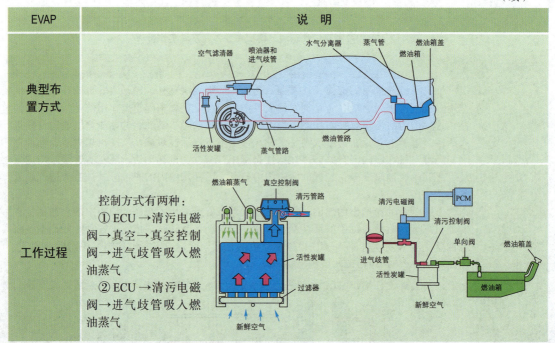
工作过程	控制方式有两种： ① ECU→清污电磁阀→真空→真空控制阀→进气歧管吸入燃油蒸气 ② ECU→清污电磁阀→进气歧管吸入燃油蒸气

第六章　柴油机燃油供给系统

柴油机燃油供给系统的作用是根据柴油机工作的要求，定时、定量、定压地将雾化质量良好的柴油，以一定的喷油规律喷入燃烧室与空气相混合，为可燃混合气的形成与燃烧提供良好条件。燃油供给系统工作性能的好坏，将直接影响柴油机的工作性能。柴油机燃油供给系一般由柴油箱、油管、输油泵、柴油滤清器、喷油泵、调速器和喷油器等组成。

◆ 第一节　柴油机燃油供给系统的组成 ◆

【实操图解】：拆装柴油机燃油供给系统（表6-1）

设备：LL480B柴油发动机拆装翻转台架1台，零件车1台，工具车1台。

表6-1　拆装柴油机燃油供给系统

步骤	具体操作方法及要求	步骤	具体操作方法及要求
1.准备工作	（1）常用工具1套，世达工具1套，记号笔1支，抹布若干。工具准备齐全，摆放整齐，场地清洁 （2）查LL480B柴油发动机技术手册，记录相关的性能参数 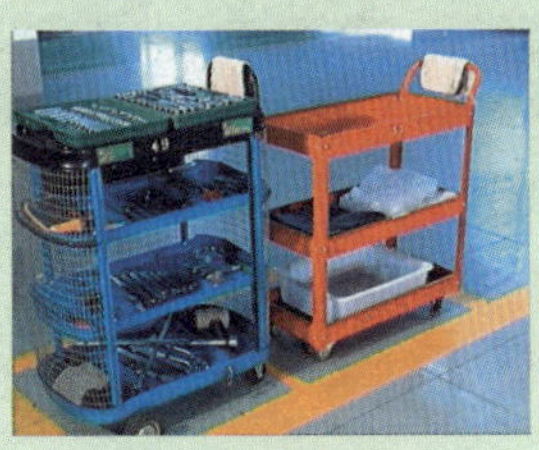	2.拆装油路零部件	（2）拆下柴油滤清器 （3）拆下高压油管和喷油器端的回油管
2.拆装油路零部件	（1）清洁所有拆装部位；打开油箱加油口盖，关闭油路总开关，先拆下柴油滤清器到输油泵输出端的低压油管，再拆下输油泵进油端至油箱的低压油管，并将其中的燃油放回油箱		（4）拆下喷油器

（续）

步骤	具体操作方法及要求	步骤	具体操作方法及要求
2.拆装油路零部件	（5）作好喷油泵的安装标记 （6）拆下喷油泵 （7）按顺序摆放拆下的零部件 （8）用清洁的柴油对喷油泵和喷器进行清洗 注意：按照先拆的后装、后拆的先装，将拆下的零部件装复 	3.低压油路空气排除	（1）将手油门拉至中等负荷以上，将手油泵上的柱塞旋松，然后连续手动泵动，直至感觉到油路中有油和泵动的阻力 （2）连续泵动手油泵直至感到最大压力时，压住手泵柱塞，松开放气螺钉，等没有泡沫状油流出时旋紧放气螺钉 （3）重复上述操作，直至排出的全是油没有空气为止 

【知识链接】：柴油机燃油供给系统的作用、组成及基本工作原理（表6-2）

表6-2　柴油机燃油供给系统的作用、组成及基本工作原理

项目	说明
功用	柴油机燃油供给系统用于燃料的储存、滤清和输送工作，并按柴油机各种不同工况的要求，定时、定量、定压并以一定的喷油质量喷入燃烧室，使其与空气迅速且良好地混合和燃烧，最后将废气排入大气
组成	柴油机燃油供给系统由油箱、柴油滤清器、输油泵、喷油泵、高压油管、喷油器及低压油管等组成 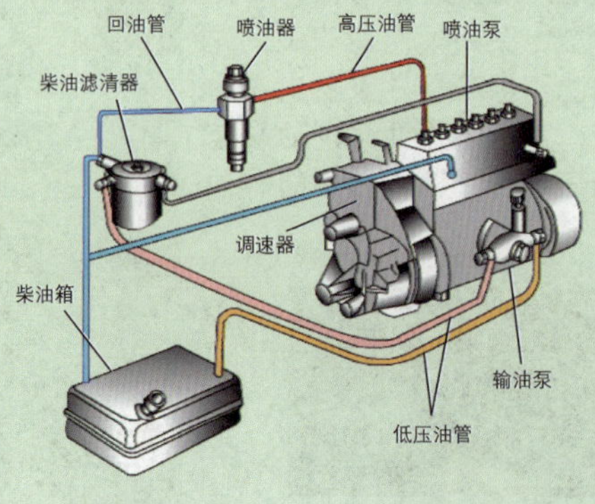

（续）

项目	说　明
零部件	**柴油滤清器** 　　柴油滤清器作用是将柴油中杂质滤掉，保证喷油泵和喷油器工作可靠并延长使用寿命 　　柴油滤清器的滤芯由微孔滤纸制成，装在滤清器盖与底部的弹簧座之间，并用橡胶圈密封。输油泵输出的柴油，经低压油管进入滤芯外的壳体内，再透过滤芯经出油管输出给喷油泵，柴油机中的机械杂质和尘土被滤去，水分沉淀在壳体下部  柴油滤清器 **输油泵** 　　柴油机输油泵的作用是克服滤清器及管路阻力，将足够数量的柴油自油箱输送到喷油泵。为了便于排除低压油路中的空气，输油泵上常装有手油泵。柴油机输油泵主要有活塞式、膜片式、滑片式及齿轮式等，用得较多的是活塞式输油泵 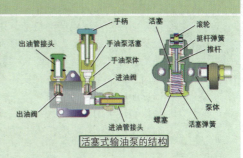 活塞式输油泵的结构 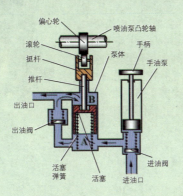  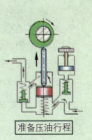 　　　　　　　　　　　　　　吸油和压油行程　准备压油行程 输油泵工作原理及工作过程 　　在弹簧力的作用下，随着偏心轮的转动，活塞上行，下腔容积增大，产生真空，进油阀开启，柴油经进油口进入下泵腔。同时，上泵腔容积缩小，压力增大，出油阀关闭，上泵腔中的柴油经出油口压出 　　偏心轮推动滚轮、挺杆和活塞向下运动，下泵腔油压增高，进油阀关闭，出油阀开启，柴油从下腔流入上腔 　　输油量的自动调节：输油泵供油量大于喷油泵需要量时，上泵腔油压逐渐增高，活塞的有效行程越来越小，泵油量也逐渐减少。当上泵腔压力与活塞弹簧弹力相平衡时，输油泵便停止泵油

（续）

项目	说 明
零部件	**油水分离器** 油水分离器的作用是除去柴油中的水分。柴油流经油水分离器时，油中的水分由于重力的作用而沉淀下来。浮子随着积水的增多而上浮，当浮子到达规定的放水水位时，仪表板上的报警灯发出放水信号，驾驶人应及时旋松放水塞放水 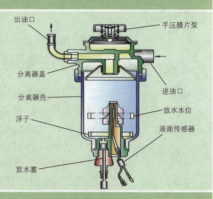 **喷油泵** 喷油泵的作用是根据柴油机的工作要求，在规定的时刻将定量的柴油以一定的压力输送至喷油器。现代柴油机上常用的喷油泵主要有柱塞式喷油泵、喷油泵-喷油器和转子分配式喷油泵三类。柱塞式喷油泵是利用柱塞的往复运动来泵油，这种喷油器结构紧凑，性能良好，工作可靠，为大多数汽车柴油机所采用。喷油泵-喷油器是将喷油泵和喷油器结合成一个整体，直接安装在气缸盖上，消除了高压油管所引起的压力波动现象，可以更加精确地控制喷油规律，PT燃油供给系统的喷油泵就属于此类。转子分配式喷油泵是依靠转子的转动实现压油及分配，它体积小，重量轻，零件少，成本低，但其最大供油量和供油压力均比柱塞式喷油泵小，比较适用在中小功率的多缸柴油机上。 国产系列柱塞式喷油泵分为Ⅰ、Ⅱ、Ⅲ和A、B、P、Z等系列。其中A、B、P、Z系列泵采用整体式泵体，结构刚性较好；Ⅰ、Ⅱ、Ⅲ系列泵采用上下分体式泵体，拆装较方便。在每一个系列中都有若干种喷油泵，其结构形式、柱塞行程（凸轮升程）和分泵中心距都是相同的，但柱塞直径和分泵数不同，以满足各种柴油机的需要，喷油泵的系列化有利于制造和维修。上述七种系列泵的主要参数见下表  柱塞式喷油泵

主要参数 \ 系列代号	Ⅰ	Ⅱ	Ⅲ	A	B	P	Z
凸轮升程/mm	7	8	10	8	10	10	12
分泵中心距/mm	25	32	38	32	40	35	45
柱塞直径范围/mm	7~8	7~11	9~13	7~9	8~10	8~13	10~13
最大供油量范围/(mm^3/循环)	60~150	80~250	250~330	60~150	130~225	130~475	300~600
分泵数	1~12	2~12	2~8	2~12	2~12	4~8	2~8
最大转速范围/(r/min)	1500	1500	1000	1400	1000	1500	900
适用柴油机缸径范围/mm	105以下	105~135	140~160	105~135	135~150	120~160	150~180

(续)

项目	说　明
零部件	**喷油器** 喷油器的作用是将柴油雾化成较细的颗粒，并把它们分布到燃烧室中。根据混合气形成与燃烧的要求，喷油器应具有一定的喷射压力和过程，以及合适的喷雾锥角。此外，喷油器在规定的停止喷油时刻应能迅速地切断燃油的供给，不发生滴漏现象
	回油管 用于将多余的柴油收集回流到油箱或滤清器中。通常在其与喷油泵连接处有个单向阀，拆装及排除故障时要留意

第二节　柱塞式喷油泵的拆装和调试

【实操图解】：拆装和调试柱塞式喷油泵（表6-3）

设备：12PSDB75型喷油泵试验台1台，6A95Z20柴油机喷油泵1台，维修手册1套。

表6-3　拆装和调试柱塞式喷油泵

步骤	具体操作方法及要求
1. 调试前准备	（1）工具准备：17、19号呆扳手，毛刷，抹布，油盆，橡皮锤，螺钉旋具，大中小飞接杆，14号套筒长短各1只，专用工具1套，活扳手，机油等 （2）工具准备齐全，摆放整齐，场地清洁 （3）根据喷油泵型号选择合适的高压油管及支撑垫块
2. 检测	（1）先将喷油泵固定在喷油泵试验台上并与试验台的驱动轴相连 （2）拆去控制齿条盖帽、控制齿条限位器（冒烟限制器），并装上齿条位移测量仪，在最小位置处对好零位 （3）连接好高、低压油管，并连接好喷油泵与试验台传动部分，手动旋转传动盘，应运转平稳，无跳动，拧紧夹紧装置 （4）在喷油泵凸轮轴室及调速器室加入适当机油 （5）将喷油泵供油齿杆移动到不供油位置，松开喷油泵放气螺钉

（续）

步骤	具体操作方法及要求
3. 调试	（1）打开试验台总开关，起动输油泵，调整输油压力为 0.15～0.2MPa （2）设置好试验台速度调试按钮或旋钮，起动试验台低速运转，待确认运转平稳正常时将转速提高至 600r/min，运转 2～3min，观察喷油器，出油后拧紧放气螺钉，减速并停止运转  （3）起动工况供油量测试：将油门拉杆放置于最大供油位置上，试验台以 150 r/min 的转速运转，按下计数器按钮，记录起动供油量（mL/200 次） （4）怠速供油量测试：将油门拉杆放置于最小供油（怠速）位置上，试验台以 300 r/min 的转速运转，按下计数器按钮，记录各缸怠速供油量（mL/200 次） （5）标定转速工况供油量测试：将油门拉杆放置于最大供油位置上，试验台以 1450 r/min 的转速运转，按下计数器按钮，记录各缸供油量（mL/200 次） （6）校正转速工况供油量测试：将油门拉杆放置于最大供油位置上，试验台以 900 r/min 的转速运转，按下计数器按钮，记录各缸供油量（mL/200 次） （7）调速器高速起作用时转速测试：将油门拉杆放置于最大供油位置上，试验台以 1450 r/min 的转速运转，并缓缓提高，观察喷油量开始减少时转速，即高速起作用转速 （8）调速器高速断油转速测试：将油门拉杆放置于最大供油位置上，试验台转速进一步提高，观察供油量，彻底断油时的转速即为最高断油转速。减速停车，关闭输油泵开关；切断电源，拆除进、回油管，拆除喷油泵。整理并放置好工具，清洁设备  

【知识链接】：柱塞式喷油泵的构造及主要零部件的检测（表6-4）

表6-4 柱塞式喷油泵的构造及主要零部件的检测

柱塞式喷油泵	说　明
结构组成	**分泵** 分泵是喷油泵的泵油机构，多缸发动机中分泵的数量与柴油机气缸数相等。分泵主要由柱塞偶件、柱塞弹簧、弹簧下座、出油阀偶件、出油阀弹簧、出油阀压紧座等组成 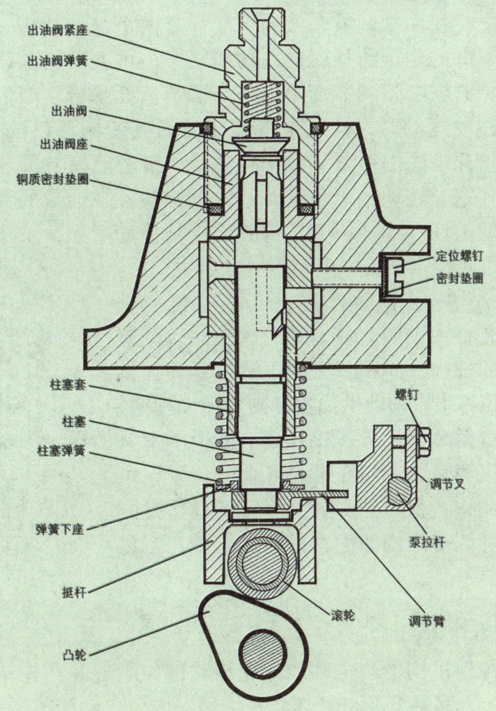 （图示：出油阀紧座、出油阀弹簧、出油阀、出油阀座、铜质密封垫圈、定位螺钉、密封垫圈、柱塞套、柱塞、柱塞弹簧、螺钉、调节叉、泵拉杆、弹簧下座、挺杆、调节臂、滚轮、凸轮） **出油阀偶件**　出油阀偶件包括出油阀和出油阀座，它的作用是出油、断油和断油后迅速降低高压油管的剩余压力，使喷油器迅速停止供油而不出现滴漏现象 出油阀的上部有一圆锥面，出油阀弹簧将此锥面紧压在阀座的圆锥面上，形成宽为0.3～0.5mm密封环带。锥面下部有一窄的圆柱形环带，称为减压环带，它与阀座孔精密配合，也具有密封作用。出油阀减压环带下部为导向部，在圆柱形的阀杆上铣出了四个直切槽，使阀杆断面呈十字形，既能导向，又能为高压柴油提供通道。出油阀偶件装在柱塞的上端，由出油阀压紧座压紧在喷油泵体上。出油阀偶件是燃油供给系统的第三副精密偶件，要求有较高的精度和光洁度、好的耐磨性，采用优质合金钢制造，加工中经过选配和互研，其工作表面的径向间隙为0.006~0.016mm，使用和维修过程中不得互换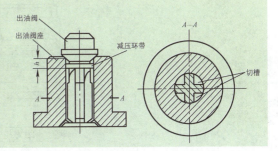

（续）

柱塞式喷油泵	说　明
结构组成	**油量调节机构** 油量调节机构的作用是根据柴油机工况的变化来改变喷油泵的供油量且保证各缸的供油量一致。从喷油泵的工作原理可知，柱塞每次循环的供油量取决于供油的有效行程 h_g 的大小，由于斜槽的存在，只要转动柱塞就可以改变柱塞的供油有效行程，从而达到调节供油量的目的。常用的油量调节机构有齿杆式、拨叉式和球销式三种 齿杆式油量调节机构　油量调节套筒松套在柱塞套上，在油量调节套筒的下端开有两个纵向切槽，柱塞下端的两个凸耳就嵌在切槽之中。可调节齿圈用螺钉锁紧在油量调节套筒上并与调节齿杆啮合。当齿杆作往复运动时，柱塞被带着转动而改变循环供油量。当松开齿圈的锁紧螺钉，将油量调节套筒及柱塞相对于柱塞套转动一个角度时，即可调整各缸油量的大小和均匀性。这种调节机构的优点是传动平稳，工作比较可靠，寿命长，但结构尺寸较大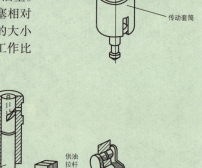 拨叉式油量调节机构　在柱塞下端压装有一个调节臂，臂的球头插入调节叉的槽内，而调节叉则用螺钉紧固在供油拉杆上。移动供油拉杆则可转动柱塞，改变循环供油量。松开调节叉上的螺钉可以调整调节叉在节拉杆上的位置，可以调整各缸的供油量的大小和均匀性。这种调节结构的优点是结构简单，容易制造 **传动机构** 传动机构由凸轮轴和滚轮传动部件组成。凸轮轴的两端支承在圆锥滚子轴承上，前端装有联轴器及机械离心式供油提前角自动调节器，后端与调速器相连。带有衬套的滚轮松套在滚轮轴上。轴又支承在滚轮架的座孔中。滚轮架左侧圆柱面上镶有一导向块。泵体上相应开有轴向长槽。导向块插入该槽中，使滚轮架只能上下移动而不能转动 喷油泵的凸轮轴是由柴油机的曲轴通过齿轮驱动的。当凸轮轴上的凸轮凸起部分与滚轮接触时，便克服柱塞弹簧的弹力，推动柱塞向上运动。当凸轮的凸起部分转过后，柱塞便在弹簧的作用下回位。为保证在相当于一个工作循环的曲轴转角内，各缸都能喷油一次，四冲程柴油机喷油泵凸轮轴的转速应等于曲轴转速的1/2。凸轮的外部轮廓应满足柴油机对燃油供油规律的要求，各凸轮相对角位置必须符合柴油机的发火次序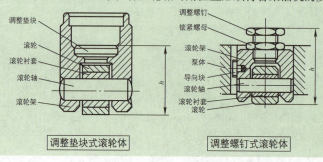

（续）

柱塞式喷油泵	说　明
主要零部件的检测（机械零部件的主要耗损形式是磨损）	**凸轮轴** 凸轮轴的主要损坏形式是磨损和弯曲。磨损主要是用外径千分尺测量凸轮高度和凸轮轴轴径。凸轮高度超差只能报废；通过测量若发现凸轮轴弯曲度超过允许值时，必须更换或进行弯曲校正
	柱塞偶件 柱塞偶件由柱塞和柱塞套组成，主要检查柱塞和柱塞套之间的配合间隙及其工作面的磨损情况。检查柱塞偶件相互配合间隙时，在柱塞外圆柱面和柱塞套内涂上干净的柴油，然后将两者装合并倾斜60°，若柱塞在柱塞套内能缓慢滑下，则证明配合间隙正好，否则应成套更换
	出油阀偶件 出油阀偶件由出油阀和阀座两部分组成，常见的故障主要是出油阀密封锥面、出油阀减压环带、出油导向部分等部位的磨损及出油阀座的磨损。磨损情况主要通过检查偶件之间的密封性来检测
	油量控制机构 若油量调节机构有明显的松脱或松旷，则说明定位不牢固或磨损变大，应予以调整或更换

第三节　喷油器的拆装和检测

【实操图解】：拆装和检测喷油器（表6-5）

设备：喷油泵试验台1台，柴油机喷油器4只，台虎钳1台。

表6-5　拆装和检测喷油器

步骤	具体操作方法及要求
1.准备工作	（1）工具准备：17、19号呆扳手，毛刷，抹布，油盆，橡皮锤，螺钉旋具、大中小飞接杆，14号套筒长短各1个，专用工具1套，活扳手，机油，柴油，米尺，计算器，宣纸若干 （2）将喷油器安装到试验台上，并固定好 （3）排出管路中的空气

（续）

步骤	具体操作方法及要求
2.喷油器调整	（1）喷油压力调整 ① 以 60 次/min 压试验台的手柄，观察喷油器开始喷油时的压力是否与维修手册一致 ② 压力过高或过低时，先将紧固螺母拆下，再用螺钉旋具调节喷油器上端的调节螺钉。顺时针旋动，喷油压力应升高；反之，压力应降低 （2）密封性试验 ① 以 60 次/min 连续压动试验台手柄，看压力表指针直至压力上到 23MPa ② 保持手柄不动，看压力下降到 18MPa 时所用的时间。用时越长，说明密封性越好 （3）燃油雾化质量试验 ① 在喷油器正下方放置宣纸，取纸到喷油器喷油处的距离为 H，喷油器喷雾的锥角为 θ，纸上的油雾圆面的直径为 D ② 连续压动试验台的手柄直至喷油，然后量出油雾圆面的直径 ③ 由 $\tan\theta=D/H$ 得雾化的锥角，根据标准数据，判断雾化质量 

【知识链接】：喷油器的功用与分类（表6-6）

表6-6 喷油器的功用与分类

喷油器	说　明
功用	喷油器的作用是将柴油雾化成均匀细小的颗粒，喷入燃烧室。喷油器应具有一定的喷射压力、射程及合适的喷射锥角，停止喷油时刻应断油干脆迅速，无滴漏现象 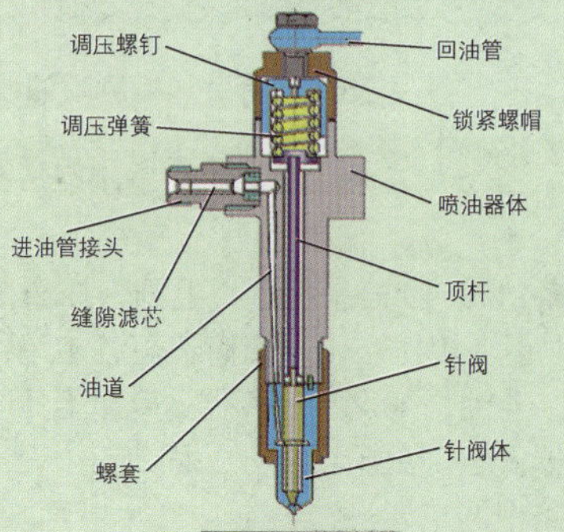 喷油器的构造

（续）

喷油器	说　明
分类	**孔式喷油器** 　　孔式喷油器由针阀、针阀体、顶杆、调压弹簧、调压螺钉及喷油器壳体等零件组成 　　孔式喷油器主要用于具有直接喷射式燃烧室的柴油机。喷油孔的数目范围一般为1~8个，喷孔直径0.2~0.8mm。喷孔数目和喷孔角度的选择视燃烧室的形状、大小和空气涡流情况而定 　　针阀和针阀体合称针阀偶件。针阀上部的圆柱表面与针阀体的相应圆柱面进行高精度的滑动配合，配合间隙为0.002 ~ 0.003mm 　　针阀偶件的配合面通常是经过精磨后再研磨，从而保证其配合精度的。因此选配和研磨好的一副针阀偶件是不能互换的，这点在维修过程中应特别注意。装在喷油器上部的调压弹簧通过顶杆使针阀紧压在针阀体的密封锥面上，将喷孔关闭，喷油泵输出的高压柴油从进油管接头经过喷油器体与针阀体中的油孔道进入针阀中部周围的环状空间——高压油腔。油压作用在针阀的承压锥面上，造成一个向上的轴向推力，当此推力克服了调压弹簧的预紧力，针阀与针阀体间的摩擦力(此力很小)及针阀自身重力后，针阀即上移而打开喷孔，高压柴油便从针阀体下端的喷油孔喷出。当喷油泵停止供油时，由于油压迅速下降，针阀在调压弹簧的作用下及时回位，将喷孔关闭。喷油开始时的喷油压力取决于调压弹簧的预紧力，喷油压力可用调压螺钉调节 　　喷油器喷油时，其喷射油束锥角必须与所用燃烧室的形状相适应，使燃油雾粒直接喷射在燃烧室空间并均匀分布。在喷油器工作过程中，会有少量柴油从针阀与针阀体的配合表面之间的间隙漏出。这部分柴油对针阀起润滑作用，并沿顶杆周围的空隙上升，通过回油管螺栓上的孔进入回油管，流回柴油滤清器。对多缸柴油机，为使各缸喷油器工作一致，各缸应采用长度相等的高压油管。喷油器用两个固定螺钉固定在气缸盖上的喷油器孔座内，用铜制的锥体密封，以防止漏气 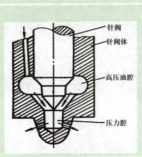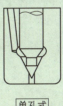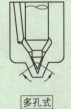 单孔式　　　多孔式 **轴针式喷油器** 　　轴针式喷油器的工作原理与孔式的相同。其结构特点是针阀下端的密封锥面以下还延伸出一个轴针，其形状可以是倒锥形或圆柱形。轴针伸出喷孔外，使喷孔成为圆环状的狭缝(轴针与孔的径向间隙为0.05mm)。这样，喷油时的喷注将呈空心的锥状或柱形，如图所示。喷孔通过端面与喷注锥角的大小取决于轴针的升程和形状，因此要求轴针的形状加工得很精确 　　常见的轴针式喷油器只有一个直径1~3mm的喷孔。由于喷孔直径较大，孔内有轴针上下运动，喷孔不易积炭，而且还能自行清除积炭 　　轴针式喷油器孔径较大，喷油压力较低(12~14MPa)，故比较易于加工。它适用于对喷雾要求不高的涡流室式燃烧室和预燃室式燃烧室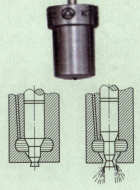

喷油器	说 明
分类	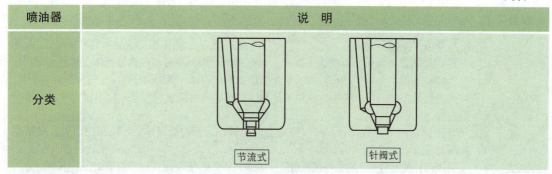 节流式　　针阀式

第四节　柴油机电控喷油系统

【实操图解】：检修柴油机电控喷油系统（表6-7）

设备：长城共轨柴油机1台，万用表1只，测试针若干。

工具：常用工具1套，抹布若干。

表6-7　检修柴油机电控喷油系统

步骤	具体操作方法及要求	
1.冷却液温度传感器线束的检测	（1）关闭点火开关，拆下蓄电池负极接线 （2）断开发动机冷却液温度传感器插接器 （3）断开ECU插接器 （4）用万用表测试1号端子和2号端子分别到ECU插接器线路的通断；若线路完好，则测量传感器在不同温度冷却液中的阻值	
2.发动机转速传感器的检测	（1）关闭点火开关 （2）断开发动机转速传感器插接器 （3）用万用表红黑表笔连接测试1号端子和2号端子之间的电阻，若不符合规定值，则为传感器自身损坏；反之，检查线束 （4）断开ECU插接器 （5）用万用表测量1号端子和2号端子分别到ECU插接器线路的通断及与车身的搭铁情况	
3.质量型空气流量传感器的拆检	（1）断开插接器，拆下空气流量传感器 （2）拆下两个螺钉，取下空气流量传感器	

（续）

步骤	具体操作方法及要求
4. 空气流量传感器的外观检查	目视检查铂丝上是否有异物，若有异物且不符合规定，则更换质量型空气流量传感器；若无异物则正常，再测量电阻值 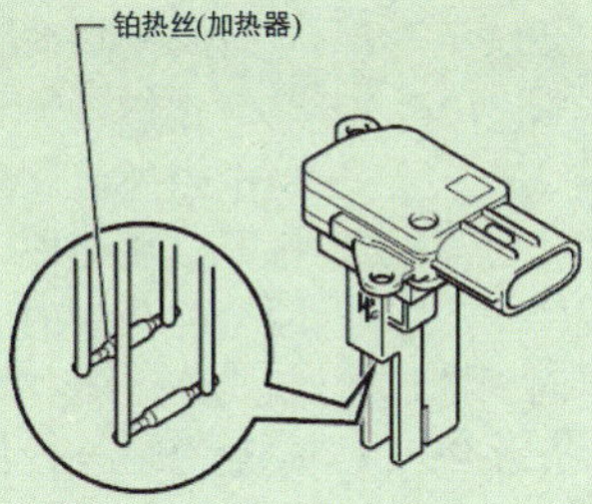
5. 空气流量传感器的测量	测量 1 号端子和 2 号端子间的电阻值，应符合规定；若不符合规定，则应更换质量型空气流量传感器 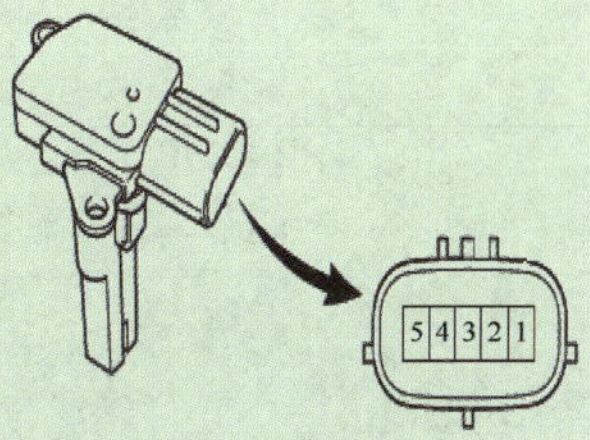
6. 安装空气流量传感器	（1）用螺钉安装时，注意 O 形圈应无破损或卡住现象 （2）连接质量型空气流量传感器的插接器 （3）拧紧传动轴结合盘上的两个固定螺钉，安装第一缸高压油管并拧紧螺母 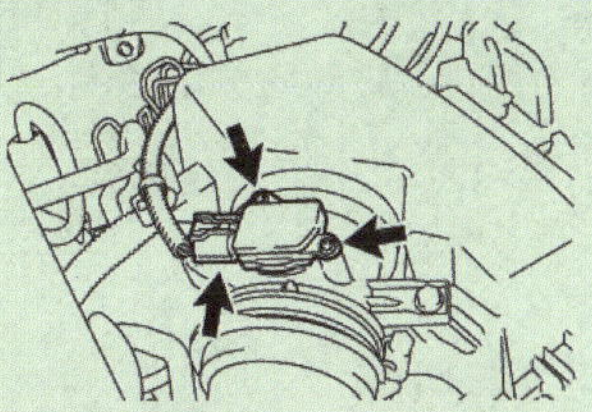

【知识链接】：柴油机电控喷油系统的位置控制、时间控制、共轨燃油喷射及排气后处理（表6-8）

表6-8　柴油机电控喷油系统的位置控制、时间控制、共轨燃油喷射及排气后处理

柴油机电控喷油系统	说　明
位置控制系统	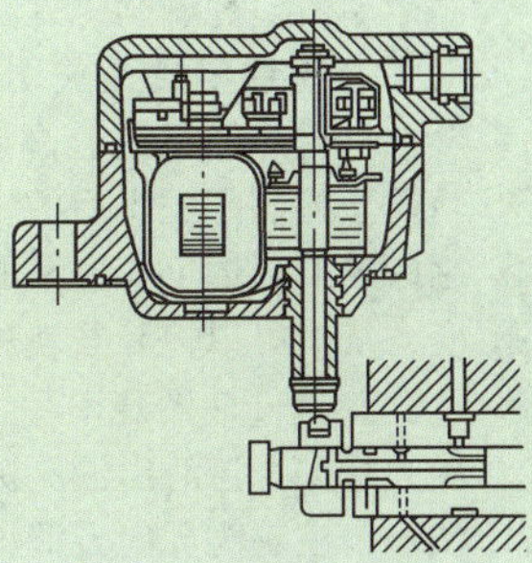 位置控制系统只是对齿条或者油量控制滑套的运动位置予以电子控制，即采用电子调速器代替机械调速器，采用旋转电磁铁来直接控制泵油柱塞上的滑套，实现喷油量控制，如左下图所示。通过控制旋转电磁铁线圈的电流，可使其转子在 0°～60° 范围内旋转，然后利用装在转子轴上并且与控制轴套啮合的一只钢球来移动泵油柱塞上的滑套，从而控制喷油量，而检测转子角度控制滑套位置的是一种无触点的电感式角位移传感器，如右下图所示 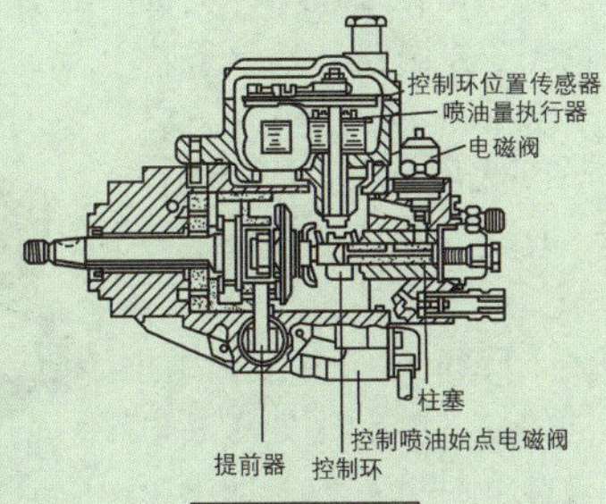

（续）

柴油机电控喷油系统	说明
时间控制系统	时间控制系统是用高速强力电磁阀直接控制高压燃油。当电磁溢流阀通电切断溢油通路时，燃油则经喷油器喷入燃烧室。当电磁溢流阀断电时，溢油通路即被打开，喷油即可停止。这样，可取消原分配泵中的溢油滑环，以及位置控制式分配泵中的线性（比例）电磁铁、溢油滑环位置传感器，使泵结构大为简化。 该系统能自由控制喷油量和喷油定时，喷射压力高（峰值压力可达240MPa），但无法实现喷油压力的灵活调节，且较难实现预喷射或分段喷射 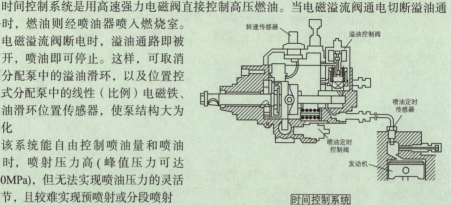 时间控制系统
共轨燃油喷射系统（第一代共轨高压泵总是保持在最高压力，导致能量的浪费和很高的燃油温度。第二代共轨高压泵可根据发动机需求而改变输出压力，并具有预喷射和后喷射功能）	**优点** ① 可燃混合气比例更精确，燃烧更充分 ② 有害物质的排放减少，利于环保 ③ 工作噪声大大降低 **系统总成** 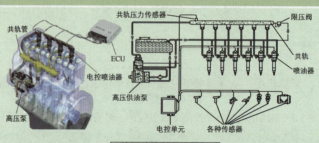 共轨燃油喷射系统的组成 ① 低压油路：结构原理与传统的柴油供给系统低压油路相似。 ② 高压油路：由高压泵、调压阀、共轨管、流量限制器、限压阀和电控喷油器等组成。 ③ 传感器与控制器。 **主要部件的结构与工作原理** ① 高压泵：产生高压油。 柱塞下行，控制阀开启，低压燃油经控制阀PVC流入柱塞腔；柱塞上行，但控制阀中尚未通电，控制阀仍处于开启状态，吸进的燃油并未升压，经控制阀又流回低压腔 控制阀通电使其关闭，则回油流路被切断，柱塞腔内燃油被升压。因此，高压燃油经出油阀（单向阀）压入共轨内。控制阀关闭后的柱塞行程与供油量对应。如果使控制阀的开启时间（柱塞的预行程）改变，则供油量随之改变，从而可以控制共轨压力 凸轮越过最大升程后，柱塞进入下降行程，柱塞腔内的压力降低。这时出油阀关闭，压油停止。控制阀处于断电状态，控制阀开启，低压燃油将被吸入柱塞腔内，即恢复到初始状态 

（续）

柴油机电控喷油系统	说　明
共轨燃油喷射系统（第一代共轨高压泵总是保持在最高压力，导致能量的浪费和很高的燃油温度。第二代共轨高压泵可根据发动机需求而改变输出压力，并具有预喷射和后喷射功能）	② 调压阀：根据发动机负荷状况调整和保持共轨管中的压力 ③ 高压存储器（共轨管）：其作用是存储高压油，保持压力稳定。其上安装有压力传感器 ④ 限压阀和流量限制器  ⑤ 电控喷油器：是共轨柴油喷射系统的核心部件，其作用是准确控制向气缸喷油的时间、喷油量和喷油规律 喷油器的主要零件是喷油器、控制喷油率的节流孔、液压活塞和高速电磁阀。喷油器中的高速电磁阀采用二位二通阀 喷油器控制喷油量和喷油定时，通过二位二通电磁阀的开启和关闭进行控制。当二位二通阀开启时，控制腔内的高压燃油经出油节流孔流入低压腔中，控制室中的燃油压力降低，但是，喷油器压力腔的燃油压力仍是高压。压力室中的高压使针阀开启向气缸内喷射燃油。当二位二通阀关闭时，共轨高压油经控制室的进油节流孔流入控制室，控制室的燃油压力升高，使针阀下降，喷油结束 二位二通阀的通电时刻确定了喷油始点，二位二通阀通电时间确定了喷油量。这些基本喷油参数都由电子脉冲控制 二位二通阀通过控制喷油器控制室内的压力来控制喷油的开始和喷油终了。节流孔既控制喷油器针阀的开启速度，也控制了喷油率形状 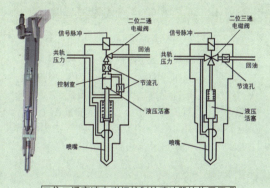 二位二通高速电磁阀控制的喷油器的作用原理
排气后处理系统	采用颗粒滤清器、三元催化转化器和脱NO_x催化器等，主要是为了降低排气中颗粒和NO_x的含量，以利于环境保护 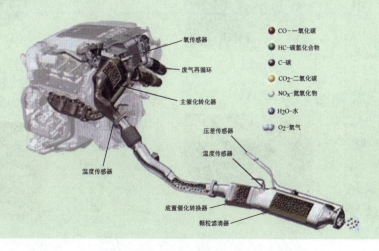

第七章 润滑系统

发动机工作时，相对运动的零件表面之间必然会产生摩擦，摩擦将导致零件的磨损和温度升高，磨损下来的金属屑附着在工作表面上将加剧零件的磨损。润滑系统的主要功用是润滑、冷却、清洗、密封、减振、防锈、液压控制等。润滑系统主要由油底壳、机油泵、机油滤清器、限压阀、旁通阀、机油压力表、机油标尺和散热装置等组成。

润滑系统的工作原理

◆ 第一节 润滑系统的结构组成 ◆

【实操图解】：拆检机油泵（表7-1）

设备：桑塔纳2000轿车用机油泵1个，维修手册1套、工作台1个。

表7-1 拆检机油泵

步骤	具体操作方法及要求	步骤	具体操作方法及要求
1.工具准备	（1）要准备的工具：摇把，刀口尺，塞尺、扭力扳手（一大一小），毛刷，抹布，油盆，枕木，吸棒，橡皮锤，螺钉旋具，大中小飞接杆，10号套筒长短各1个，专用套筒1个（10号），转角扳手，气枪，铲刀，游标卡尺，活扳手，机油，煤油 （2）工具准备要齐全，摆放要整齐	2.分解并检测机油泵	用内六角套筒拆卸机油泵盖
		3.清洗并装复齿轮	清洗并装复齿轮
2.分解并检测机油泵	用十字套筒拆卸链轮	4.检测机油泵	用刀口尺和塞尺检查齿端间隙 标准值：0.03~0.09mm 极限值：0.15mm

步骤	具体操作方法及要求	步骤	具体操作方法及要求
4. 检测机油泵	用塞尺测量内、外转子齿顶端面间隙 标准值：0.04~0.16mm 极限值：0.18mm 用塞尺测量外转子与泵体径向间隙 标准值：0.09~0.16mm 极限值：0.20mm 机油泵除上述间隙检查外，还应检查： ①用百分表检查泵轴是否弯曲，如果指针摆差超过0.06mm，应进行校正或更换 ②泵轴与轴承的配合间隙检查应符合标准 ③检查限压阀总成零件有无损伤；限压阀弹簧有无异常变形、弹力是否符合要求；油道、滑动表面有无损伤	5. 装复机油泵	（1）装复链轮 （2）机油泵装合后，将机油泵装在试验台上，检验在规定的机油泵转速、规定的润滑油压力下，供油量是否达到规定的供油量，各处应无渗漏
		6. 整理工位	整理工具和仪器；清洁地面卫生

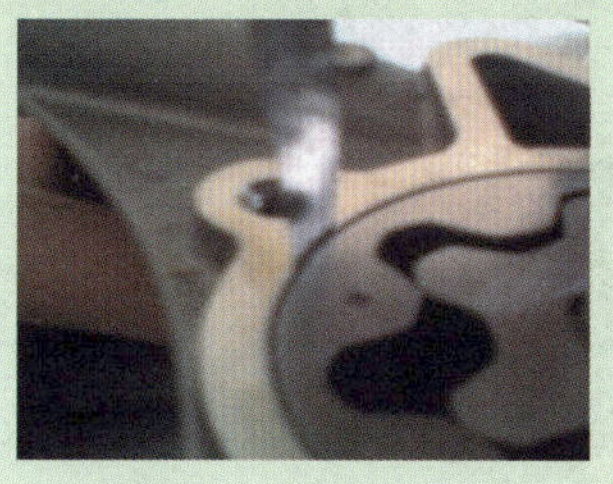

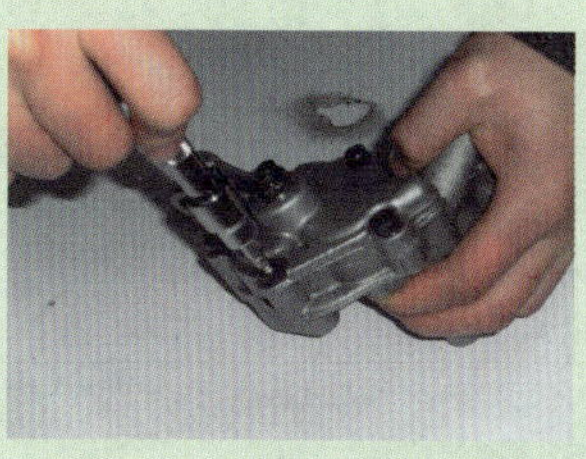

【知识链接】：润滑系统的功用、类型与组成（表7-2）

发动机工作时，相对运动的零件表面之间必然存在摩擦。而金属表面之间的摩擦不仅会增加发动机的功率消耗，使零件表面迅速磨损，另外摩擦产生的大量热量可能导致零件表面的烧损，导致发动机不能运转。因此，为了确保发动机正常工作，必须对相对运动零件的表面加以润滑，润滑工作是由润滑系统来完成的。

表7-2 润滑系统的功用、类型与组成

润滑系统	说 明
功用	① 润滑作用：机油对运动零件表面润滑，减小摩擦阻力和磨损，减小发动机的功率消耗 ② 冷却作用：机油在润滑系统内循环，带走摩擦副产生的部分热量，起到冷却作用 ③ 清洗作用：机油在润滑系统内不断循环，清洗摩擦表面，带走磨屑和其他杂质 ④ 密封作用：机油在运动零件之间形成油膜，提高它们的密封性，有利于防止漏气或漏油 ⑤ 防锈蚀作用：机油在零件表面形成油膜，阻隔零件与大气中的水、燃烧时产生的酸性气体等接触，对零件表面起保护作用 ⑥ 减振缓冲作用：机油在运动零件表面形成油膜，吸收冲击能量，起到缓冲、减振的作用 ⑦ 液压控制作用：机油可用作液压油，起液压控制作用，如液力挺柱和奥迪的可变配气相位控制等
类型	**压力润滑** 润滑油在机油泵的作用下以一定的压力，通过专设的油道输送到摩擦表面叫压力润滑。这种方式润滑可靠，并有较强的冷却和清洗作用，适用于相对速度较高、负荷较重的摩擦表面，如曲轴主轴承、连杆轴承、凸轮轴轴承、摇臂轴承等 **飞溅润滑** 靠运动零件击溅起来的润滑油油滴或油雾，直接落在摩擦表面或经集油孔收集后流到摩擦表面进行润滑。这种方式适用于速度较低、负荷较小的零件以及不易实现压力润滑的零件的润滑，如气缸壁、连杆小头衬套、活塞销座、配气凸轮及挺柱、正时齿轮等部位 **综合润滑** 汽车发动机同时采用压力润滑和飞溅润滑分别对不同部位零件的摩擦表面润滑
组成	润滑系统主要由油底壳、机油泵、机油滤清器、限压阀、旁通阀、机油压力表、机油标尺和散热装置等组成 **油底壳** 油底壳主要用来储存润滑油，并封闭上曲轴箱，一般用薄钢板冲压而成，其形状取决于发动机的总体布置和机油的容量。油底壳的容量除了要满足润滑系统工作时最大循环油量的要求，还应考虑机油自然散热的需求。容量大，则机油在油底壳内停留时间长，散热多，但受到结构尺寸限制，不可能做得太大。油底壳底部装有放油螺塞，放油螺塞上通常装有永久性磁铁，以吸附润滑油中的金属屑，减少发动机的磨损

（续）

润滑系统	说　明
组成	**机油泵** 　　机油泵的功用是提高机油压力并保证一定的流量，向各摩擦表面强制供油，使发动机润滑部位得到可靠的润滑。机油泵一般有齿轮泵和转子泵两种，齿轮泵又分为外齿轮泵和内齿轮泵，内齿轮泵由于内外齿轮之间有月牙隔墙，又称为月牙泵  　　　　转子泵　　　　　　　　外齿轮泵　　　　　　　　月牙泵 **机油滤清器** 　　发动机工作时，机油因受热氧化等会产生胶状沉淀物，同时金属磨屑和灰尘也不可避免地会进入机油，机油中的这些杂质，会加速零件磨损，阻塞油道，使活塞环、气门等零件发生胶结，并使机油的使用期缩短。机油滤清器的功用是及时清除机油中的机械杂质和胶状沉淀物，延长机油的使用期。对机油滤清器的要求是滤清效果好，流动阻力小，使用寿命长，制造成本低，保养方便。机油滤清器根据功能不同，可分为集滤器、粗滤器和细滤器三类；根据过滤原理不同，可分为过滤式和离心式 **机油冷却装置** 　　热负荷较大的发动机，为了使机油保持最有利的工作温度，除了靠油底壳和其他零件的自然散热外，还设有专门的机油散热装置，这些装置分为风冷式（又叫机油散热器）和水冷式（又叫机油冷却器）两种形式 **曲轴箱通风系统** 　　（发动机工作中，气缸内的可燃混合气和燃烧以后的废气有一部分会经活塞、活塞环与缸壁之间的间隙窜到曲轴箱内。这些气体中含有的未燃烧燃油会将机油稀释；废气中的水蒸气凝结后，会使机油中的含水量和泡沫增加，影响润滑性能。废气中的酸性物质会使机油的酸质增加，导致发动机零件腐蚀。同时，进入曲轴箱的气体还会使曲轴箱内压力和温度升高，高温导致机油老化，高压造成接合面、油封等处漏油。曲轴箱通风装置就是将外界空气经过滤后送入曲轴箱内，再将曲轴箱内的气体排出，以保证润滑系统工作正常，延长机油使用寿命，保证发动机机件不腐蚀和防止泄漏发生。曲轴箱通风方式有两种：自然通风和强制通风） 　　<u>自然通风</u>：将曲轴箱内抽出的气体直接导入到大气中，称为自然通风。在与曲轴箱连通的气门室盖或润滑油加注口接出一根下垂的出气管，管口处切成斜口，切口的方向与汽车行驶的方向相反。利用汽车行驶和冷却风扇的气流，在出气口处形成一定真空度，将气体从曲轴箱抽出。这种通风方式对大气有污染，低速时通风效果差，已很少采用

（续）

润滑系统	说　明
	强制通风：将曲轴箱内抽出的气体导入进气管内，这种方式称为强制通风。这样可将窜入曲轴箱内的混合气回收使用，有利于提高经济性和减轻污染，现代汽车发动机普遍采用强制通风方式 2011款MINI车N18发动机曲轴箱强制通风：为适应增压进气方式，设计了特制的气门室盖，利用气门室盖内的调压阀和两个单向阀向气缸输送曲轴箱内的泄漏气体 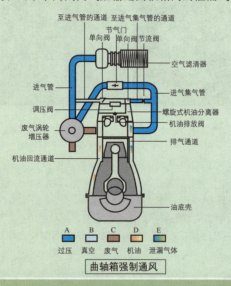 曲轴箱强制通风
组成	**润滑油路** 现代汽车发动机润滑系统油路布置方案大致相似，只是由于润滑系统的工作条件和某些具体结构的不同而稍有差别发动机工作时，机油经集滤器初步过滤后进入机油泵，机油泵输出的机油全部流经机油滤清器，然后进入纵向主油道。主油道中的机油分别由各分油道进入曲轴主轴承和连杆轴承，再通过连杆杆身的油道润滑活塞销，并对活塞进行喷油冷却。中间轴的润滑由发动机前边第一条横向斜油道和从机油滤清器出来的油道供给。气缸盖上的纵向油道与主油道相通，并通过横向油道润滑凸轮轴轴颈及向液力挺柱供油。在缸盖和缸体的一侧布置了回油孔，使缸盖上的机油流回曲轴箱 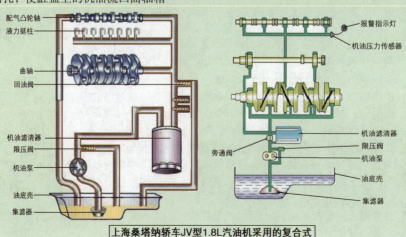 上海桑塔纳轿车JV型1.8L汽油机采用的复合式

第二节 润滑系统故障诊断与排除

【实操图解】：检测机油压力（表7-3）

设备：桑塔纳2000轿车1辆，机油压力测试组件1套。

表7-3 检测机油压力

步骤	具体操作方法及要求	步骤	具体操作方法及要求
1.工具准备	（1）世达工具1台，翼子板布、前格栅布、地板垫、座椅套、方向盘套 （2）机油压力测试组件1套 （3）万用表1个 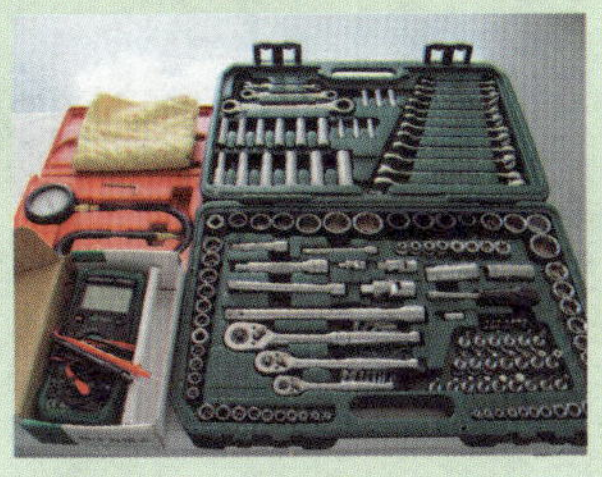	4.安装翼子板护垫	翼子板布和前格栅布应居中放置，与车身接触的一侧必须清洁无油污 
2.安装三件套	安放地板垫、方向盘套和座椅套 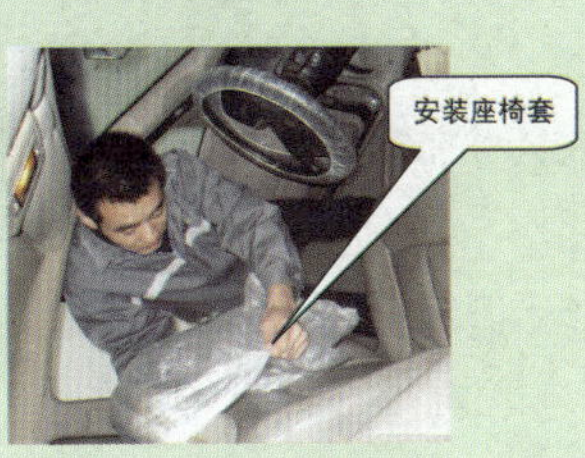	5.蓄电池端电压检测	注意：将万用表设置在直流电压20V档位，蓄电池的端电压应达到12V 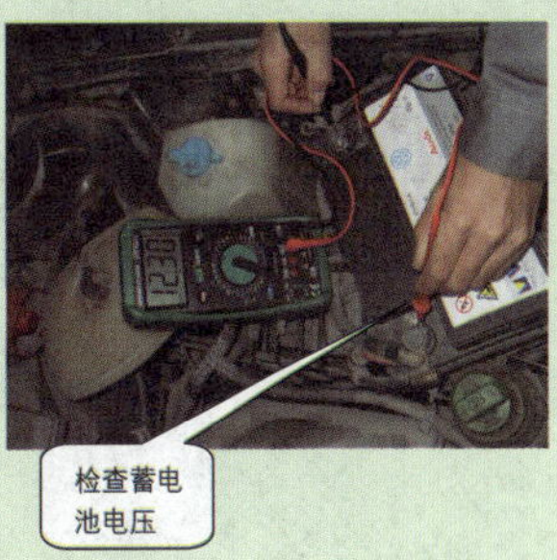
3.打开发动机舱盖	将支撑杆可靠地支撑在支撑孔内 	6.机油液面高度	为保证数据准确，测量机油液面高度时严格按规范操作 

(续)

步骤	具体操作方法及要求	步骤	具体操作方法及要求
7. 拆下传动带	注意：小心不要被张紧轮夹到手	11. 机油压力检测	为保证测量结果准确，应将发动机运转几分钟进行预热，达到正常工作温度时，将发动机转速升至2000r/min时观察油压变化，然后读出数值。如果所测数值在1.6~2.0bar，说明机油压力正常
8. 拆卸发电机	（1）先将发电机后面的导线拆下，再拆发电机，以免弄断导线 （2）用绝缘胶带包住拆下后的发电机导线	12. 装复发电机	安装发电机时，注意端子导线的连接以及传动带的方向 
9. 拆下机油压力开关	拆卸机油压力开关		不要用潮湿的抹布清洁电器开关、按钮等 
10. 连接机油压力表	连接机油压力表时必须拧紧，以免机油漏出	13. 进行设备和场地的5S现场整理工作	

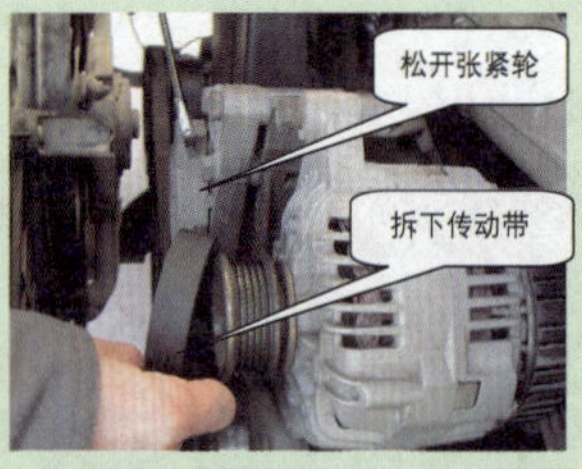

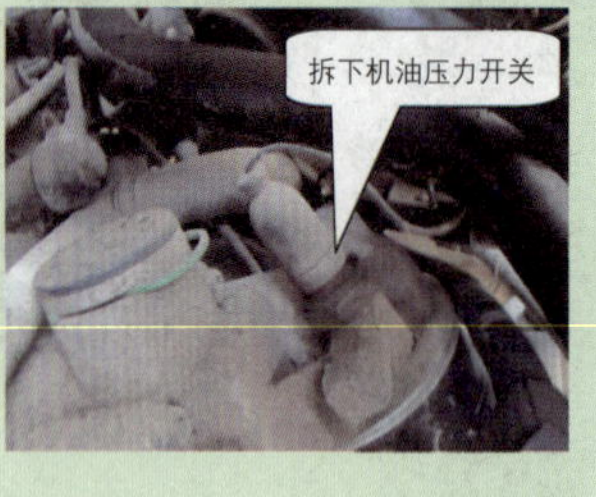

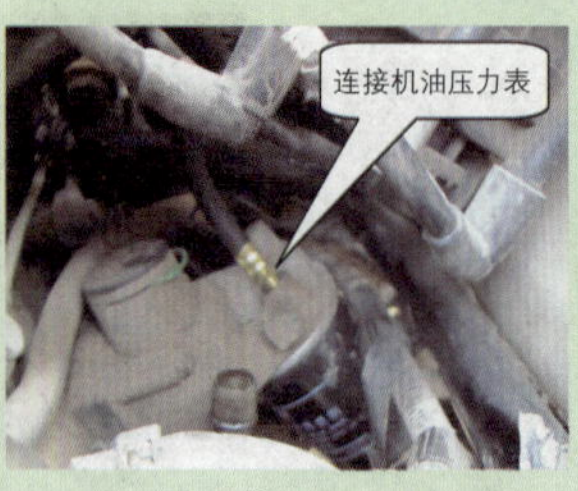

【知识链接】：机油油量、质量与压力的检查（表7-4）

表7-4 机油油量、质量与压力的检查

机油	说　明
油量检查	**检测** 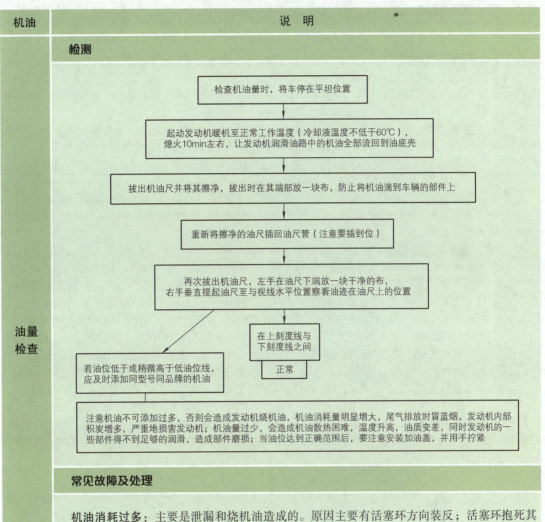 注意机油不可添加过多，否则会造成发动机烧机油，机油消耗量明显增大，尾气排放时冒蓝烟，发动机内部积炭增多，严重地损害发动机；机油量过少，会造成机油散热困难，温度升高，油质变差，同时发动机的一些部件得不到足够的润滑，造成部件磨损；当油位达到正确范围后，要注意安装加油盖，并用手拧紧 **常见故障及处理** 　　**机油消耗过多**：主要是泄漏和烧机油造成的。原因主要有活塞环方向装反；活塞环抱死其开口转到一起；活塞环磨损；活塞环端隙、边隙或背隙过大，其弹力不足；气门杆油封损坏（尤其是进气门杆油封）；进气门导管磨损；活塞与缸壁间隙过大等。曲轴箱通风不良会导致油底壳或气门室盖漏油 　　机油消耗过多应首先检查有无机油漏油部位，如无漏油部位，则可进行发动机急加速试验。如急加速试验时排大量蓝烟，则说明发动机烧机油严重，拆检发动机，检查气门油封、活塞、活塞环与气缸密封情况，查找烧机油原因
质量检查	变质的机油起不到润滑作用，反而会致使运动件磨损加剧，造成机件早期损坏，机油质量的鉴别是更换机油的依据。机油质量检查应在发动机停机后、机油还未沉淀时进行，因为机油沉淀后，浮在上面的往往是好的机油，而变质机油或杂质则存留在油底壳的底部，因而可能造成误检

（续）

机油	说明
质量检查	**常用的方法** **外观及气味检查**：国产正牌机油多为浅蓝色，具有明亮的光泽，流动均匀。进口机油的颜色为金黄略带蓝色，晶莹透明。若机油呈褐色或呈乳白色并伴有泡沫，则说明机油中混入了水；合格的机油无特别的气味，只略带芳香，若机油对嗅觉刺激大且有异味，说明机油变质或质量差 **搓捻鉴别**：取出油底壳中的少许机油，放在手指上搓捻。搓捻时，如有黏稠感觉并有拉丝现象，且没有细颗粒搓手的感觉，说明机油未变质且干净，仍可继续使用；否则应更换 **油尺鉴别**：抽出机油标尺对着光亮处观察刻度线是否清晰，当透过油尺上的机油看不清刻线时，则说明机油过脏，需立即更换 **倾倒鉴别**：取油底壳中的少量机油注入一容器内，然后从容器中慢慢倒出，观察油流的光泽和黏度。若油流能保持细长且均匀，则说明机油内没有胶质及杂质，还可使用一段时间；否则应更换 **油滴斑点的检查**：取 12~7cm 的硬纸板一式两片，中间挖成直径 5cm 的圆孔，取直径 7cm 或 9cm 的定性快速滤纸放在硬纸板中压平。将油滴入滤纸中心。等待 1 ~ 3h 后，即出现一个油斑痕迹，观察斑点扩散形态，与标准图谱对比分析作出判断。若核心区与扩散区光亮无色或很浅无沉淀圈，说明是新油或使用时间很短的油；若核心区与扩散区界限分明，扩散带很宽，氧化环明亮，说明机油使用时间不长，污染程度较轻，分散性较好，机油性能良好，可继续使用；若核心区黯黑，分散带较宽，氧化环明亮，说明油品使用时间较长，污染较重，但分散性尚好，机油性能一般，可短期内继续使用；若核心区深黑，分散带开始缩小，氧化环浅黄，说明机油使用时间长，污染严重，沉积物增多，分散性能下降，机油性能较差，仍可短期内使用；若核心区深黑，甚至呈现油泥状，不易干，分散带狭窄，氧化环扩大呈黄色或分散带完全消失，只剩黑色的沉淀圈与棕黄色的氧化环，说明油品污染严重，沉积物凝聚，分散性很差或消失，添加剂消耗殆尽，如沉淀圈出现一个不规则的黑色花环，则表示油已被水污染，应立即更换机油 **恶化的原因** ①机油受热氧化，产生胶质和炭渣 ②发动机工作时，一部分机油燃烧生成的产物与气缸内冷凝水结合而生成酸性物质混入润滑油 ③空气中的沙子、机件磨损下来的金属屑和燃烧后的炭渣等机械杂质混入润滑油 ④由于燃油供给系统工作不良，燃油雾化性不好，混合气燃烧不完全，使燃油或大量的过浓燃油混合气窜入曲轴箱与机油混合，将机油稀释，一些采用强制润滑的喷油泵或输油泵漏油也会使机油被燃油稀释 ⑤气缸垫密封不良，冷却液流入到曲轴箱内与润滑油混合，致使机油的使用性能下降，在一定条件下会使机油中的部分添加剂使用性能降低甚至失效，破坏机油的黏度，使机油无法在运动配合摩擦副上形成良好的润滑油膜

（续）

机油	说　明
压力检查（机油压力过高或过低往往是润滑系统的综合性故障）	**机油压力过低** 机油压力过低会造成发动机润滑不足，加剧发动机零部件的磨损，影响发动机的寿命 发动机在正常工作温度和转速下，机油压力表读数低于规定值或油压报警器报警可判定为机油压力过低。产生此故障的原因如下： ①机油集滤器网或机油滤清器堵塞 ②细滤器限压阀开启压力过小 ③油底壳内机油油面过低；机油黏度降低，牌号不对 ④机油限压阀弹簧过软、折断，杂质卡住，维修时漏装弹簧或钢球等，使其开启压力变低或长开 ⑤润滑油油管接头漏油或进入空气 ⑥润滑油道堵塞 ⑦机油泵性能不良 ⑧曲轴主轴承、连杆轴承或凸轮轴轴承间隙过大 ⑨机油压力表或其传感器工作不良 **机油压力过高** 机油压力过高会造成油封油管损坏，消耗过多的发动机动力 发动机在正常工作温度和转速下，机油压力表读数高于规定值可判定为机油压力过高。产生此故障的原因如下： ①机油黏度过大 ②机油限压阀弹簧过硬，弹簧压力调整过大，脏物使阀门不能打开 ③曲轴主轴承、连杆轴承或凸轮轴轴承间隙过小 ④机油压力表或其传感器工作不良

第八章　冷却系统

发动机在工作时，由于燃料的燃烧以及运动零件之间摩擦产生大量的热，直接与高温气体接触的零件如气缸体、气缸盖、活塞、气门等若不及时加以冷却，零件将可能因受热膨胀而破坏它们之间的正常间隙，或因高温导致的润滑失效而卡死；各零件也可能因为高温而导致其力学性能降低甚至损坏。发动机冷却系统的功用，就是将这些受热零件吸收的部分热量及时散发出去，保证发动机各零件在最适宜的温度下工作。冷却系统分为风冷式和水冷式，水冷系统主要由散热器、散热器盖、冷却液补偿装置、水泵、发动机水套、分水管、冷却强度调节装置、监控装置及冷却介质等组成。

冷却系统的结构组成

◆ 第一节　冷却系统的结构组成 ◆

【实操图解】：检查、更换节温器（表8-1）

设备：整车桑塔纳2000GSi或桑塔纳2000GSi发动机台架、工具车、零件车、维修手册1套。

表8-1　检查、更换节温器

步骤	具体操作方法及要求	步骤	具体操作方法及要求
1. 准备工作	（1）工具准备齐全，摆放整齐，场地清洁 （2）工具：拆装工具组件、测温计、检漏仪、鲤鱼钳、6mm内六角扳手、接水盆、抹布若干 （3）查桑塔纳2000GSiAJR技术手册，可知AJR型发动机节温器的性能参数：开启温度为（87±2）℃，全开温度（102±3）℃，最大升程大于7mm；节温器的安装方向要正确；节温器盖螺栓的规定力矩为20N·m	1. 准备工作	（4）安放室外前格栅布、翼子板布；室内方向盘套、变速杆套、座椅垫、地板垫 （5）车辆停放安全，拉起驻车制动器手柄，变速器置于空档 （6）安装尾气排放管

（续）

步骤	具体操作方法及要求	步骤	具体操作方法及要求
2.观察冷却系统的组成	（1）观察冷却系统主要零件的安装位置、连接关系 （2）熟悉冷却液大、小循环路线及控制方式 （3）熟悉冷却液温度的调节方式 （4）观察散热器、风扇、水泵、缸体与缸盖水套、冷却液温度传感器、节温器等主要零件的位置及外形构造	4.排放冷却液	（4）双手握住下水管靠近散热器进水接口处，摆动水管，待水管与进水接口松动后，转动并向后拉出水管 注意：①严禁使用一字槽螺钉旋具等尖锐器具拆卸水管 ②下水管即将脱开时要防止冷却液烫伤
3.发动机预热	（1）确认驻车和空档位置 （2）打开点火开关，起动发动机并保持怠速运转3~5min （3）注意观察冷却液温度表指示数值的变化，当冷却液温度达到90℃左右时，关闭点火开关，停止发动机运转		（5）等冷却液不再流出时，将下水管安装到出水接口上，确认卡箍安装到位
4.排放冷却液	（1）将车辆举升至头顶高度，可靠停驻，并确认车下作业安全 （2）将接水盆放置于散热器下方，正对下水管与散热器出水接口处 （3）使用鲤鱼钳将下水管的卡箍张开并拉离水管和接口的接触部位，取下鲤鱼钳，使卡箍保留在下水管上	5.拆卸发电机	（1）观察发电机周围附件的连接情况，查技术规范

（续）

步骤	具体操作方法及要求	步骤	具体操作方法及要求
5.拆卸发电机	（2）用17号呆扳手卡住发电机带张紧机构的调整凸块 （3）用力向发电机侧扳动扳手使张紧机构顺时针转动一定角度 （4）当张紧机构的定位孔与其支架上的挡块对齐时，将定位销插入定位孔中，松开工具 （5）确认定位销工作可靠，张紧机构固定牢固	5.拆卸发电机	（6）将传动带从发电机带轮、动力转向油泵带轮、曲轴带轮上取下来 注意：工作人员手上不能有油、水等黏附在传动带上，防止带打滑 （7）用10号套筒、接杆、棘轮扳手拧松蓄电池负极固定螺栓 （8）从极柱上取下负极线，并确认完全离开极柱 用6号内六角扳手拧松发电机支架上端的螺栓 注意：松开或紧固螺栓时，右手握内六角扳手长杆，省力；旋入或旋出螺栓时，要右手握短杆，快速；扳手要完全插入螺母中

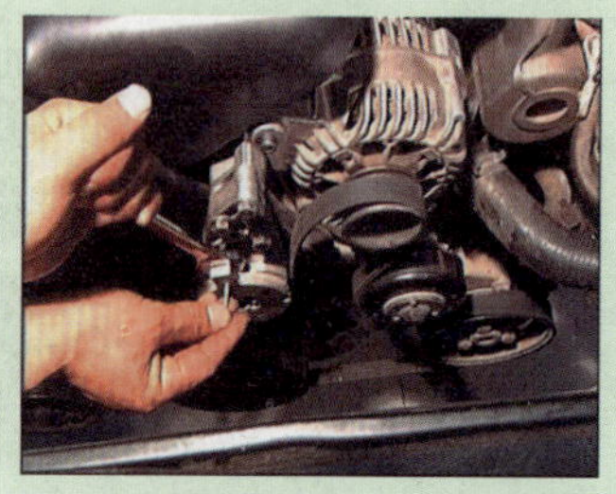

（续）

步骤	具体操作方法及要求	步骤	具体操作方法及要求
5.拆卸发电机	（9）用8号内六角扳手拧松发电机支架下端螺栓 （10）用木锤柄插入发电机和支架间的空隙，撬动发电机  （11）从支架上取下发电机后，用13号套筒、棘轮扳手拧松发电机后端盖上B接线柱上的固定螺母，将导线脱离B接线柱 （12）用10号套筒、棘轮扳手拧松发电机后端盖上的励磁导线固定螺母，并使导线脱离接线柱  移出发电机，放置平稳 	6.拆卸节温器	（1）移出发电机后，即可在进水管口处观察到节温器盖的安装螺栓 （2）注意观察节温器盖的安装方向，为防止装错，也可以在节温器盖上做上记号  （3）用10号套筒、接杆、棘轮扳手拧松节温器盖两颗固定螺栓 （4）确认节温器的安装方向，取下节温器 注意：如取节温器困难，可用橡胶锤振动取下，严禁使用螺钉旋具或铁锤砸  （5）注意节温器盖在气缸体上的安装方向，带有条形凸起的一侧朝向发动机的前方 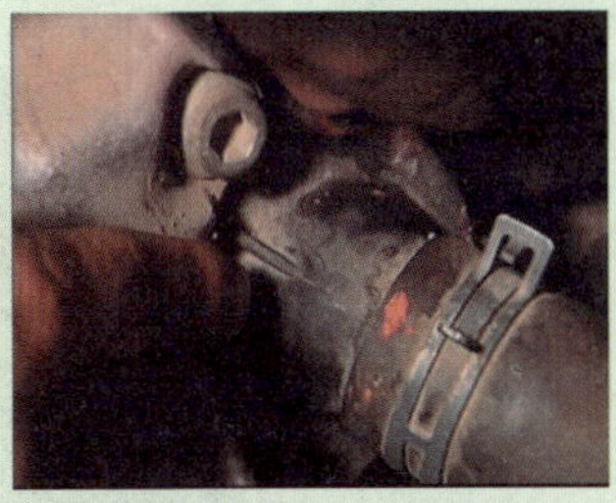

(续)

步骤	具体操作方法及要求	步骤	具体操作方法及要求
6. 拆卸节温器	（6）注意节温器的安装方向，应使推杆一端朝外，带感温体的一端朝向气缸体或气缸盖水套 （7）检查冷却系统分水管有无橡胶老化、裂纹、脱层、起包等现象。如有，应更换分水管 （8）检查节温器盖有无变形、裂纹 （9）观察卡箍是否出现歪扭变形，若有，则更换新卡箍；否则检验其弹力 （10）使用鲤鱼钳夹住卡箍卡口，握紧钳柄，使卡簧张开，如感到弹力较大，则继续使用；否则更换新卡簧	7. 节温器性能检查	（1）检查节温器开启性能：将节温器置于水中加热，用温度计检测水温，当水温达到（87±2）℃时，阀门开始开启；水温达到（102±3）℃时，感应器底部铜件部分升起超出支架底部大于 4mm，且阀门开启至支架台阶位置以上，表明全开升程大于 7mm，此时节温器开度状态合格 （2）检查节温器关闭性能： ① 停止给水加热，自然冷却，阀门应逐渐关闭，当水温降至（87±2）℃时，阀门应全闭 ② 将节温器从水中取出，自然降温，阀门应逐渐关闭，直至全关 （3）如果节温器开闭温度不符合规定要求，感温器底部铜件部分升起超出支架底部小于 4mm，且阀门开启低于支架台阶位置，则表明全开升程小于 7mm，说明节温器不合格或有故障，应更换

（续）

步骤	具体操作方法及要求	步骤	具体操作方法及要求
8. 清洁节温器座及盖	使用刮刀清洁节温器座上的腐蚀物、胶质和节温器盖上的胶质等，保持节温器及盖的接触面清洁、平整	10. 加注冷却液	（1）从膨胀水箱加注口缓缓注入冷却液 （2）当感到冷却系统内的冷却液量不足，而膨胀箱中的液面下降缓慢或停止下降时，用手反复捏压散热器的上下水管，液面下降后，继续加注，反复进行 （3）直到膨胀箱内的液面位于上下刻度线的中间位置不再变化为止
9. 安装节温器	（1）按照节温器正确安装方向放入节温器 （2）在密封圈上均匀涂抹一层薄机油将其套装在节温器盖上，要保持圈的自然平顺状态，严禁扭曲 （3）按照节温器盖正确方向安装到气缸体接合面上 （4）拧紧盖上固定螺栓，紧固力矩为10N·m		

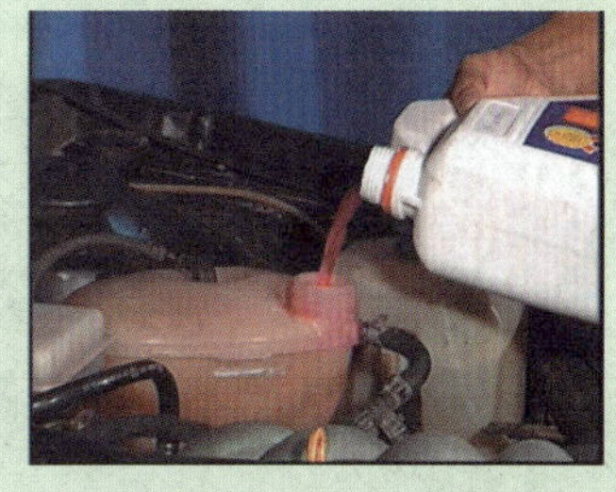

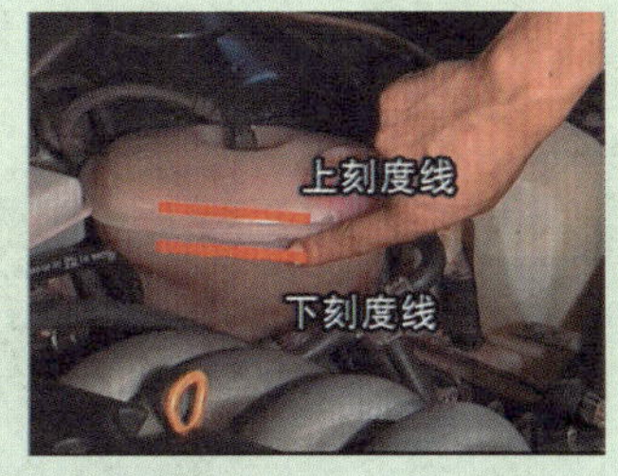

（续）

步骤	具体操作方法及要求	步骤	具体操作方法及要求
11. 检查冷却系统泄漏情况	（1）选择合适的检漏仪凸缘盘，将接头旋紧在冷却液膨胀箱的加水口上，将检漏仪和凸缘盘连接起来 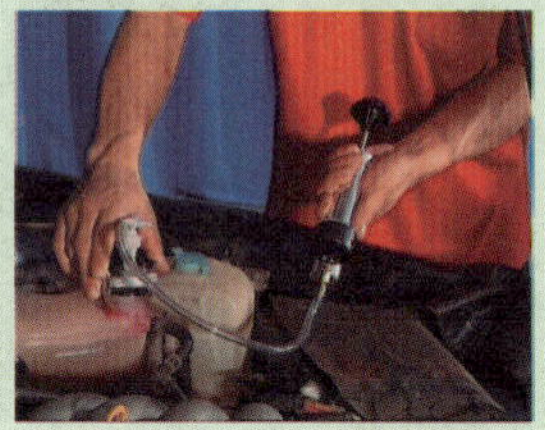 （2）反复推动打气泵手柄，向冷却系统施加压力，同时注意倾听查找漏气情况，排除后继续加压 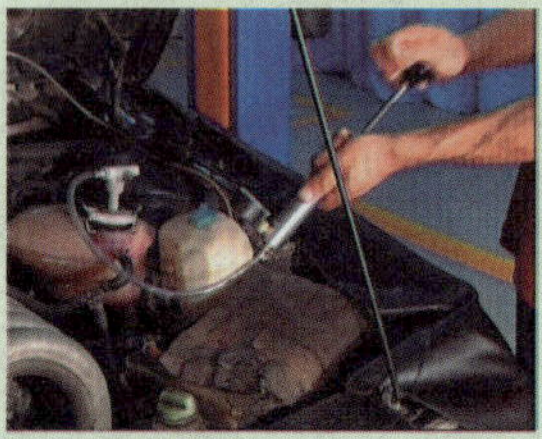 （3）观察检漏仪压力表的指示值，当压力值显示为 200kPa 时，停止加压 （4）观察压力表指针的变化情况。如果压力表指针在 5min 内没有明显变化，证明冷却系统无泄漏；如果压力表指针下降速度较快，证明冷却系统存在严重的泄漏 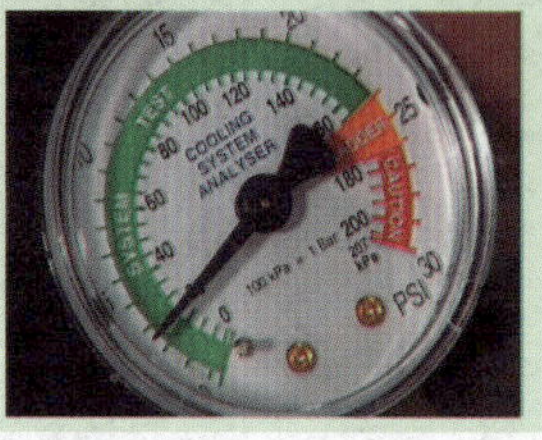	12. 安装发电机	（1）将 B 导线和励磁导线装在对应接线柱上并紧固。安装导线时，要保证与接柱间接触面清洁、无锈蚀 （2）将发电机下支撑臂插入固定在气缸体铝制支架的支撑块上，然后将发电机推向气缸体一侧，调整发电机的位置，使发电机支撑臂的螺栓孔与支架的螺栓孔对齐 （3）将两个固定螺栓旋入对应螺栓孔，最后用内六角扳手上紧到规定力矩  
		13. 安装发电机传动带	（1）将传动带安装到曲轴带轮、发电机带轮、导向轮带轮、张紧轮上，并确认传动带安装正确到位 

（续）

步骤	具体操作方法及要求	步骤	具体操作方法及要求
13. 安装发电机传动带	（2）用17号呆扳手卡住传动带张紧机构上的凸块，用力扳动扳手，使张紧机构转动微量角度，取下定位销 （3）缓缓放松张紧机构，使张紧轮压向传动带，直到不再下降为止。取下扳手，用手按压传动带，检查传动带松紧度 提示：AJR型发动机的发电机传动带采用自动张紧机构，可以自动将传动带挠度控制在一定范围，无需人工进行张紧力调整	15. 发动机的运行检查	（1）起动发动机并怠速运转，观察冷却液温度表指针的变化情况和冷却风扇的转动情况 （2）观察膨胀水箱中的冷却液液面，必要时进行添加补充 （3）也可以使用测温仪测量发动机进、出水口温度来判断节温器的工作情况：发动机冷却液温度低于85℃时，温差最大；85~99℃时，温差逐渐减小；99℃以上时，温差基本稳定，变化不大，即说明节温器工作正常
14. 安装蓄电池负极桩柱接线	按规定力矩拧紧蓄电池负极接线柱的固定螺栓。要保证负极接线柱接线与负极接线柱之间的接触面清洁，无锈蚀，必要时可用细砂布打磨	16. 整理工位	拆除室内外保护件；关闭发动机舱盖；整理工具和仪器；清洁地面卫生

【知识链接】：冷却系统的功用、类型与组成（表8-2）

表8-2 冷却系统的功用、类型与组成

冷却系统	说 明
功用	发动机工作时，由于燃料的燃烧以及运动零件之间的摩擦而产生大量的热，冷却系统的主要功用是使发动机起动后能迅速升温，短时间内达到正常的工作温度；正常工作后，通过水套内冷却液的循环，把受热零件吸收的部分热量及时散发出去，保证发动机在各种工况下都能在最适宜的温度状态（80~90℃）工作 若发动机冷却不足，就会因过热而导致充气量减少，汽油燃烧不正常（如早燃、爆燃等），发动机功率下降，且发动机零件也会因为润滑不良而加速磨损；但如果冷却过度，也会造成燃料燃烧不完全，输出功率减少，油耗增加，润滑油黏度高，运动件间的摩擦阻力加大，同时冷凝在气缸壁上的燃油流到曲轴箱中还会稀释润滑油，加剧零件磨损等

（续）

冷却系统		说　明
分类	水冷式	水冷系统以冷却液为介质，热量由机体传给冷却液，靠冷却液的流动把热量带走，再散发到大气中去，使发动机的温度降低，散热后的冷却液再重新流回到受热机体处。适当地调节水路和冷却强度，就能保证发动机的正常工作温度 强制循环式：利用水泵强制地使冷却液在冷却系统中进行循环流动，冷却可靠，大多数汽车发动机采用强制循环式水冷系统 自然循环式：仅利用冷却液的自然对流来实现循环 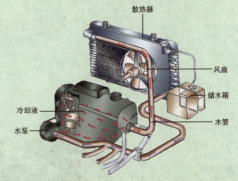
	风冷式	风冷系统利用高速流动的空气直接吹过气缸盖和气缸体表面，把热量散发到大气中去，保证发动机在最有利的温度范围内工作。与水冷系统比较，风冷系统结构简单，使用和维修方便，但风冷系统存在冷却不够可靠、消耗功率大和噪声大等缺点 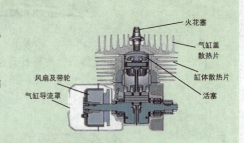
组成（以水冷系统为例）		水冷系统主要由散热器、散热器盖、冷却液补偿装置、水泵、水套、分水管、冷却强度调节装置及监控装置等组成 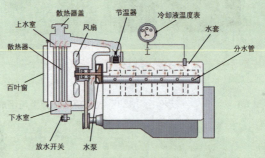
	散热器	散热器俗称水箱，它将从水套流出来的热水自上而下或横向地分成许多小股并将其热量散给周围的空气，以增大散热面积，加速冷却液的冷却 散热器由上水室、散热器芯和下水室等组成，按照散热器芯的布置方向，散热器可分为纵流式散热器和横流式散热器两种

（续）

冷却系统	说　明
纵流式	纵流式　散热器芯竖直布置，冷却液由上水室自上而下流过散热器芯，进入下水室 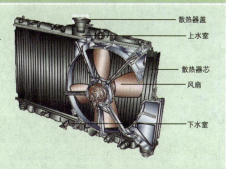
横流式	横流式　横流式散热器芯则横向布置，左右分别为进、出水室，冷却液由进水室到出水室横向流过散热器。大多数新型轿车采用横流式散热器，其优点是使发动机舱盖的外廓较低，利于改善车身前端的空气动力性，便于散热 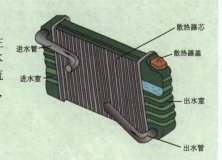
散热器盖	散热器盖（俗称水箱盖）具有较高的密封性。其功用是使冷却系统保持一定的压力，提高冷却液的沸点 开式水冷系统　蒸气排出管与大气相通，容易造成冷却液溢失和蒸气逸出 闭式水冷系统（应用较多）　散热器盖具有蒸气阀和空气阀两个自动阀门，这是两个在弹簧作用下保持常闭状态的单向阀，平时散热器内部与散热器口上与大气相通的蒸气排出管是隔开的，可以防止水蒸气逸出。当散热器压力升高到126～137kPa、冷却液沸点达108℃以上时，蒸气阀开启使水蒸气顺管排出（左图）；而当冷却液温度下降时，散热器内水和蒸气冷却收缩，会产生一定的真空度（10～20kPa），此时空气阀开启（右图），空气进入，防止散热器被大气压瘪 注意：当发动机处于热态时，不能直接打开散热器盖，以防高温水蒸气喷出造成烫伤。必要时可用抹布盖住散热器盖缓慢旋开，使冷却系统内压力逐渐降低，以免操作人员被喷出的热水烫伤 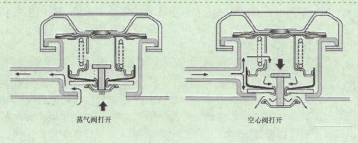

（续）

冷却系统	说　明
组成（以水冷系统为例）	**冷却液补偿装置** [膨胀水箱]　其功用是为了防止冷却液损失，在水箱受热膨胀时，将多余的冷却液进行回收，并当降温时重新将冷却液补偿回水箱，同时还能及时将冷却系统内的水、气分离，避免产生穴蚀现象。膨胀水箱多用半透明材料（如塑料）制成。透过箱体可直接方便地观察到液面高度，无需打开散热器盖。膨胀水箱上部用水套出气管和散热器出气管分别和气缸盖水套及上水室相通；下部用补充水管和水泵的旁通管相通，位置略高于散热器 [补偿水箱]　有的冷却系统不用膨胀水箱而使用储液罐，即用一根管子把散热器和储液罐的底部或上部（管口插入液面以下）连通。但这种装置只能解决气水分离及冷却液消耗问题，而对穴蚀没有明显的改善 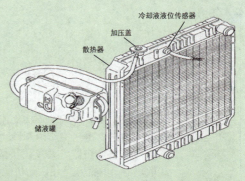 **水泵** 水泵的功用是对冷却液加压，使之在冷却系统中加速循环流动，保证冷却可靠。车用发动机上多采用离心式水泵，它具有结构简单、尺寸小、排水量大、维修方便等优点 离心式水泵主要由泵体、叶轮和水泵轴组成，叶轮一般是径向或向后弯曲的，其数目一般为6~9片，固定在水泵轴上，水泵壳装在发动机缸体上  **水套和分水管** 水套是气缸体和气缸盖双层壁之间所形成的空间，内有分水管和喷水管。分水管可以使冷却液均匀流到各缸；喷水管可以强烈地冷却排气门 **冷却强度调节装置** 包含风扇、风扇离合器、节温器、百叶窗等。它根据发动机的不同工况和不同使用条件改变冷却系统的散热能力，保证发动机经常在最有利的温度状态下工作。改变冷却强度通常有两种调节方式：一种是改变通过散热器的空气流量；另一种是改变冷却液的循环流量和循环范围 **冷却液监控装置** 冷却液监控装置，主要由冷却液温度传感器、冷却液液位传感器和冷却液报警装置等组成。冷却液温度传感器和冷却液液位传感器将发动机冷却液的温度和液位转变为电信号，通过报警装置来冷却液温度或液面情况。对于电控汽油机，冷却液温度信号还是确定燃油喷射量和点火时刻的重要参数之一

第二节 冷却系统常见故障的诊断与排除

【知识链接】：冷却系统温度过高、温度过低、冷却液消耗异常等故障产生的原因及排除方法（表8-3）

　　发动机冷却系统的技术状况对其动力性、经济性及可靠性的影响很大。实验资料表明：当冷却液温度从90℃降到40℃时，燃料消耗量约增加30%，功率约降低10%；当冷却液温度从90℃升到120℃时，耗油量增加，功率却降低约5%。发动机的冷却液保持在80~90℃的温度最适宜。冷却系统常见的故障有冷却系统温度过高、冷却系统温度过低、冷却液消耗异常等。

表8-3 冷却系统温度过高、温度过低、冷却液消耗异常等故障产生的原因及排除方法

冷却系统故障	说　　明
温度过高	**故障现象** 　　汽车在运行中冷却系统若温度过高，冷却液温度警告灯会闪亮，同时发动机在加速时伴随有明显的金属敲击声，同时出现动力不足、难以熄火等现象 **原因** 　　造成冷却系统温度过高的原因主要包括：冷却液温度表或警告灯损坏；冷却系统水道中有水垢或其他杂物堵塞；水泵损坏；节温器失灵；风扇传动带打滑或断裂；风扇电动机或风扇离合器损坏；百叶窗关闭或开度不足；散热器损坏或堵塞；气缸垫冲坏或缸体、缸盖出现裂纹，高温气体进入冷却系统；点火时间过迟或配气相位不对；发动机燃烧室积炭过多；空调冷凝器的冷却风扇不转，低档跑高速等导致发动机长时间大负荷工作；冷却液严重不足；温控开关高速档或全部失灵；机油油量不足或黏度太大；混合气太浓或过稀等 **故障分析与排除** 　　对冷却系统温度过高的故障应按照由外至内、由简单到复杂逐步查找 ①检查百叶窗是否关闭或开度不足（有百叶窗的车型） ②检查水泵（风扇）传动带是否过松、打滑或断裂；使用硅油离合器的风扇，热机后将发动机熄火，用手转动风扇叶片，若无阻力或阻力很小，说明硅油离合器有故障，应进行检修或更换；装用电动风扇的发动机，发动机冷却液温度高于规定数值时风扇不转，应检查熔丝是否良好。若熔丝正常，拔下热敏开关插头，将两插片直接接通，若风扇仍不转，表明风扇损坏或者风扇到温控开关的电路有故障；若风扇转动，则说明温控开关有故障 ③若发动机冷却液温度过高，应打开散热器盖检查冷却液液位。若冷却液不足，则往冷却系统中加入少许水溶性荧光检漏剂。起动发动机怠速运转几分钟，带上配套UV眼镜，用荧光检漏仪或检漏灯照射（右图），检查冷却系统有无泄漏或渗漏现象，在泄漏处将呈现出明亮的黄色荧光；若有泄漏应进行维修。拔出机油标尺观察机油颜色，若机油呈乳白色，说明发动机机体内有冷却液渗漏 ④检查机油油量及黏度。若机油油量过少，应及时添加；若机油黏度过大，应更换机油 ⑤由怠速开始加速，同时用手握住水管，感觉水管中冷却液的流动速度是否能随转速的提高而迅速加快。若不是，则说明冷却系统有堵塞或水垢过多影响流速，应对冷却液道进行除垢

（续）

冷却系统故障	说　明
温度过高	⑥分别在怠速、中速、高速条件下观察排气颜色。若排出的是黑烟，则说明混合气过浓，应及时调整或维修。怠速时急加速，如果发动机转速有回火现象，则说明发动机混合气过稀 ⑦检查喷油正时（柴油机）或点火正时（汽油机），若正时有误，应予以调整 ⑧拆下节温器，将节温器浸入水中加热检查节温器阀门的开启温度。当冷却液温度达到规定值时，节温器应开始打开，冷却液沸腾时节温器阀门升程应达到要求的高度（各车型有所不同）；若不正常，应更换新件 用荧光灯检查冷却系统的泄漏情况 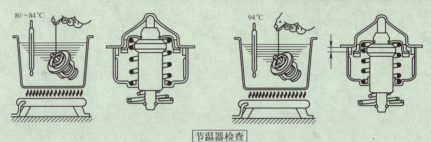节温器检查 ⑨拆下散热器盖并加满水，让发动机运行几分钟后，观察散热器盖处是否有很多水泡冒出甚至喷水；若有，说明发动机气缸垫已被冲坏 ⑩拆下火花塞（汽油机）或喷油器（柴油机），用工业用内窥镜观察发动机燃烧室内的积炭情况。若积炭过多，应加以清除，防止发动机早燃或爆燃 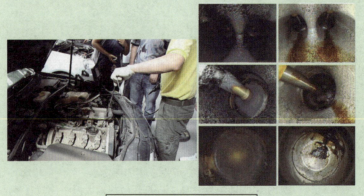用工业用内窥镜观察燃烧室情况 ⑪若以上检查均正常，则应检查发动机排气门间隙。若间隙过大，应进行调整；若间隙正常，应检查发动机排气系统是否通畅，再对发动机配气相位点火正时进行检查和调整
温度过低	**故障现象** 冷却系统温度过低会造成：发动机运转过程中温升低于正常温升速度；冷却液温度表指示值低于正常工作温度；发动机乏力，排气管时有放炮声

（续）

冷却系统故障	说　明
温度过低	**故障原因** 冷却液温度表及线路故障；冷却液温度传感器损坏；节温器阀门常开；百叶窗不能关闭温控开关；风扇电动机线路故障导致风扇常开；对于装有硅油离合器风扇的车辆，硅油离合器有故障 **故障分析与排除** ① 在环境温度较低时，检查百叶窗是否关闭自如或未装保温罩 ② 冷车起动后打开散热器盖，使发动机加速，观察冷却液流速及流量。若冷却液流速很快、流量大，说明节温器常开或未装节温器，应更换或加装节温器 ③ 若冷却液温度表指示温度偏低，而用手触试散热器时感觉很烫，用温度计测量冷却液温度却正常，说明冷却液温度传感器或冷却液温度表有故障 ④ 冷车起动发动机，此时电动风扇不应运转（装用电动风扇的车辆）；若此时电动风扇运转，说明温控开关失灵，应予以更换 ⑤ 冷车起动发动机，硅油离合器风扇应低速运转（对于装用硅油离合器的发动机）；若硅油离合器风扇在冷车时高速旋转，说明硅油离合器有故障，应予以更换
冷却液消耗异常	**故障现象** 冷却液消耗过快，需经常补充 **故障原因** 水管破裂或接头密封不良；水泵水封磨损过大或损坏；气缸垫渗漏；气缸体或气缸盖有裂纹；散热器损坏泄漏；散热器盖进、排气阀失灵使冷却液泄漏；膨胀水箱盖泄漏等 **故障分析与排除** ① 直观检查机体、水泵、散热器及各水管连接处有无冷却液渗出，必要时可对冷却系统进行加压检查；也可用荧光检漏仪检测，若有渗漏，应进行维修 ② 拔出机油尺，观察是否有冷却液泄漏到机油中；若有，应对发动机进行检修 ③ 如果发动机行驶无力且排气管排白烟，则应检查发动机气缸垫是否已被冲坏；若有，应检修发动机

第九章 点火系统

◆ 第一节 蓄电池检查与维护 ◆

【实操图解】：检查与维护蓄电池（表9-1）

设备：整车、工具车、零件车及维修手册。

表9-1 检查与维护蓄电池

步骤	具体操作方法及要求	步骤	具体操作方法及要求
1.工具准备	（1）要准备的工具：车轮挡块、地板垫、座椅套、方向盘套、翼子板布、前格栅布、液体比重计、成套世达工具、扭力扳手、十字槽螺钉旋具、抹布若干 （2）工具准备要齐全，摆放要整齐	4.蓄电池接线柱检查	检查蓄电池接线柱是否有污垢、腐蚀，如有可用温开水冲洗，并涂抹少量黄油防止极柱腐蚀
2.车辆防护	（1）安装车轮挡块，安装车内三件套 （2）拉起驻车制动杆，降下驾驶人侧车窗玻璃，拉发动机舱盖释放杆 （3）打开发动机舱盖，安装翼子板布和前格栅布	5.蓄电池接线柱导线连接检查	用手拉扯蓄电池导线，检查连接是否可靠，如有松动需加以旋紧
3.蓄电池外壳检查	检查蓄电池外壳四周是否有裂纹、渗漏，如有则更换蓄电池	6.蓄电池电解液液位检查	通过蓄电池外壳液位刻度线检查电解液液位是否符合规定，如液位偏低，需适当添加蒸馏水 注意：对于黑色外壳的蓄电池，只能通过加注口来检查电解液液位

（续）

步骤	具体操作方法及要求	步骤	具体操作方法及要求
7.蓄电池加注口盖检查	（1）检查加注口盖是否有损坏 （2）检查加注口盖安装是否可靠 （3）检查通风孔是否堵塞 注意：加注口盖应完好，安装到位；通风孔如有堵塞，需疏通	8.蓄电池电解液密度检测	（5）将比重计水平放至眼前，对着光亮处观测 （6）读出并记录电解液密度 （7）清洗吸管和比重计，擦干后放回 （8）旋紧蓄电池加注口盖 注意：最好检查所有单格电解液；如密度偏低，需要补充充电；读中间比重计的刻度
8.蓄电池电解液密度检测	（1）取出比重计，进行清洁 （2）对比重计进行校零 （3）旋下蓄电池加注口盖 （4）用塑料吸管取出少量电解液，滴在比重计前端测量玻璃上，轻轻合上塑料盖板 注意：如比重计刻度模糊，可适当调节观测口焦距	9.车辆、工具复位	（1）取下车内、外防护用品 （2）车辆复位，清洁车身 （3）清洁并整理工具 注意：在操作过程中要体现5S管理法

【知识链接】：蓄电池的功用、结构组成、工作原理及检查项目（表9-2）

表9-2 蓄电池的功用、结构组成、工作原理及检查项目

蓄电池	说　明
功用	蓄电池能把电能转变成化学能储存起来，使用时再把化学能转变成电能释放出来，为用电设备提供电能

（续）

蓄电池	说　明
结构组成	汽油发动机一般采用 12V 铅酸电池，由 6 个单体组成，每个单体的额定电压为 2V 蓄电池主要由外壳、极板、极柱和加注口盖等组成 蓄电池的结构
工作原理 （以铅酸电池为例）	铅酸电池的充电、放电过程是通过电解液的化学反应来实现的 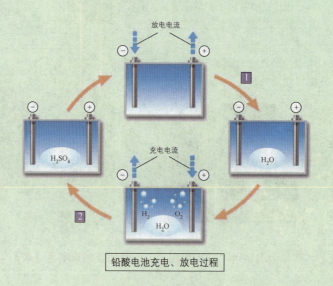 铅酸电池充电、放电过程 　放电　当电解液中的硫酸与极板上的铅反应生成水时，就产生电能，同时，在正、负极板上生成硫酸铅 　充电　正、负极板上的硫酸铅被充电，还原成硫酸，使电解液密度增大，正极板上生成二氧化铅，而负极板上生成海绵状铅 当蓄电池充电过量时，会发生水电解现象，正极板上生成氧气，负极板上生成氢气，电解液中有大量气泡冒出，需注意环境通风，远离明火

（续）

蓄电池	说　明
检查项目（蓄电池电量不足，车辆将无法正常起动；蓄电池失效后，将无法储存电能；蓄电池损坏后，电解液可能发生泄漏，将腐蚀车身及各部件）	**电解液液位检查** 蓄电池各单体的电解液液位应高出极板 10～15mm 通过蓄电池外壳上的液位刻度，检查电解液液位是否符合规定，如右图所示 如果液位偏低，则应补充适量蒸馏水；如果电解液液位超过了规定范围，则应抽掉多余的电解液。作业时可以轻轻晃动车身来检查液位，或拆下一个加注口塞，直接从该孔开口来判定  电解液液位刻度 **蓄电池外壳检查** 蓄电池外壳用来储存电解液和极板，必须具有绝缘性、耐腐蚀性，一般用塑料或硬橡胶材料制成。如果蓄电池固定不良，汽车行驶途中剧烈震动、外物撞击、电解液结冰等情况，可能导致外壳破裂 检查蓄电池外壳是否有裂纹，是否有渗漏，如有则需更换蓄电池 **蓄电池接线柱检查** 接线柱用铅锑合金浇铸成上小下大的圆锥体，分为正接线柱和负接线柱，分别用"+"和"-"表示 检查蓄电池接线柱是否腐蚀，如有，则需清洁接线柱；检查导线接触是否松动，如有，则需加以紧固  蓄电池接线柱 **电解液加注口盖检查** 加注口盖用来密封蓄电池加液孔，旋出盖子即可加注电解液，盖子有通气孔，如下图所示，随时排出蓄电池内的氢气和氧气，以免发生事故 检查蓄电池加注口塞是否损坏，如有则更换加注口塞；检查蓄电池通风孔是否阻塞，如有则拆下，进行疏通（右图）   加注口盖　　　　通气孔损坏

(续)

蓄电池	说 明
检查项目（蓄电池电量不足，车辆将无法正常起动；蓄电池失效后，将无法储存电能；蓄电池损坏后，电解液可能发生泄漏，将腐蚀车身及各部件）	**电解液密度检查** 电解液为纯硫酸和蒸馏水按一定比例配制而成，其相对密度为1.25～1.28 使用液体比重计检查电解液相对密度，所有单体的相对密度是否在规定范围，如偏低，则需对蓄电池进行补充充电或更换电解液；确保蓄电池各单体的相对密度偏差低于0.025，如超标，则对电解液密度进行重新调配 测量电解液密度时应在常温下进行；电解液具有较强的腐蚀性，应避免直接与皮肤、衣物接触 有些类型的蓄电池可以通过蓄电池指示器查看电解液液位和蓄电池状况：蓝色为正常；红色为电解液不足；白色为电量不足   比重计　　　　　蓄电池指示器

◆ 第二节　火花塞的检查与维护 ◆

【实操图解】：检查与维护火花塞（表9-3）

设备：整车、工具车、零件车及维修手册。

表9-3　检查与维护火花塞

步骤	具体操作方法及要求	步骤	具体操作方法及要求
1.工具准备	（1）要准备的工具：车轮挡块、地板垫、座椅套、方向盘套、翼子板布、前格栅布、成套世达工具、火花塞专用套筒、火花塞间隙规、扭力扳手、抹布若干 （2）工具准备要齐全，摆放要整齐	2.车辆防护	（1）安装车轮挡块，安装车内三件套 （2）拉起驻车制动杆，降下驾驶人侧车窗玻璃，拉发动机舱盖释放杆 （3）打开发动机舱盖，安装翼子板布和前格栅布

（续）

步骤	具体操作方法及要求	步骤	具体操作方法及要求
3.拆卸点火线圈	（1）关闭点火开关，断开点火线圈的接线插座 （2）拆卸点火线圈的固定螺栓 （3）取出点火线圈 	7.火花塞间隙检查	用间隙规测量火花塞间隙 注意：量规与间隙之间应有轻微的阻力；火花塞间隙一般为 0.8~1.1mm
4.拆卸火花塞	（1）用专用套筒拆下火花塞，并取出 （2）用干净的布遮住火花塞孔 注意：取出火花塞时应小心，防止落地损坏；需带手套，防止高温烫伤	8.装复火花塞	（1）装复火花塞，并按规定力矩拧紧 （2）装复点火线圈及电气连接线 （3）起动发动机，确认运行平稳
5.火花塞电极检查	检查火花塞电极是否有烧蚀、积炭和油污	9.车辆、工具复位	（1）取下车内、外防护用品 （2）车辆复位，清洁车身 （3）清洁并整理工具 注意：在操作过程中要体现5S管理法 
6.火花塞外观检查	（1）检查火花塞绝缘体是否有损坏 （2）检查连接螺纹是否有损坏		

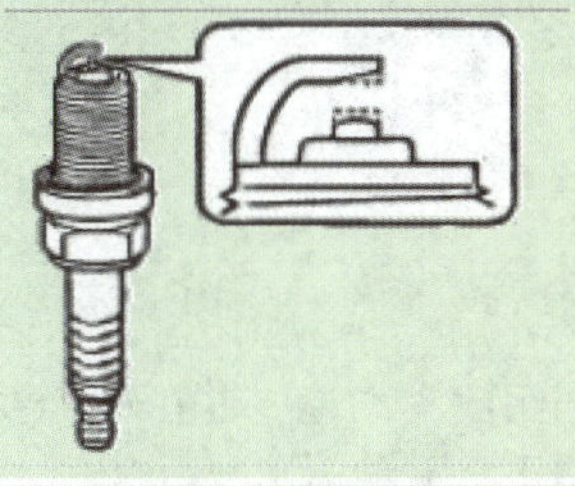

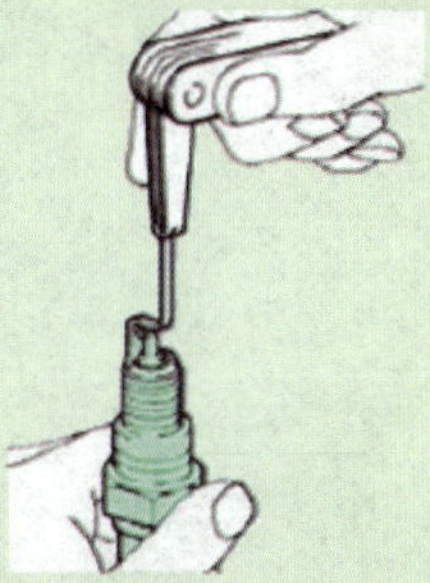

【知识链接】：电控点火系统的工作原理及结构（表9-4）

表9-4 电控点火系统的工作原理及结构

电控点火系统	说　明
原理	电控点火系统主要零部件如图所示，通过点火线圈将蓄电池的低压电变成几万伏的高压电，使火花塞后产生火花，在最佳时刻点燃气缸内的可燃混合气
结构	**点火线圈** 如图所示，点火线圈中初级绕组匝数较少，次级绕组匝数较多，同时绕在铁心上，当初级绕组上间断地施加电流时，次级绕组因互感作用产生高电压 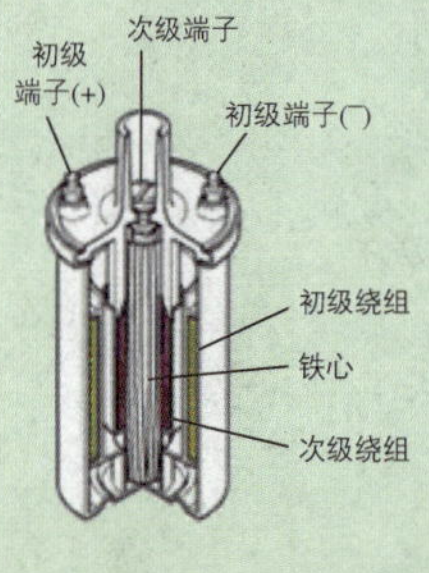 **火花塞** 将点火线圈或磁电动机产生的脉冲高压电引入燃烧室，并在两个电极间产生电火花，来点燃气缸内的高压可燃混合气，使发动机正常工作 结构：弯曲的侧电极焊接在钢制壳体的底端，使其直接搭铁；绝缘体由高氧化铅陶瓷制成；中心电极装在绝缘体的中心孔内，通过接线端与高压导线连接 类型 ①电阻型火花塞：火花塞工作时产生电磁波，会干扰电子设备，在火花塞内部装有陶瓷电阻，防止电磁干扰现象 ②铂金电极型火花塞：用铂金材料做成火花塞的中心细电极和搭铁电极，具有可靠的点火性和耐用性 ③铱合金电极型火花塞：用铱合金材料做成火花塞的电极，其中心电极很粗大，具有良好的冷却作用，但是点火性能一般

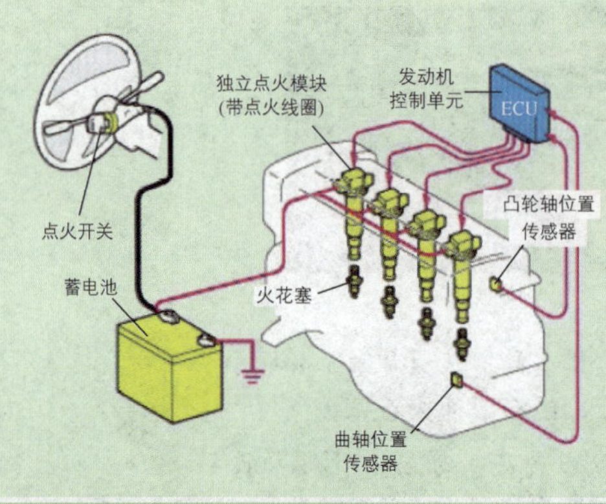

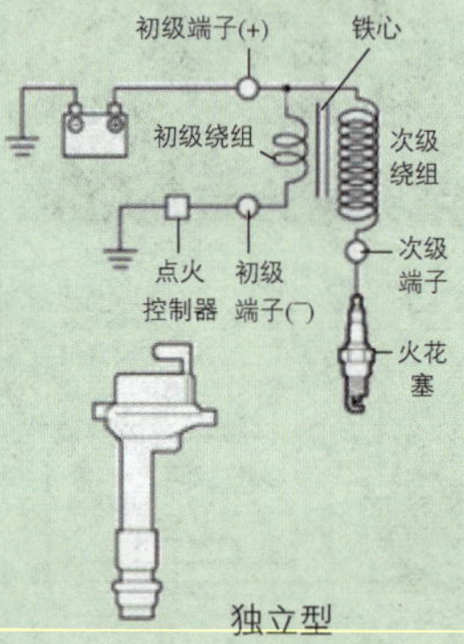

（续）

电控点火系统	说　明
结构	工作条件：火花塞的工作条件十分恶劣，承受着很大的机械、化学及电压负荷，其工作的可靠性对发动机的工作影响极大 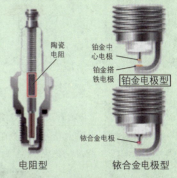 火花塞结构 性能要求 ① 火花塞承受冲击性高压电，要求它有足够的绝缘性，能承受3万V以上的高压电 ② 气缸内混合气燃烧时，火花塞受到1500~2000℃的高温燃气作用；而发动机进气时，火花塞又受到50~60℃的混合气冷却作用，所以要求火花塞能承受温度剧烈变化引起的热应力 ③ 火花塞的裙部应保持一定的温度，不能过高或过低，并且不能有局部过热 ④ 发动机做功时，气缸内最高压力可达5.8~6.9MPa；另外，在火花塞制造中卷轧壳体边缘时，经铜垫圈传给绝缘体的压力高达3.4kN，因此，要求火花塞有足够的机械强度 ⑤ 发动机工作时，火花塞电极受到燃烧废气的腐蚀，所以火花塞的电极应采用耐高温、耐腐蚀的材料制成 ⑥ 火花塞应具有尽可能低的工作电压，减轻汽车整体电路的负担，降低成本，延长使用寿命 检查原因：火花塞电极有积炭或被烧蚀，电极间的高压电火花变弱，发动机燃油经济性变差，输出动力下降；甚至火花塞不能点火，发动机无法正常工作 检查间隔：火花塞检查间隔：每10000km或6个月；更换间隔：20000~40000km。对于铂电极和铱电极火花塞，更换间隔在100000~150000km，没有必要在使用过程中来调整其火花塞间隙 检查项目 ① 火花塞间隙：使用火花塞间隙规检查中央电极和侧电极之间的间隙，一般为0.8 ~ 1.0mm，如超出标准，应调整火花塞间隙 调整火花塞间隙时，将火花塞侧电极放入间隙规的缺口部分，再进行调整；在弯曲火花塞侧电极时，不要让间隙规和中心电极接触，以免损坏中心电极

电控点火系统	说 明
结构	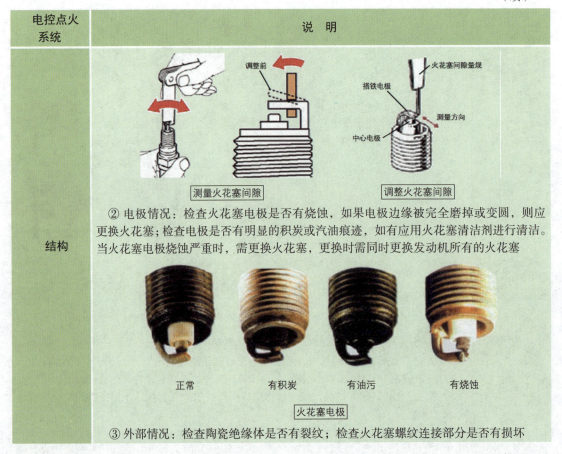 ② 电极情况：检查火花塞电极是否有烧蚀，如果电极边缘被完全磨掉或变圆，则应更换火花塞；检查电极是否有明显的积炭或汽油痕迹，如有应用火花塞清洁剂进行清洁。当火花塞电极烧蚀严重时，需更换火花塞，更换时需同时更换发动机所有的火花塞 ③ 外部情况：检查陶瓷绝缘体是否有裂纹；检查火花塞螺纹连接部分是否有损坏

（续）

第十章　发动机总成吊装

发动机总成吊装是在汽车发动机大修作业和汽车发生严重碰撞后进行车身整形作业过程中的一项重要作业内容。它涉及工作人员安全和设备安全，以及汽车整车的工作状态。

发动机装配及运行

◆ 第一节　吊装作业前的准备 ◆

别克汽车的维修手册提供了上海通用汽车有限公司汽车的维护和修理信息。在维修手册中记录有关整辆车的维修信息。通过维修手册的总目录我们可以了解到维修手册共包括以下各章节：

0. 基本信息	5. 制动系统
1. 空调系统	6. 发动机
2. 转向系统	7. 自动变速器
3. 悬架系统	8. 车身和附件
4. 驱动系统	9. 安全保护装置

在维修手册每一章节的目录中，又可以分为不同的系统，而不同的系统下又可以分成不同的标题。维修手册的每一章节中的每个系统均包含了以下标题：

— 规格	— 维修指南
— 示意图和布线图	— 说明与操作
— 部件定位图	— 专用工具和设备
— 诊断信息和程序	

在"规格"这个标题下面可以查找到螺栓的拧紧力矩、系统所用油液的类型和容量、系统所用部件的参数。

在"示意图和布线图"这个标题下面可以查找到该系统的线路图。

在"部件定位图"这个标题下面可以查找到该系统机械或电气部件的位置。

在"诊断信息和程序"这个标题下面可以查找到一些维修策略的详细步骤、诊断故障码的详细解释和出现故障码的检修流程，以及 TECH–2 上每项数据的解释。

在"维修指南"这个标题下面可以查找到该系统部件的拆装步骤。

在"说明与操作"这个标题下面可以查找到对该系统主要部件的介绍及对电路图走向的说明介绍。

在"专用工具和设备"这个标题下面可以查找到维修该系统时所需用到的专用工具名称及专用工具的图形和编号。

在查找维修手册时,首先要了解查找目标,确定需要查找的项目应该属于哪一个章节,然后再翻到相对应章节的目录,确定需要查找的项目应该属于该章节的哪一个系统,再根据需要查找的项目来确定属于该系统的哪一个标题,最后再根据标题确定具体的页数。

> 【实操图解】:正确准备和规范使用主要吊装设备(表10-1)
> 1. 设备:赛欧整车(1.6L发动机性能良好)1辆、剪式(两柱)举升机1台、发动机吊车1台。
> 2. 工具及辅材:工具车(含常用工具)1套,三件套,翼子板布1套,零部件摆放台1张,赛欧维修手册2套,TECH-2和万用表等检测仪器1套,油液收集桶2只,抹布若干。

表10-1 正确准备和规范使用主要吊装设备

设备	具体操作方法及要求	设备	具体操作方法及要求
1. 剪式举升机	(1)取出车内的大件行李,将车辆驶上举升工位,拉紧驻车制动器 (2)正确安放支撑垫块,支撑垫块要对准车辆被支撑部位,不能伸出板外	3. 发动机吊车	(1)吊车使用前应检查吊架连接情况,确保插销与吊钩安全,应均用弹簧开口销作为保护 (2)起吊前,要将放气螺塞旋紧,根据实际情况以合适的速度上升,细心观察周围情况 (3)下降时,根据实际情况旋松放气螺塞控制下降速度,下降过程注意细心观察周围情况
2. 举升机控制柜	(1)操作举升机前,操作者应高声发出举升信号:"请注意,举升机准备上升!",待配合者发出"无障碍物,可以上升(或下降)"后才能操作;喊声要响亮,环视四周,并聆听配合者的应答;举升要结合吊装要求具体操作 (2)举升结束后必须将举升机锁止,再次操作时,先解锁	4. 卧式液压千斤顶	(1)支撑座和发动机油底壳之间放置好支撑垫块,防止油底壳变形 (2)上升前,要将放气螺塞旋紧,根据实际情况以合适的速度上升,细心观察周围情况 (3)下降时,旋松放气螺塞要小心,根据实际情况以合适的速度下降,细心观察周围情况

（续）

设备	具体操作方法及要求	设备	具体操作方法及要求
5. 工具车	（1）根据实际情况正确合理选用工具 （2）工具使用完成后及时清洁并放回原位 （3）用扳手操作时，要先确定旋转方向，连接牢固防止滑脱，避免碰伤自己或他人	7. 定扭力扳手	（1）定扭力扳手属于精密测量仪器，应轻拿轻放 （2）用手将螺栓或螺母拧紧到规定力矩 （3）力矩调整好后要锁止，不能超量程使用 （4）操作时姿势正确，防止扭伤身体 （5）用后及时复位，清洁后装入盒内
6. 风动扳手	（1）先检查旋向，确保旋向正确 （2）选择正确的套筒，确保安装牢固 （3）操作时严禁戴手套 （4）旋松螺母快结束时，速度要慢，采用点动方式；安装螺母时当螺母平面与配合表面靠上时，停止操作 （5）操作结束，及时卸掉气管，并将工具归位	8. 发动机翻转架	（1）发动机与翻转架连接要牢固，翻转要自如，无卡滞现象 （2）翻转架锁销锁止要正确、牢固 （3）翻转架支撑要平稳，支承轮旋转自如

第二节　发动机（变速器）总成下车

【实操图解】：取下发动机（表10-2）

设备：赛欧整车（1.6L 发动机功能良好）1 辆，剪式（或两柱）举升机 1 台，发动机吊车 1 台。
工具及辅材：工具车（含常用工具）1 套，三件套、翼子板布各 1 套，零部件摆放台 1 张，赛欧维修手册 2 套，TECH-2 和万用表等检测仪器各 1 套，油液收集桶 2 只，抹布若干。

表10-2　取下发动机

步骤	操作步骤及技术规范	步骤	操作步骤及技术规范
1. 确定燃油管路卸压方法		4. 断开蓄电池电缆	（1）断开负极电缆 （2）断开正极电缆
2. 车辆防护	（1）放置车轮挡块或用举升机顶起部分车辆重量 （2）放置驾驶室三件套（脚垫、座椅套和方向盘套） （3）放置翼子板布和前格栅布 （4）确认变速杆位于 P 位，拉起驻车制动器 （5）接好尾气排放装置		
3. 燃油系统卸压	（1）拔掉燃油泵继电器 （2）起动发动机（起动发动机前要大声提醒，"大家注意，准备起动发动机"，等待配合者应答"可以起动"后方可操作） （3）使发动机运转一会儿后自动熄火 （4）再次起动 1~2 次，直到熄火，关闭点火开关 （5）重新安装好燃油泵继电器	5. 断开发动机供油软管和回油软管	（1）在相关接头下方放上棉纱、抹布等，用来吸附漏出的燃油，并及时妥善处理沾油抹布 （2）用专用工具断开供油软管接头（蓝色接头） （3）用专用工具断开回油软管接头（黑色接头） （4）用专用快速接头将管接头堵上（也可用干净塑料袋包好），防止进入灰尘

（续）

步骤	操作步骤及技术规范	步骤	操作步骤及技术规范
6. 拆卸空气滤清器及进气管	拆下空气滤清器及进气管 	9. 拆卸节气门拉索	（1）拆卸拉索头部卡簧，脱开拉索 （2）脱开拉索后及时将卡簧装回原位，防止丢失 （3）使拉索与进气歧管支架脱离 （4）脱开拉索后及时将拉索妥善放置，以防吊装时干涉
7. 断开进气温度传感器接头	（1）在接头和线束上做好标记 （2）断开进气温度传感器接头与线束 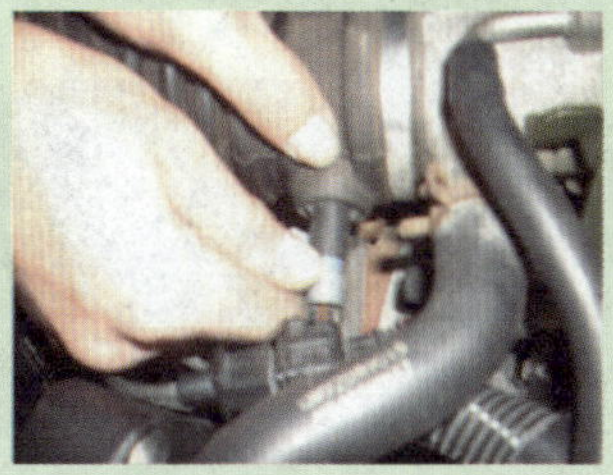		
8. 拆卸空气滤清器	（1）旋松波纹管卡箍紧固螺钉，拔下波纹管 （2）拔下管子后再将卡箍适当紧固，防止卡箍丢失 （3）仔细检查软管有无裂纹老化及破损现象，如有建议更换 （4）用干净棉纱将节气门体口堵上，防止进入灰尘及其他异物 （5）取下空气滤清器 （6）妥善保管空气滤清器与车身连接的橡胶连接件，防止丢失	10. 拆卸冷却、暖风系统软管	（1）在盖子上放一块湿抹布，先缓慢旋松盖子，释放里面的蒸气，待所有蒸气放净后再全部旋松，拿下加注口盖；冷车状态可直接拆卸 （2）等冷却液排空后再将盖子盖好

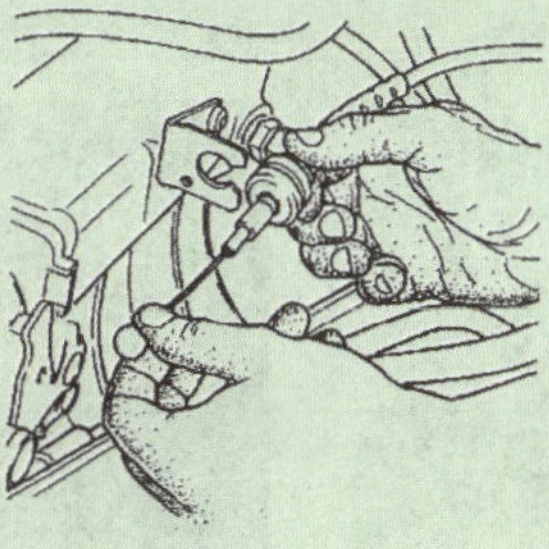

步骤	操作步骤及技术规范	步骤	操作步骤及技术规范
10. 拆卸冷却、暖风系统软管	（3）旋松发动机缸盖出水口冷却液管卡箍，将卡箍退后5cm后旋紧，防止卡箍丢失 （4）在发动机下方放置冷却液收集桶  （5）将橡胶软管拔下 （6）仔细检查软管有无裂纹老化及破损现象，如有则更换 （7）用干净棉纱将管口堵上，防止进入灰尘及其他异物  （8）用同样方法拆卸发动机冷却液进水管  （9）松开储液罐上冷却液蒸发软管卡箍，将卡箍后退5cm左右 （10）拔下软管 	10. 拆卸冷却、暖风系统软管	（11）在进气压力传感器插头和传感器上做好记号，断开进气压力传感器插接器  （12）拆卸进气压力传感器并妥善保管  （13）旋下储液罐固定螺钉，取下储液罐 （14）将螺钉装回原位  （15）松开储液罐下方冷却液软管卡箍，将卡箍后退5cm左右 （16）拔下软管，将储液罐在零件桌上放置好，防止跌落地上 （17）仔细检查储液罐、软管等，如发现有裂纹、破损等，应及时更换 

（续）

步骤	操作步骤及技术规范	步骤	操作步骤及技术规范
10. 拆卸冷却、暖风系统软管	（18）松开暖风装置进、回液管卡箍，将卡箍后退5cm左右 （19）在下方放置冷却液收集桶 （20）拔下软管，如发现软管有裂纹、破损，应及时更换 （21）将管口堵上，防止进入灰尘 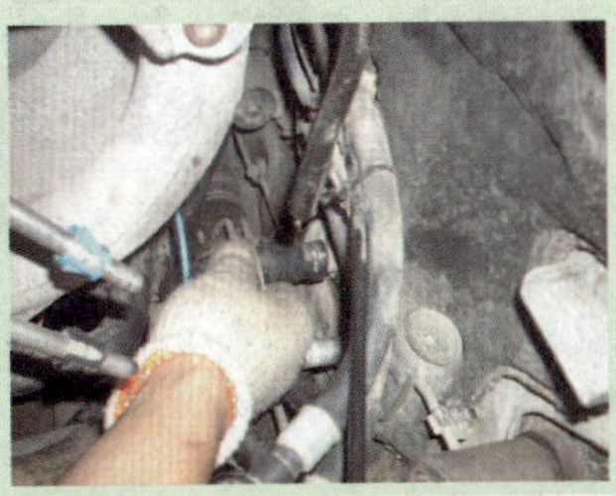	12. 拆卸空调管路	（1）参照空调基础模块按规范抽出制冷剂，防止冻伤 （2）记下制冷剂抽出量，标准值：R134a为0.68kg （3）断开空调压缩机的高、低压管路，将空调软管妥善放置，以防止吊装时干涉造成损坏 （4）立即在压缩机进、出管口处和软管上安装防尘套
11. 拆卸动力转向泵油管	（1）用呆扳手旋松转向泵高压油管螺母 （2）取下转向泵高压油管并将油管妥善放置，防止吊装过程中发生干涉 （3）及时堵紧转向泵出油口和油管口 （4）清洁溢出的油液 （5）旋松转向泵进油管卡箍，将卡箍退后5cm左右旋紧 （6）拔出软管，将油管妥善放置，防止吊装过程中干涉 （7）及时堵住转向泵进油口和油管口 （8）及时清洁溢出的油液	13. 拆卸自动变速器拉索	（1）拔下自动变速器拉索端头 （2）拔下锁销 （3）将拉索放置好，谨防在吊装过程中发生干涉

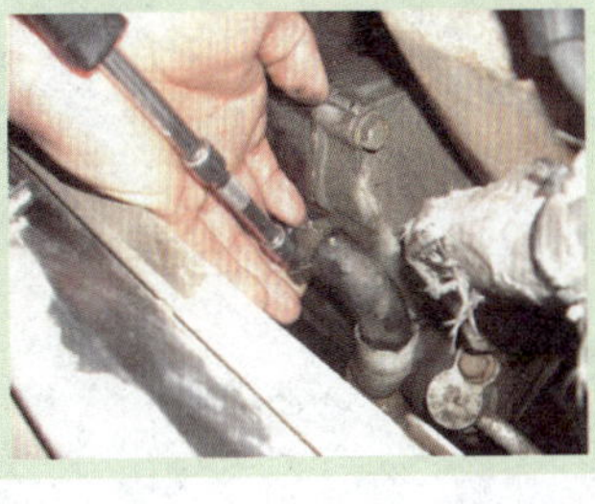

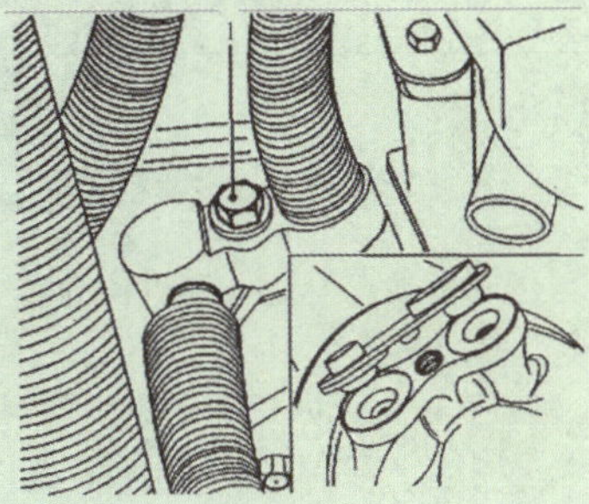

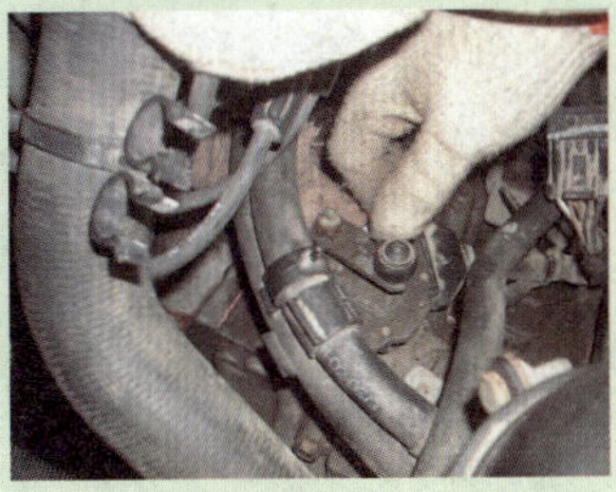

（续）

步骤	操作步骤及技术规范	步骤	操作步骤及技术规范
14.拆卸自动变速器线束	（1）用手（或一字槽螺钉旋具协助）拔出档位开关线束插接器锁销 （2）断开档位开关线束插接器 （3）将档位开关线束妥善放置，防止吊装过程中发生干涉	15.拆卸真空管	（2）用手直接拔下控制管路上的真空管 （3）将真空管妥善放置，防止吊装过程发生干涉 
	（4）断开阀体线束插接器 ① 用手（或一字槽螺钉旋具协助）拔出阀体线束插接器锁销 ② 断开阀体线束插接器 ③ 将阀体线束妥善放置，防止吊装过程发生干涉 ④ 车辆举升后，断开速度传感器插接器 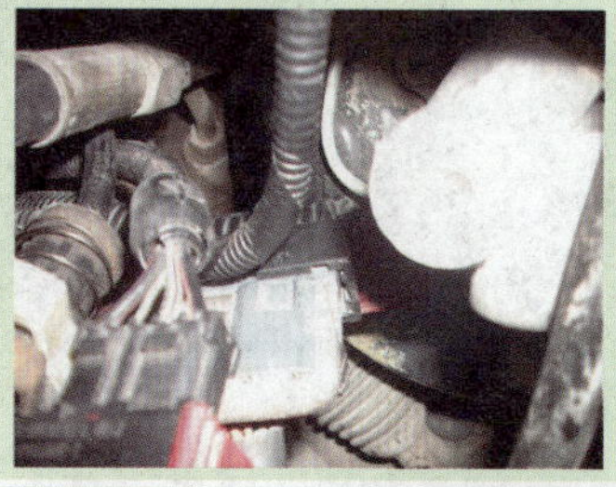	16.断开发动机总线束接头	（1）卸掉侧盖板 （2）分别拔下ECM模块插接器和仪表板线束插接器，拆卸插头之前要作防静电处理 （3）将发动机线束稳妥地从发动机舱隔板孔中抽出（注意保护插头） （4）卸掉发动机线束在车架上的固定螺钉，将线束妥善地安置在发动机总成上 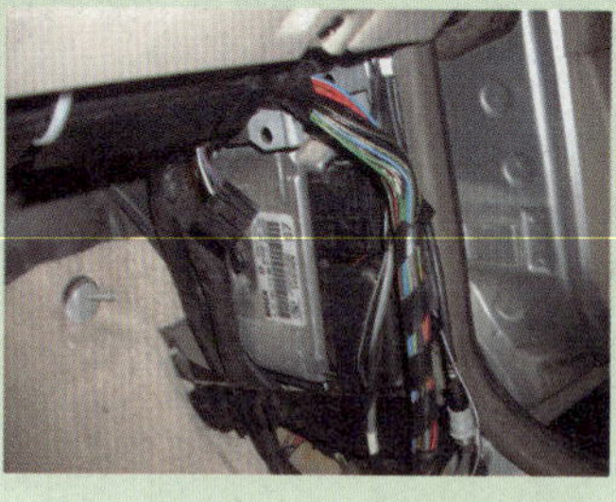 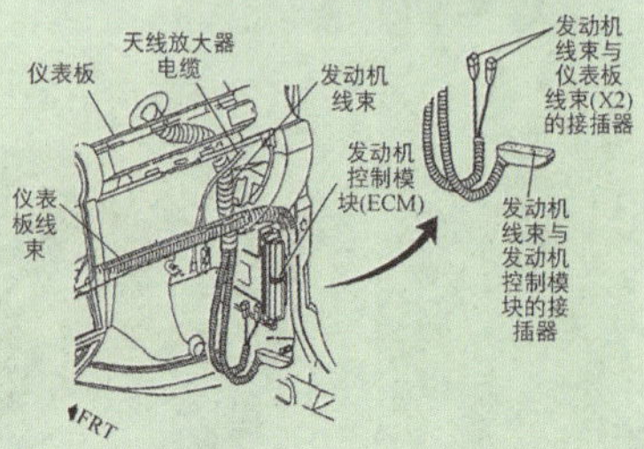
15.拆卸真空管	（1）拆卸进气歧管上的真空软管 ① 用左手扶住软管，右手用呆扳手旋松进气歧管上的真空软管螺母 ② 取下真空管，将真空管另一端妥善放置，防止吊装过程发生干涉		

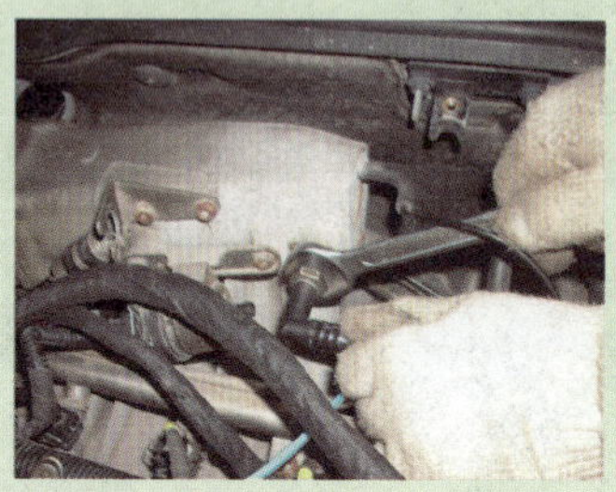

(续)

步骤	操作步骤及技术规范	步骤	操作步骤及技术规范
17. 拆卸前轮	（1）将车辆安全举升至合适高度 （2）用风动扳手卸下车轮螺母，并放置在指定位置（也可取下车轮后再装复原位） （3）取下前轮 （4）小心将车轮放在轮胎架上，要防止轮胎跌落致人员受伤 （5）左右轮胎放置位置要做上标记	18. 拆卸制动卡钳	（3）取下防尘盖，并放置在规定位置 （4）旋下制动卡钳固定螺钉，并放置在规定位置，也可取下卡钳后再装复原位 （5）将制动衬片做好内外和左右轮标记，防止装错 （6）卸下卡钳及制动衬片，拆卸过程中防止制动衬片脱落 （7）用绳索或铁丝挂钩将卡钳固定在减振器弹簧上
18. 拆卸制动卡钳	（1）观察好卡簧原来的安装位置 （2）用一字槽螺钉旋具卸下制动卡钳卡簧，将卡簧放在规定位置		

(续)

步骤	操作步骤及技术规范	步骤	操作步骤及技术规范
19.拆卸自动变速器油液冷却管路	（1）将车辆安全举升至合适高度 （2）放好油液收集桶 （3）拆卸自动变速器油液冷却管口处卡簧，卡簧要妥善保管，管子拔下后应及时装复原位 （4）拔下进、回油管，小心管路中的密封圈，以防丢失 （5）及时清洁溢出的油液 （6）为防止灰尘进入和油液泄漏，要及时堵住管口 （7）将油管妥善放置，防止吊装过程中发生干涉	21.拆卸排气管	（1）将车辆举升到合适高度 （2）认真做好防护工作，操作过程要防止排气管烫伤或灰尘落入眼中 （3）用扳手拆下排气管连接螺栓，排气管螺栓要妥善放置（也可装回原位），以防丢失 （4）卸掉弹簧卡片 （5）将橡胶吊挂向后拉出，将吊挂和卡片放在规定位置，防止丢失
20.拆卸空调离合器线束	卸掉空调离合器线束插接器		（6）将排气管前方用绳索吊起来 

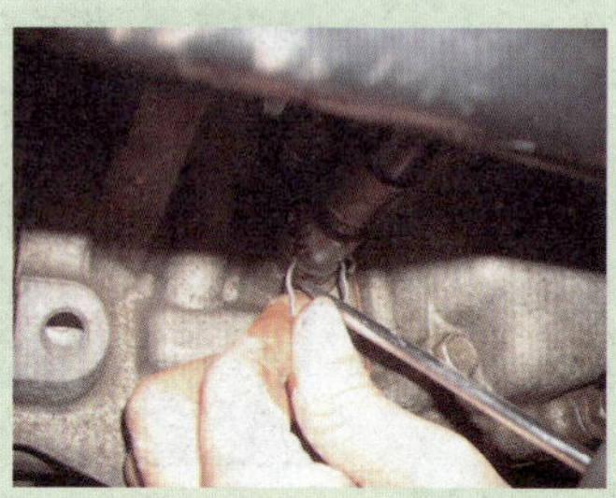

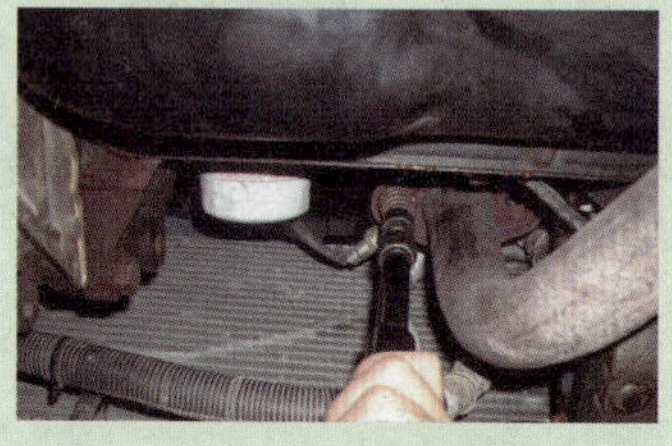

（续）

步骤	操作步骤及技术规范	步骤	操作步骤及技术规范
22. 拆卸转向节与驱动轴总成	（1）断开轮速传感器插接器，将线束妥善放置，防止吊装过程发生干涉 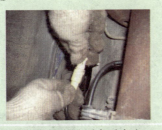 （2）将车辆举升到合适高度 （3）用扳手旋下横拉杆端部与转向节连接螺母  （4）用专用工具 J-810982 将端头从转向节中压出 （5）做好转向节球头的保护工作 （6）观察防尘套有无破损，如有破损则应更换 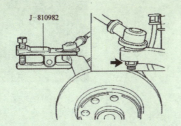 （7）用风动扳手配合呆扳手卸下转向节与减振器连接螺栓，螺栓、螺母妥善放置，防止丢失 	22. 拆卸转向节与驱动轴总成	（8）拆下转向节与下球节连接螺栓（卸掉后妥善放置，也可装复原位） （9）用扁冲塞进连接处缝隙，将球节承孔扩大一些 （10）将转向节与下球节脱开  （11）两人配合将驱动轴从驱动桥中抽出，小心花键部分不要碰伤 （12）检查万向节防尘套有无损坏，如有损坏则更换 （13）密封驱动轴承孔，防止进入灰尘  （14）用干净塑料袋将轴端包起，防止脏污 （15）将左右驱动轴放置在工作台上指定位置 

（续）

步骤	操作步骤及技术规范	步骤	操作步骤及技术规范
23. 下控制臂、稳定杆与拉杆总成的拆卸	（1）查看总成实物 （2）断开下控制臂与横梁连接 （3）断开拉杆支架与车架连接 （4）四人配合将总成卸下，并放到工作台上摆好	24. 吊下发动机自动变速器总成	（1）将发动机吊装专用架挂在液压吊车上，两个挂钩挂在发动机吊耳上 （2）注意调节水平，左右距离对等 （3）再次检查是否有影响吊装的管路和线束，如有拆卸，则将已经拆卸的线束捆绑好，避免干涉 （4）在发动机下方放置支承装置，避免发动机、变速器总成着地 （5）举升车辆至合适高度，用吊车稍微吊起发动机总成 （6）卸下发动机、变速器总成支座的固定螺栓

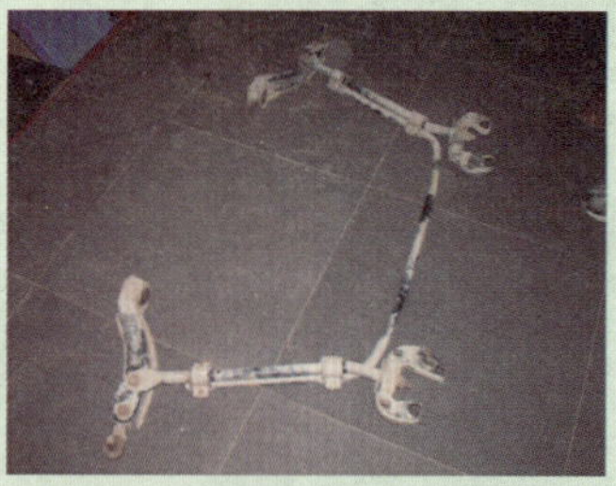

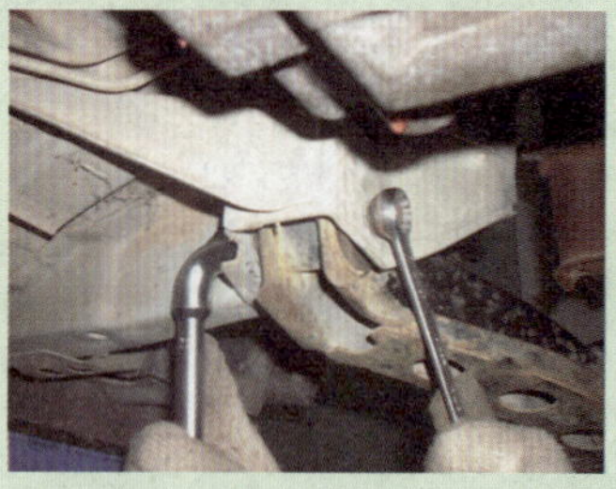

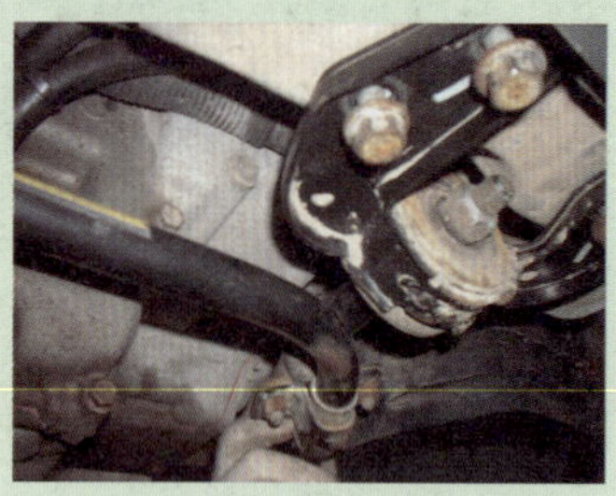

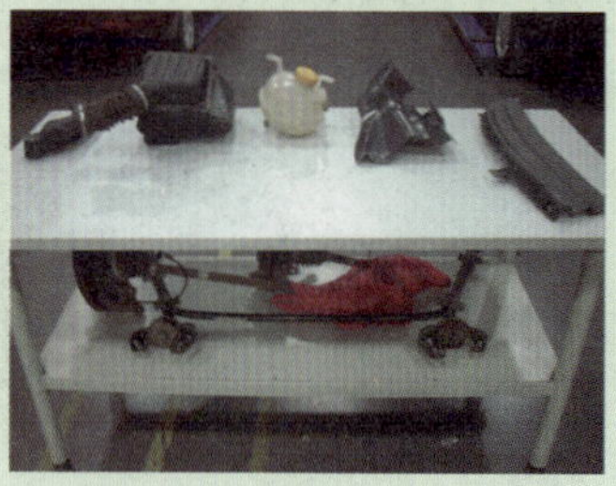

（续）

步骤	操作步骤及技术规范	步骤	操作步骤及技术规范
24.吊下发动机自动变速器总成	（7）注意安全，听从指导人员指挥 （8）举升机和液压吊车下降时的速度保持一致 （9）下降过程中随时观察，发现异常应立即停止，将吊车锁紧 （10）发动机完全落座后，支承稳妥 （11）重新安装吊车，将发动机吊到远离车下放置好	24.吊下发动机自动变速器总成	（12）降下举升机，进行5S工作

【知识链接】：**吊装作业注意事项**

根据维修手册要求，吊下赛欧轿车1.6L发动机时，需要将发动机连同自动变速器总成一起从发动机舱下部吊下。吊下之前必须做到：

① 将发动机、变速器与其他总成或部件间的管路（如燃油管、散热器管、暖风水管、空调管、动力转向管、真空软管、排气管）断开，并做好管路的防尘防漏工作，同时应做好标记。

② 将节气门拉索、自动变速器换档拉线断开。

③ 将蓄电池线束、发动机总线束及一些必要的线束插接器断开，重要的零件要做好标记。

④ 拆卸左右驱动半轴，并做好防尘和油液防漏。

⑤ 拆卸其他阻碍整体吊下的零部件或管线。

重要说明

① 作业前要结合实车仔细阅读维修手册上的拆装说明及图解。

② 作业中要服从指导教师或师傅的安排，经他允许后方可操作。

③ 作业中要做好防护工作，确保人员及设备的安全。

④ 作业中要秩序井然，互相配合，团结协作。

⑤ 发现设备、工具、车辆出现安全隐患，应及时提醒指导人员，停止操作，消除隐患后方可继续进行。

⑥ 作业中，要注意零部件的摆放，按照拆卸先后顺序摆放，拆卸下来的螺栓螺母，原则上安装在拆下来的零部件上，防止丢失。

⑦ 作业中，要随时做好5S工作，及时处理渗漏的油液，确保场地整洁。

⑧ 作业中，一些重要的管路、线束、连接件要做好方向、位置、连接标记，防止安装时出错。

第三节　发动机（变速器）总成上车

【实操图解】：吊装发动机（变速器）总成（表10-3）

1. 设备：赛欧整车（1.6L发动机性功能良好）1辆，剪式（两柱）举升机1台，发动机吊车1台。
2. 工具及辅材：工具车（含常用工具）1套，三件套、翼子板布各1套，零部件摆放台1张，赛欧维修手册2套，TECH-2和万用表等检测仪器1套，油液收集桶2只，抹布若干。

表10-3　吊装发动机（变速器）总成

步骤	具体操作方法及要求	步骤	具体操作方法及要求
1.吊装发动机自动变速器总成	（1）检查是否有影响吊装的管路和线束，如有则将已经拆卸的线束捆绑好，避免干涉 （2）将发动机变速器总成放置在发动机舱正下方 （3）降下车辆至合适高度，重新安装好吊装设备 （4）举升机和吊车同步上升到一定高度 （5）在卧式千斤顶支承端安装垫块，用卧式液压千斤顶支承住发动机总成	1.吊装发动机自动变速器总成	（6）确保支座螺栓孔对正 （7）先用手动工具将支座螺栓（或螺母）带上几圈 （8）确认支座螺栓（或螺母）带正后，用气动扳手将螺栓（或螺母）旋到与接触面接触为止 （9）用扭力扳手上到规定力矩

（续）

步骤	具体操作方法及要求	步骤	具体操作方法及要求
1. 吊装发动机自动变速器总成	（10）将吊车降到最低位，卸下液压吊车，放到规定位置 （11）将发动机支承木板移开，确保场地无障碍物 	3. 安装转向节与驱动轴总成	（1）检查万向节防尘套有无损坏，如有损坏则更换 （2）两人配合，小心将驱动轴插入到差速器中，要防止花键部分碰伤 （3）将转向节与下球节装复好 （4）用规定力矩旋紧转向节与下球节的连接螺栓 （5）先用套筒配合呆扳手将转向节与减振器连接螺栓旋上几圈，再用风动扳手旋紧靠实 （6）用定扭力扳手旋紧螺栓至规定力矩（查维修手册）
2. 安装下控制臂、稳定杆与拉杆总成	（1）用手将拉杆支架与横梁连接螺栓旋上 （2）用风动扳手将螺栓旋到靠紧接合面为止 （3）用扭力扳手拧紧螺栓到规定力矩（查维修手册） （4）用手将下控制臂与车架连接螺栓旋上 （5）用风动扳手将螺栓旋到靠紧接合面为止 （6）用扭力扳手拧紧螺栓到规定力矩（查维修手册）		

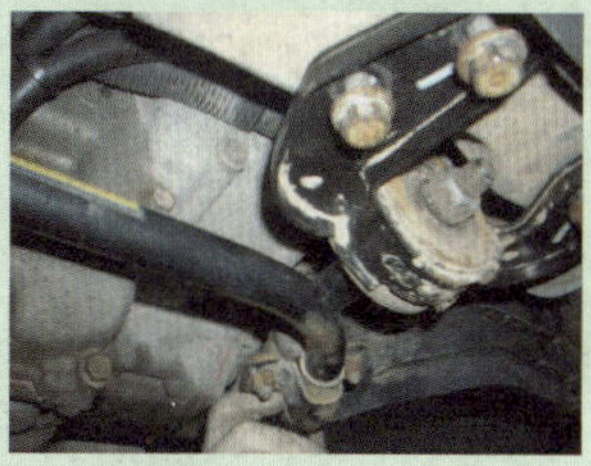

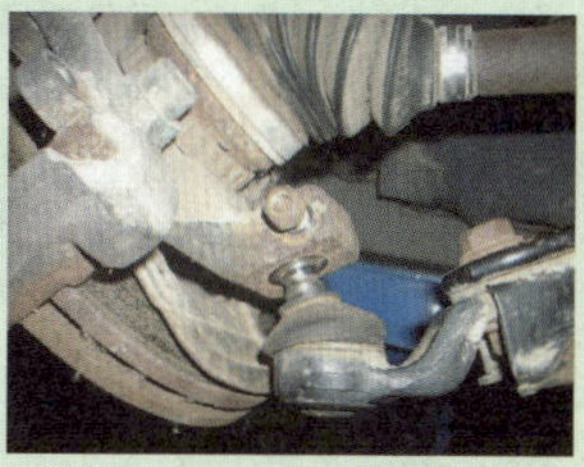

（续）

步骤	具体操作方法及要求	步骤	具体操作方法及要求
3. 安装转向节与驱动轴总成	（7）先用套筒将下横拉杆端部与转向节连接螺母旋上几圈，再用风动扳手旋紧靠实 （8）用定扭力扳手旋紧螺栓至规定力矩  （9）连接轮速传感器插接器 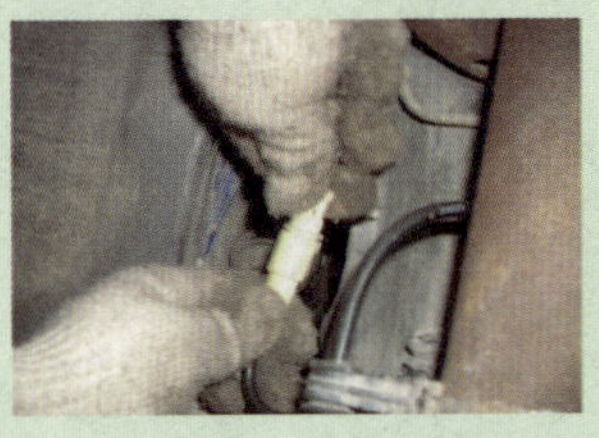	5. 连接空调离合器线束	连接好空调离合器线束
		6. 安装自动变速器油液冷却管路	（1）卸掉防尘套或油堵 （2）检查管口内O形圈有无脱落 （3）按记号标记装上软管 （4）装上卡簧
4. 安装排气管	（1）做好防护，防止灰尘落入眼中 （2）将车辆举升到合适高度 （3）用套筒将排气管连接螺栓旋上几圈，再用风动扳手旋到靠实为止 （4）用扭力扳手拧紧螺栓至规定力矩 （5）将排气管上的橡胶吊挂挂在吊钩上 （6）装好弹簧卡片	7. 安装制动卡钳	（1）检查制动摩擦片厚度是否符合技术要求 （2）看清制动衬片内外和左右轮标记，安装制动衬片及卡钳 （3）按规定力矩拧紧制动卡钳的固定螺栓 （4）安装防尘盖

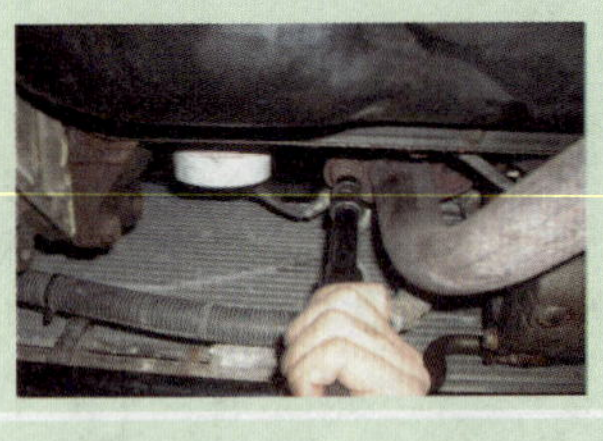

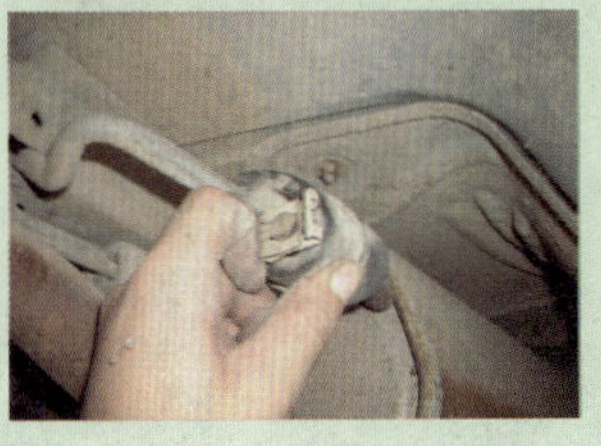

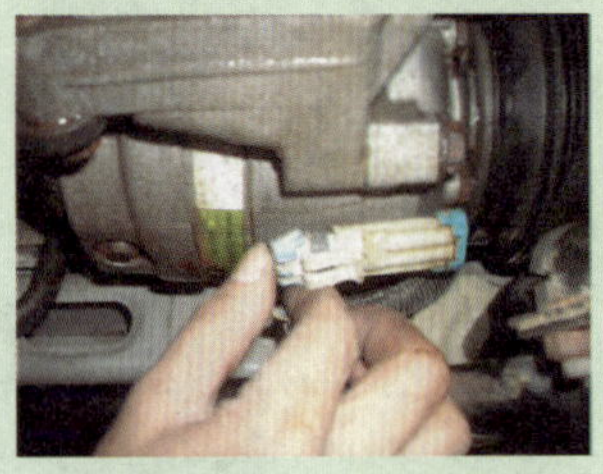

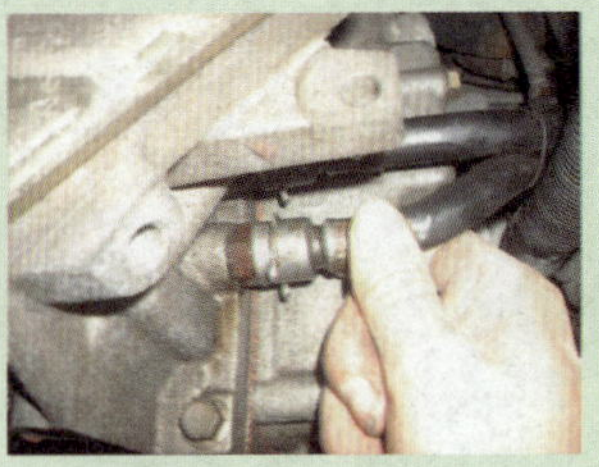

（续）

步骤	具体操作方法及要求	步骤	具体操作方法及要求
7. 安装制动卡钳	（5）用一字槽螺钉旋具协助安装制动卡钳卡簧 （6）卡簧要安装到位，防止卡簧伤人 	9. 安装发动机总线束接头	（3）做好静电防护工作，按正确方向连接插接器，安装好线束插头 （4）安装好侧盖板
8. 安装前轮	（1）将车辆安全举升至合适高度 （2）将轴承润滑油涂在车轮螺柱的锥形面上 （3）用套筒旋上车轮螺栓，并预紧 （4）降下车辆，将螺栓交叉拧紧到规定力矩（110N·m）	10. 安装动力转向泵油管	（1）去掉防尘堵塞物，清理管口，安装转向泵出油口处的高压油管 （2）用呆扳手按规定力矩（20~35N·m）旋紧螺母 （3）去掉防尘堵塞物，清理管口，安装转向泵进油口处的吸油管 （4）将卡箍装到原始位置，旋紧卡箍调整螺母
9. 安装发动机总线束接头	（1）降低车辆，使车轮即将接触地面 （2）将发动机线束稳妥地从发动机舱隔板孔中穿进驾驶舱（注意保护插头）	11. 安装真空软管	（1）安装进气歧管上的真空软管 （2）左手扶住软管，右手用呆扳手旋紧螺母 

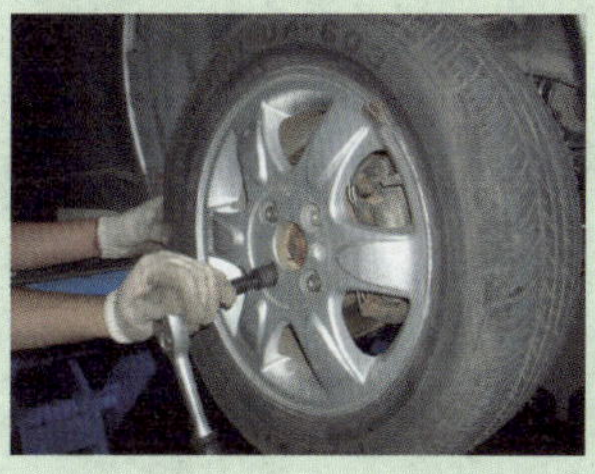

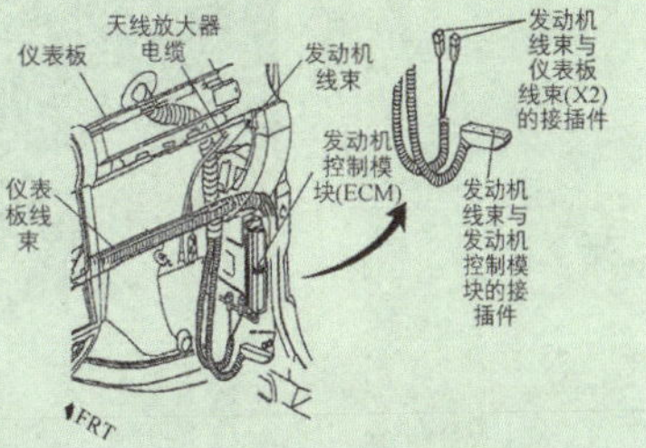

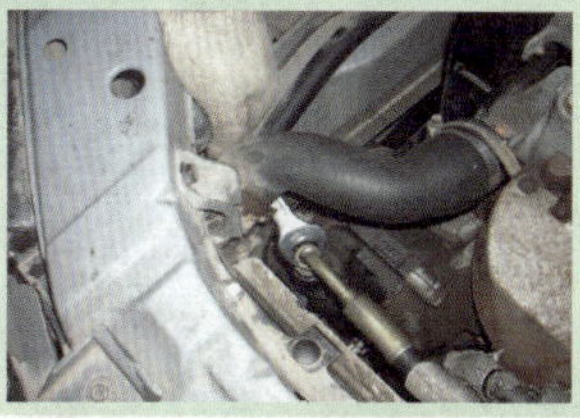

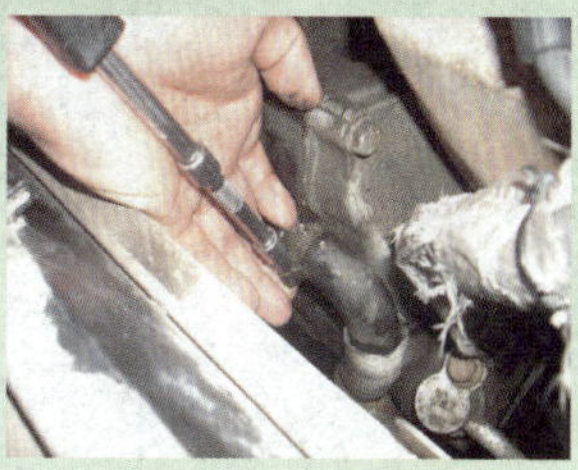

（续）

步骤	具体操作方法及要求	步骤	具体操作方法及要求
11. 安装真空软管	（3）安装控制管路上的真空软管 	13. 安装自动变速器拉索	安装锁销
12. 安装自动变速器线束	（1）将阀体线束插接器按正确方向推进，防止插接器损坏 （2）将档位开关线束插接器按正确方向推进，防止插接器损坏	14. 安装空调管路	（1）卸掉防尘套，清洁管口，安装空调管路 （2）安装固定螺栓至规定力矩（33N·m） （3）待所有发动机吊装完成后，进行空调系统制冷剂的充注和维护
13. 安装自动变速器拉索	安装自动变速器拉索端头	15. 安装冷却、暖风系统软管	（1）按记号插上暖风装置进、回液软管到规定位置 （2）将卡箍移到规定位置拧紧 （3）安装储液罐

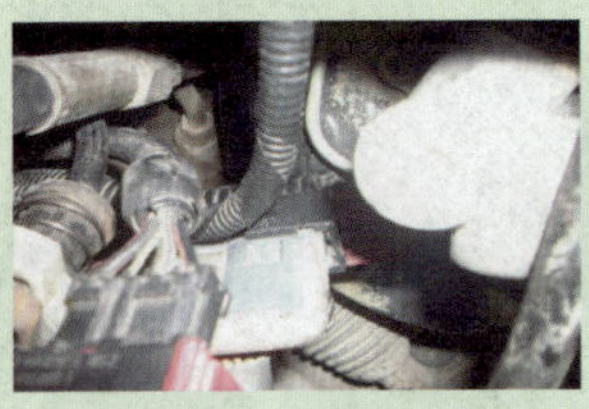

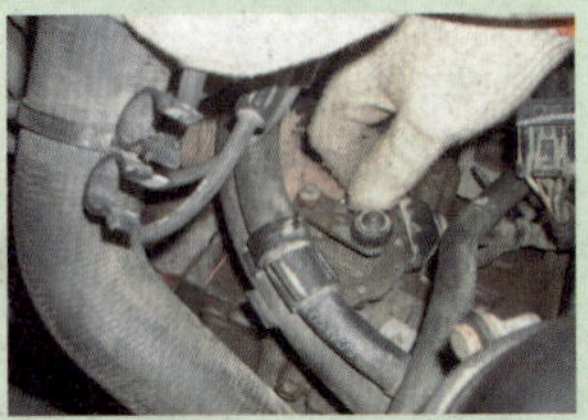

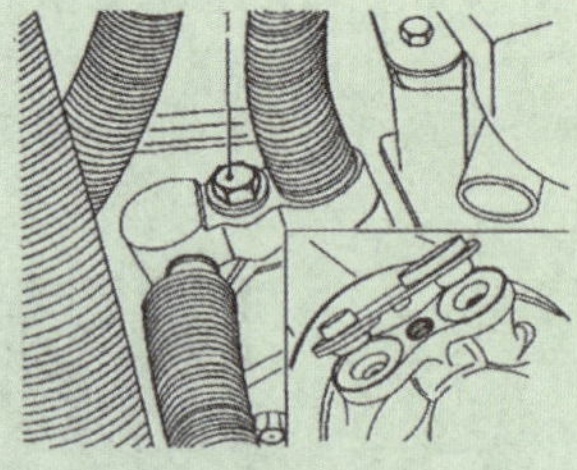

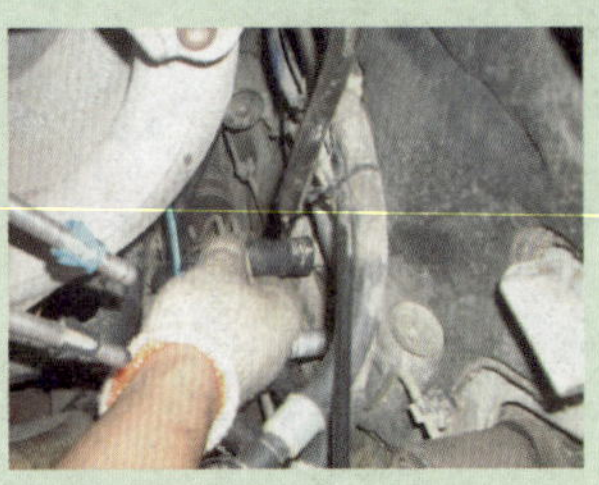

（续）

步骤	具体操作方法及要求	步骤	具体操作方法及要求
15. 安装冷却、暖风系统软管	（4）将储液罐下方冷却液软管插到规定位置 （5）将卡箍移到规定位置拧紧 （6）将储液罐上部冷却液蒸发软管插入到规定位置 （7）将卡箍移到规定位置拧紧 （8）安装进气压力传感器 （9）插上插接器 （10）插上真空软管 （11）安装发动机处冷却液进水管 （12）将卡箍安装到位并上紧	15. 安装冷却、暖风系统软管	（13）安装发动机缸盖出水口处冷却液管 （14）安装出水管 （15）将卡箍安装到位并拧紧
		16. 安装节气门拉索	（1）将拉索与进气歧管支架固定 （2）安上拉索头部，安好拉索头部卡簧
		17. 安装空气滤清器及进气管	（1）将空气滤清器安装到位，防止漏气 

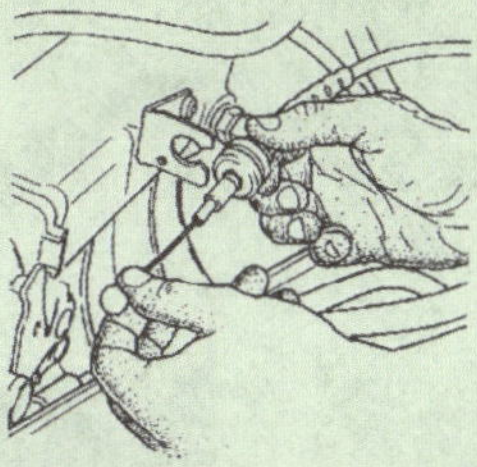

（续）

步骤	具体操作方法及要求	步骤	具体操作方法及要求
17.安装空气滤清器及进气管	（2）将波纹管安装到位，旋紧波纹管卡箍紧固螺钉 （3）安装进气温度传感器接头与线束 （4）安装空气滤清器进气管	19.安装蓄电池正负极电缆	（1）先确认所有线束插头均插好 （2）安装蓄电池正极电缆 （3）安装蓄电池负极电缆
18.安装燃油压力调节器处燃油进、回油管	按标记安装发动机供油软管和回油软管	20.调试	发动机吊装完成后，要进行以下各总成系统的调试工作，确保汽车各总成正常工作。以下各系统的检查和调整参见维修手册进行 （1）发动机冷却系统：加注冷却液，冷却系统调试，确保工作正常 （2）发动机电控系统：用解码器调取工作信息，发现异常情况及时解决，确保工作正常 （3）空调系统：充注制冷剂，检查空调系统工作情况，确保工作正常 （4）动力转向系统：检查调整动力转向油液，确保工作正常 （5）制动系统：检查制动液，确保工作正常 （6）自动变速器：检查自动变速器油液，确保工作正常

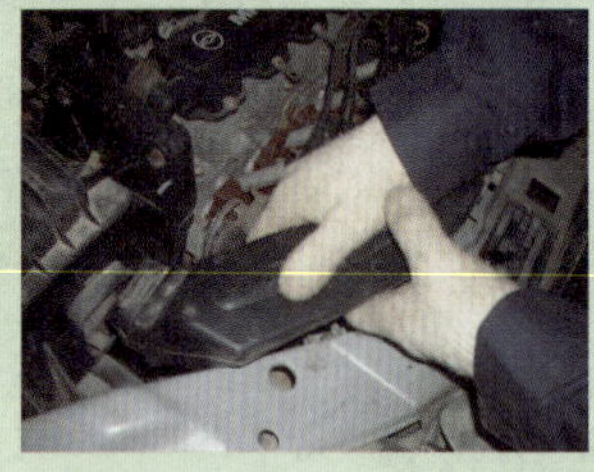

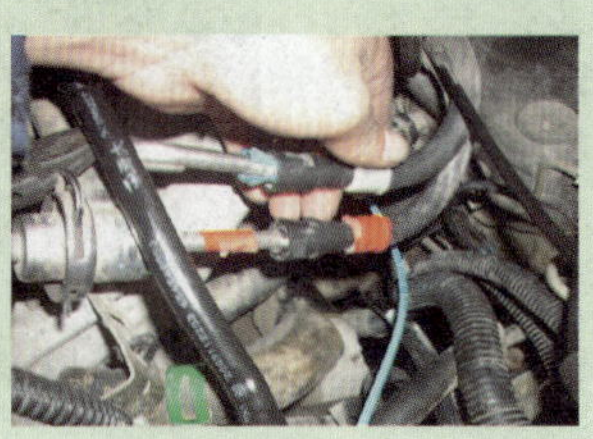

第十一章 传动系统

汽车传动系统是位于发动机和驱动轮之间的动力传动装置,其基本功能是将发动机发出的动力传给驱动轮。如图 11-1 所示,传动系统一般由离合器、变速器、万向传动装置、主减速器、差速器和半轴等组成。

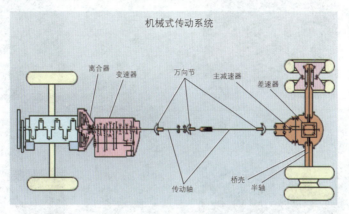

图 11-1 汽车传动系统的结构

认知传动系统

◆ 第一节 离合器 ◆

【实操图解1】:认知离合器的结构(表11-1)

工作场景:实训工厂,膜片弹簧离合器挂图。
主要设备:分解好的离合器,工具车,工作台,世达工具。

离合器

表11-1 认知离合器的结构

步骤	具体操作方法及要求	步骤	具体操作方法及要求
1.离合器盖	能正确识别离合器盖,了解离合器盖的结构、作用及技术要求	2.压盘	能正确识别压盘,了解压盘的结构、作用及技术要求

（续）

步骤	具体操作方法及要求	步骤	具体操作方法及要求
3. 飞轮	能正确识别飞轮，了解飞轮的结构、作用及技术要求 	5. 膜片弹簧	能正确识别膜片弹簧，了解膜片弹簧的结构、作用及技术要求 
4. 从动盘	能正确识别从动盘，了解从动盘的结构、作用及技术要求 	6. 离合器总成	能正确识别离合器总成，了解离合器总成的组成，各组成部件的装配关系、作用及技术要求 

【实操图解2】：拆装与调整离合器（表11-2）

1. 工作场景：实训工厂，膜片弹簧离合器。
2. 主要设备：工具车，工作台，世达工具。

膜片弹簧离合器

表11-2　拆装与调整离合器

步骤	具体操作方法及要求	步骤	具体操作方法及要求
1	用套筒拆下离合器盖上的螺钉，取下离合器盖及压盘 	2	取下从动盘 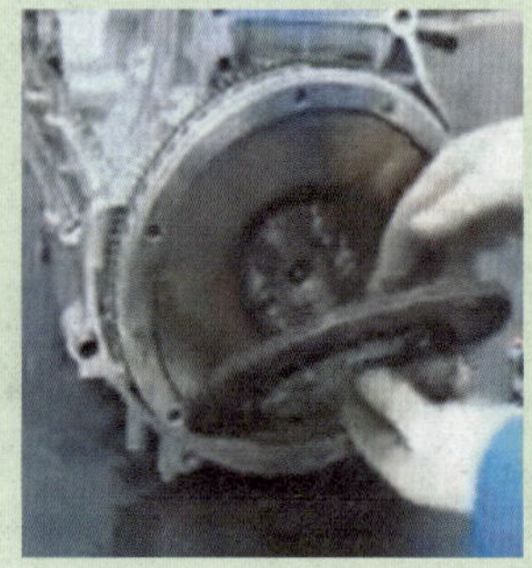

(续)

步骤	具体操作方法及要求	步骤	具体操作方法及要求
3	取下附加环 	6	安装附加环,安装时注意对上定位孔 
4	取下信号圈 	7	安装从动盘时,应先检查从动盘是否符合要求,然后再安装 
5	安装信号圈,安装时注意对上定位孔 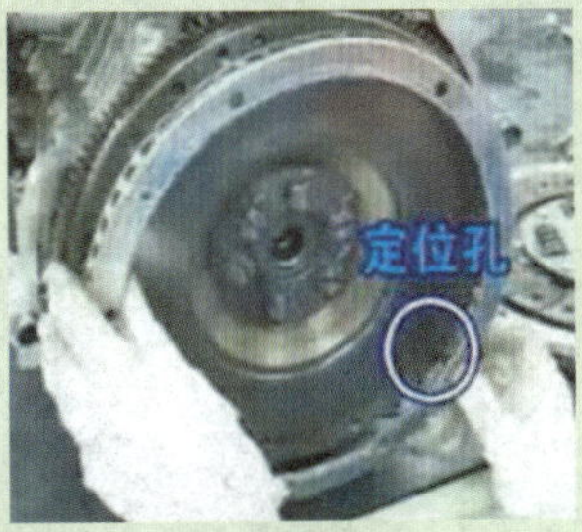	8	安装时注意对上定位孔,然后按规定力矩安装好离合器盖及压盘 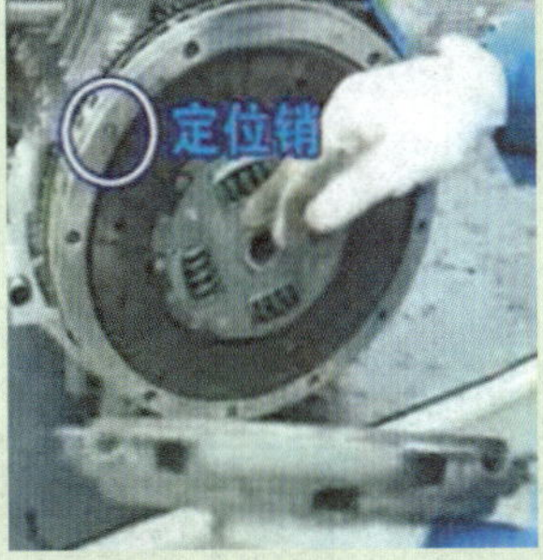

【实操图解3】:检修离合器的零部件(表11-3)

1. 工作场景:实训工厂,膜片弹簧离合器。
2. 主要设备:工具车,工作台,世达工具。

表11-3 检修离合器的零部件

步骤	具体操作方法及要求	步骤	具体操作方法及要求
1. 测量摩擦衬片厚度	摩擦衬片厚度应符合规定要求，若小于规定值或衬片出现龟裂、铆钉松动及磨损不均等现象，均应更换摩擦衬片	4. 检查扭转减振器	检查扭转减振器的弹簧有没有折断，铆钉有没有松动
2. 测量摩擦衬片铆钉头深度	铆钉头应低于摩擦衬片工作表面0.5mm	5. 检查压盘轴向圆跳动	用百分表测量压盘轴向圆跳动，应符合技术要求
3. 测量摩擦衬片轴向圆跳动	用百分表测量摩擦衬片轴向圆跳动，应符合技术要求	6. 检查离合器盖	检查离合器盖有没有变形，有无裂纹等

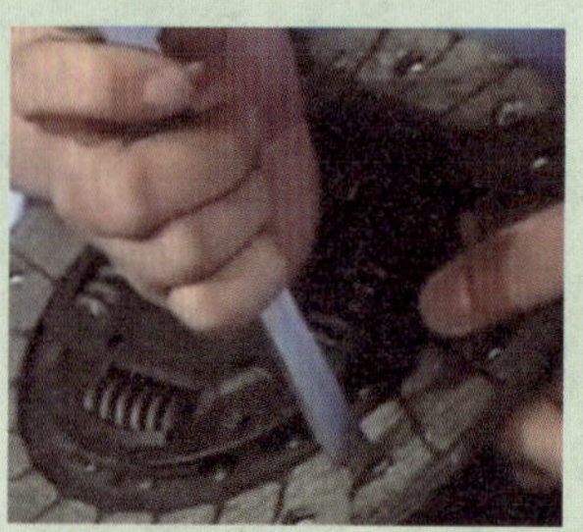

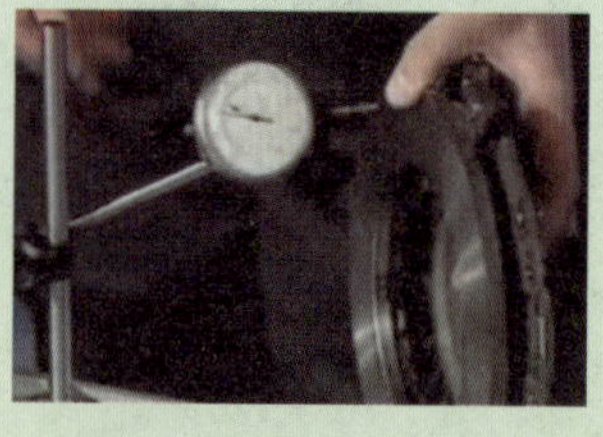

【知识链接】：离合器的功用、要求、分类与结构组成（表11-4）

表11-4　离合器的功用、要求、分类与结构组成

离合器	说　明
功用	① 使发动机与传动系统逐渐接合，保证汽车平稳起步 ② 暂时切断发动机的动力传递，保证变速器平顺换档 ③ 限制所传递的转矩，防止传动系统过载
要求	① 保证可靠地传递发动机的最大转矩，又能防止传动系统过载 ② 接合时应平顺柔和，保证汽车平稳起步，减少冲击 ③ 分离时应迅速彻底，保证变速器换档平顺 ④ 旋转部分的平衡性好，且从动部分的转动惯量小 ⑤ 具有良好的通风散热能力，防止离合器温度过高 ⑥ 操纵轻便，以减轻驾驶人的劳动强度
分类	① 摩擦式离合器：指利用主、从动部分的摩擦作用来传递转矩的离合器。目前在汽车上广泛采用 ② 液力变矩器：指利用液体作为传动介质的离合器，用于自动变速器 ③ 电磁离合器：指利用磁力传动的离合器，如在空调中应用的就是这种离合器
结构组成（以膜片弹簧式离合器为例）	汽车上应用的多是这种离合器 摩擦式离合器的组成 **主动部分** 离合器主动部分由飞轮、离合器盖和压盘等组成。离合器盖是用低碳钢冲压制成的，其特点是重轻、维修拆装方便。为保证离合器与飞轮同心，离合器盖通过定位销定位，固定装在飞轮上 离合器盖的侧面制有通风口，当离合器旋转时，热空气就由此抽出，以加强通风 由于压盘承受很大的机械负荷，为了防止变形，常用强度和刚度都比较大且耐热性都比较好的高强度铸铁制成 **要求**：压盘和飞轮的工作面须平整光洁 压盘和离合器盖之间是通过周向均布的三组或四组传动片来传递转矩的。传动片用弹簧钢片制成，每组两片，其一端用铆钉铆接在离合器盖上，另一端则用螺钉与压盘相连接。在离合器分离和接合过程中，依靠弹簧片的弯曲变形使压盘前后移动。正常工作时，离合器盖通过传动片拉动压盘旋转，从而对压盘起传动、导向和定心的作用	膜片弹簧式离合器具有结构简单、轴向尺寸小、压紧力分布均匀、弹性性能好、能自动调节压紧力、操纵轻便、高速时压紧力稳定、分离杠杆平整无需调整等优点，因而在中小型汽车上广泛使用

(续)

离合器	说明
结构组成（以膜片弹簧式离合器为例）	**压紧机构与分离机构** 压紧机构与分离机构由膜片弹簧、枢轴环、压力板、金属带及收缩弹簧组成，膜片弹簧的形状像一个碟子，它是在一个具有锥形面的钢圆盘上开有许多径向切口，形成了一排有弹性的杠杆。在切口的根部都钻有孔，以防止应力集中。真正产生压紧力的，仅仅是钻孔以外的部分 膜片弹簧离合器的主要特点是用一个膜片弹簧代替传统的螺旋弹簧和分离杠杆。开有径向槽的碟形膜片弹簧，既起压紧机构的作用，又起分离杠杆的作用，使离合器的结构大为简化，缩短了离合器的轴向尺寸。并且由于膜片弹簧和压盘是环形接触，可保证压盘上的压力均匀，接合平顺。由于膜片弹簧本身的特性，当摩擦衬片磨损变薄时，弹簧压力变小，传动可靠性高，不易打滑以及维持离合器在分离状态时所需的力量较小，操纵轻便 枢轴环装在膜片弹簧外侧，当膜片弹簧工作时，它作为枢轴而工作。收缩弹簧连接膜片弹簧和压力板，将膜片弹簧的运动传给压力板 膜片弹簧式离合器具有结构简单、轴向尺寸小、压紧力分布均匀、弹性性能好、能自动调节压紧力、操纵轻便、高速时压紧力稳定、分离杠杆平整无需调整等优点，因而在中小型汽车上广泛使用 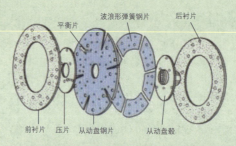 **从动部分（主要部件是从动盘）** 不带扭转减振器的从动盘 由两片摩擦衬片、从动盘钢片、弹簧钢片、从动盘毂等组成。从动盘钢片通常是用薄弹簧钢板制成，并与从动盘毂铆在一起，其上开有辐射状的槽，可有效地防止热变形。摩擦衬片应有较大的摩擦系数及良好的耐磨性和耐热性。摩擦衬片是用石棉（或加铜丝、铝丝等）、黏合剂及其他辅助材料经热压合制成。衬片和从动钢片之间一般用铜或铝铆钉铆接，也有的用树脂粘接

（续）

离合器	说 明
结构组成（以膜片弹簧式离合器为例）	**从动部分（主要部件是从动盘）** 带扭转减振器的从动盘 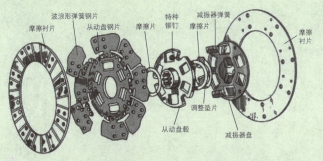 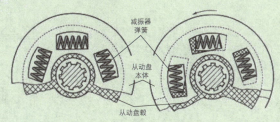 由于发动机传到汽车传动系统的转速和转矩是周期性地不断变化的，这会使传动系统产生扭转振动；另一方面由于汽车行驶在不平的道路上，使汽车传动系统出现角速度的突然变化，也会引起上述扭转振动。这些都会使传动系统零件寿命缩短，甚至损坏零件。为了消除扭转振动，避免共振，防止传动系统过载，多数离合器从动盘中装有扭转减振器 膜片弹簧式离合器具有结构简单、轴向尺寸小、压紧力分布均匀、弹性性能好、能自动调节压紧力、操纵轻便、高速时压紧力稳定、分离杠杆平整无需调整等优点，因而在中小型汽车上广泛使用 **离合器操纵机构** **机械式** **杆式**：最简单的杆式传动操纵机构由踏板、连接杆、调节螺母及踏板复位弹簧组成。调节螺母用螺纹与连接杆连接，从而可通过调节螺母来调节杆的工作长度，以实现踏板自由行程的调整。该操纵机构目前被广泛用于各类型汽车 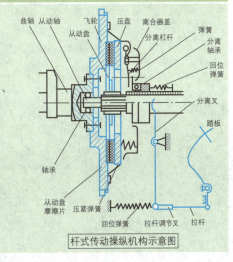 杆式传动操纵机构示意图

(续)

离合器	说 明
结构组成（以膜片弹簧式离合器为例）	**离合器操纵机构** **拉索式** 拉索式传动操纵机构可消除位移和变形等缺点，且可在一些杆式传动布置比较困难的情况下采用，多用于微、轻型汽车 **液压式** 液压式操纵机构一般由离合器踏板、离合器主缸（又称总泵）、工作缸（又称分泵）、分离叉、分离轴承和管路系统组成 **气压助力式** 为了减轻踏板操纵力，改善驾驶人的劳动条件，重型汽车上常在机械式或液压式操纵机构中装用助力器。装用助力器时，必须满足如下两点要求： ① 除了能减轻驾驶人的操纵力以外，离合器接合分离的程度、快慢、停动都应像普通机械式或液压式一样符合驾驶人的操作要求，能被驾驶人所感受，即能够"随动" ② 当助力器失效时，仍可用人力进行可靠的操纵 无论是机械传动还是液压传动的气压助力式操纵机构，所装用的助力器主要都是由伺服控制阀和助力缸组成，二者有的分开，有的装为一个整体

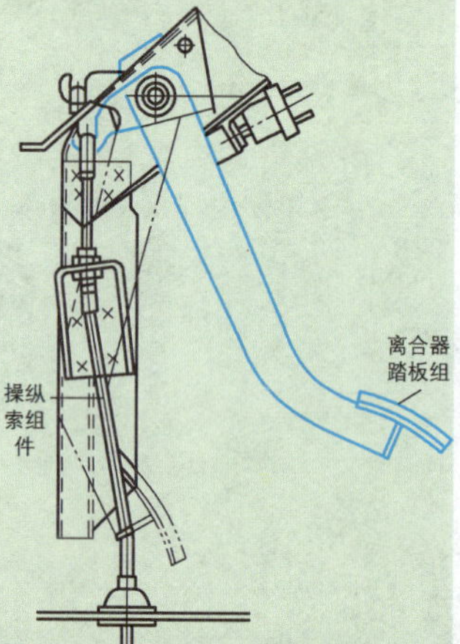

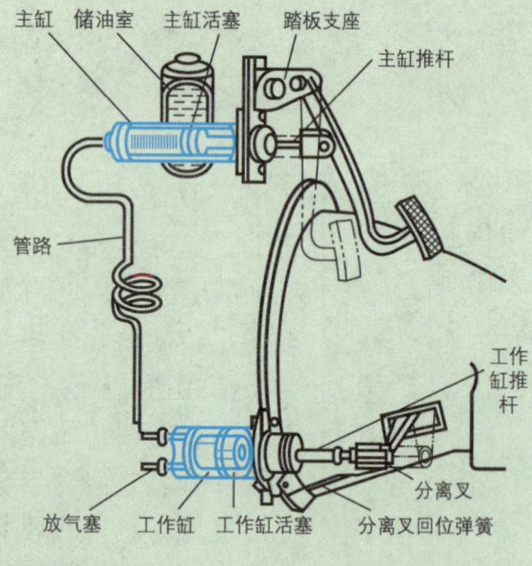

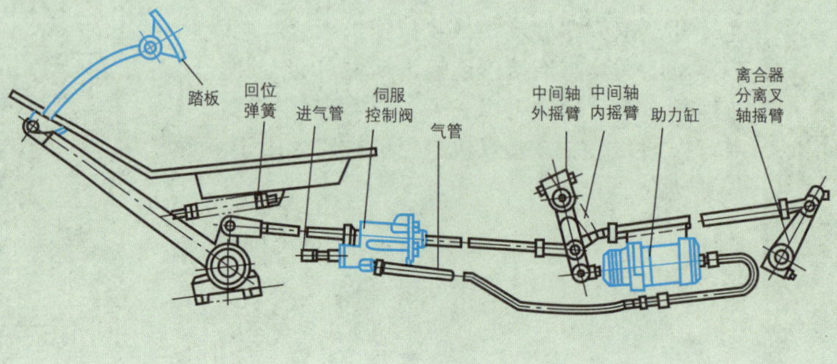

第二节 手动变速器

【实操图解1】：认知手动变速器（表11-5）
1. 工作场景：实训工厂，三轴手动变速器挂图。
2. 主要设备：工具车，工作台，世达工具。

手动变速器

表11-5 认知手动变速器

步骤	具体操作方法及要求	步骤	具体操作方法及要求
1.整体认识	能正确识别变速器的类型，了解变速器的作用、分类和工作原理	4.第一轴	能正确识别第一轴，了解第一轴的结构、作用及技术要求
2.变速器盖	能正确识别变速器盖，了解变速器盖的结构、作用及技术要求	5.第二轴	能正确识别第二轴，了解第二轴的结构、作用及技术要求
3.分离轴承	能正确识别分离轴承，了解分离轴承的结构、作用及技术要求	6.壳体	能正确识别壳体，了解壳体的结构、作用及技术要求

【实操图解2】：拆装手动变速器（表11-6）

1. 工作场景：实训工厂，桑塔纳2000轿车三轴手动变速器。
2. 主要设备：工具车，工作台，世达工具。

差速器

表11-6 拆装手动变速器

步骤	具体操作方法及要求	步骤	具体操作方法及要求
1. 分解壳体总成	在分解之前，应放掉变速器油	5. 取出五档齿轮及同步器总成	拆卸选档轴销钉，取出五档齿轮及同步器总成
2. 取出凸缘轴	拆卸凸缘轴固定螺钉，取出凸缘轴	6. 拆卸选档轴	拆卸选档轴 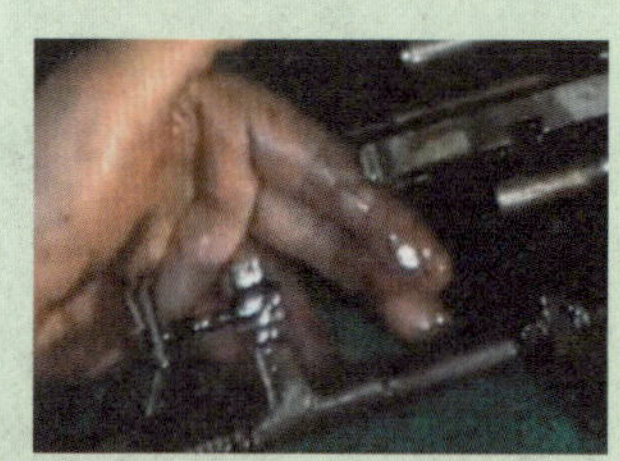
3. 拆卸差速器盖	拆卸差速器盖，取出差速器总成	7. 装配	在对零部件清洗、吹干后，按与拆卸相反的顺序安装 
4. 拆卸变速器后盖	拆卸变速器后盖的固定螺钉，分离出后盖总成		

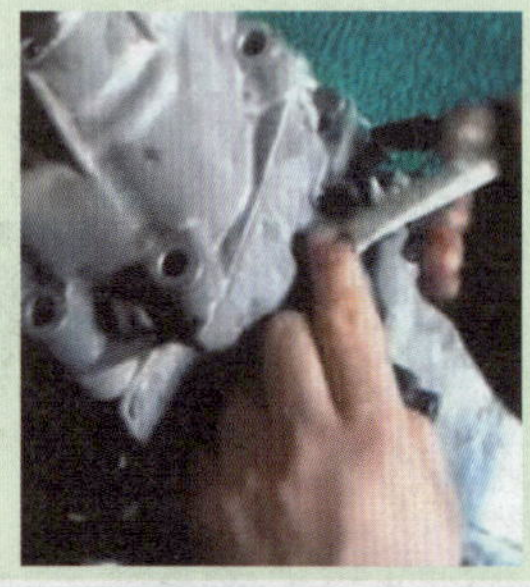

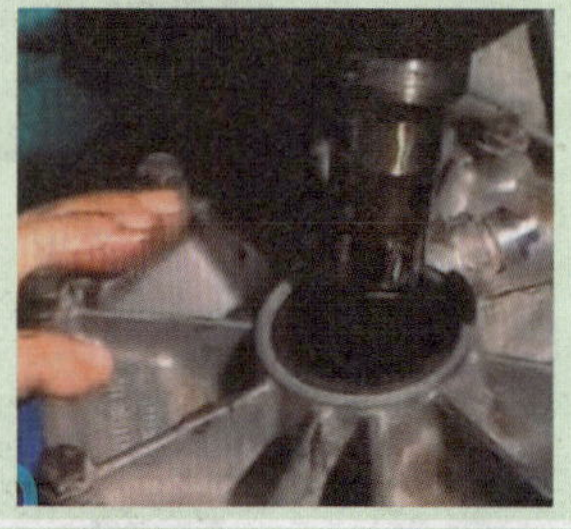

【实操图解3】：检修手动变速器（表11-7）

1. 工作场景：实训工厂，桑塔纳2000轿车三轴手动变速器。
2. 主要设备：工具车，工作台，世达工具。

表11-7　检修手动变速器

步骤	具体操作方法及要求	步骤	具体操作方法及要求
1. 齿轮检修	检查齿轮的磨损情况，以及轮齿有无折断、表面有无烧蚀等	3. 同步器的检修	检查同步器的性能
2. 主动轴和从动轴的检修	轴不应有裂纹，各轴颈及花键不应有严重磨损，轴上的固定齿轮不应有断齿和严重磨损，轴的径向圆跳动不得超过0.05mm	4. 变速器操纵装置的检修	检查变速器操纵装置的变速叉、拨叉轴、自锁及互锁装置是否完好

【知识链接】：变速器的功用及三轴式变速器的结构（表11-8）

表11-8　变速器的功用及三轴式变速器的结构

变速器	说明
功用	① 实现变速、变矩：汽车上所应用的发动机具有转矩变化范围小、转速高的特点，这与汽车实际的行驶状况是不相适应的。如果没有变速器而直接将发动机与驱动桥连接在一起，首先由于发动机的转矩小，不能克服汽车的行驶阻力，使汽车根本无法起步；其次假使汽车行驶起来，也会由于车速太高而不实用，甚至无法驾控。因此必须改造发动机的转矩、转速特性，使发动机的转矩增大、转速下降以适应汽车实际行驶的要求。变速器是通过不同的档位来实现这一功用的 ② 实现倒车：发动机的旋转方向从前往后看一般为顺时针方向，且不能改变，为了实现汽车的倒向行驶，变速器中设置了倒档 ③ 实现中断动力传递：在发动机起动、怠速运转、变速器换档、汽车滑行和暂时停车等情况下，都需要中断发动机的动力传递，因此变速器中设有空档

(续)

变速器	说 明
	传动机构
结构（以三轴式变速器为例）	采用齿轮传动机构，有输入轴、输出轴及中间轴。它通常广泛用于发动机前置后轮驱动的车辆上，如 EQ1092、CA1092 型载货车等 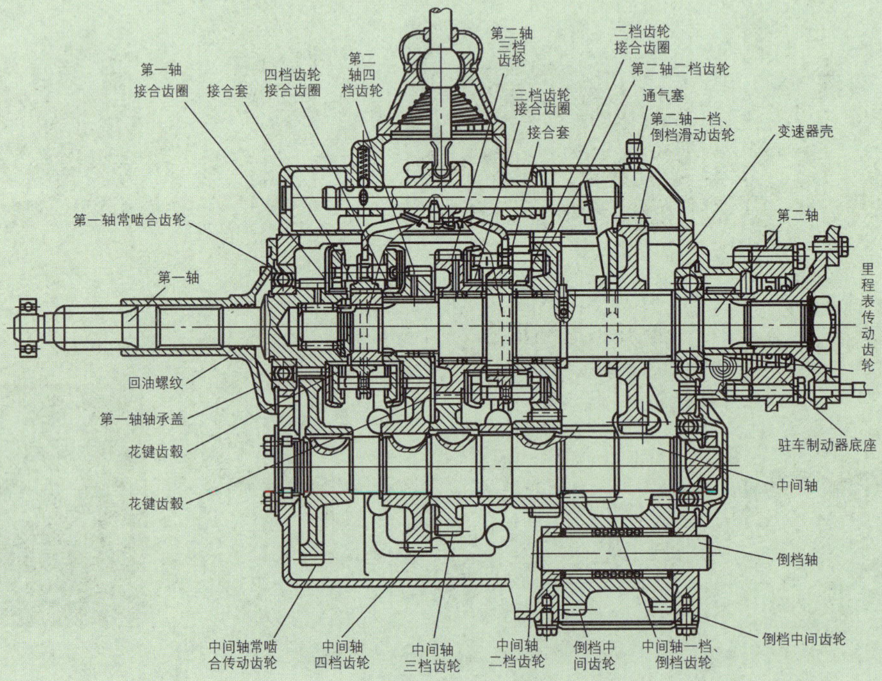 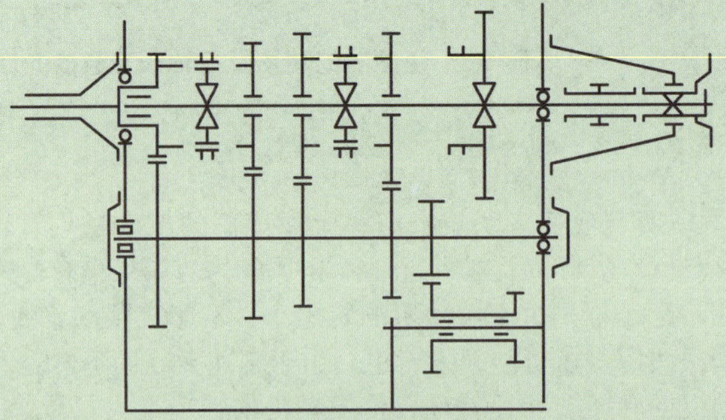 结构简图

（续）

变速器	说　明
	同步器
结构（以三轴式变速器为例）	变速器的换档操作，尤其是从高档向低档的操作比较复杂，而且很容易产生轮齿或花齿间的冲击。为了简化操作，避免齿间冲击，一般在变速器换档装置中设置了同步器 同步器的功用是使接合套与待啮合的齿圈迅速同步，缩短换档时间，且防止在同步前啮合而产生接合齿的冲击 同步器由同步装置（包括推动件、摩擦件）、锁止装置和接合装置组成。目前所采用的同步器几乎都采用摩擦惯性式同步装置，按锁止装置的不同，可分为锁环式和锁销式惯性同步器 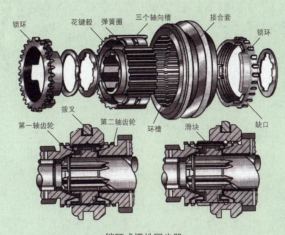 锁环式惯性同步器 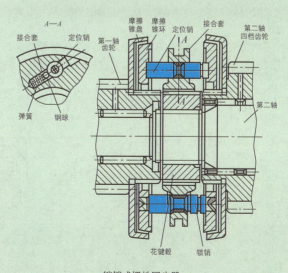 锁销式惯性同步器

（续）

变速器	说 明
结构（以三轴式变速器为例）	**换档操纵机构**（改变变速器的工作状态；对于机械式变速器，换档操纵均由驾驶人拨动变速杆再通过一套操纵机构来完成） **换档拨叉机构** 图示位置变速器处于空档，各个拨叉轴和拨块都处于中间位置，变速杆及叉形拨杆均处于正中位置。变速器要换档时，驾驶人首先向左右摆动变速杆，使叉形拨杆下端球头置于所选档位拨块的凹槽内，然后再向前或向后纵向摆动变速杆，使叉形拨杆下端球头通过拨块带动拨叉轴及拨叉向前或向后移动，从而实现换档 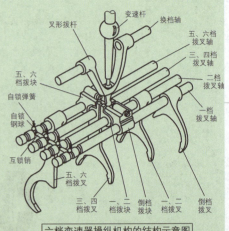 六档变速器操纵机构的结构示意图 **定位锁止机构** 自锁装置：所谓自锁就是对各档拨叉轴进行轴向定位锁止，以防止它自动产生轴向移动而造成自动挂档或自动脱档。大多数变速器的自锁装置都是采用定位钢球对拨叉轴进行轴向定位锁止的 如右图所示，在变速器盖的前端凸起部钻有三个深孔，在孔中装入自锁钢球及自锁弹簧，其位置正处于拨叉轴的正上方，每根拨叉轴对着钢球的表面沿轴向设有三个凹槽，槽的深度小于钢球的半径。中间的凹槽对正钢球时为空档位置，前边或后边的凹槽对正钢球时则处于某一工作档位置，相邻凹槽之间的距离保证齿轮处于全齿长啮合或是完全退出啮合 互锁装置：互锁装置的作用是阻止两个拨叉轴同时移动，即当拨动一根拨叉轴轴向移动时，其他拨叉轴都被锁止，从而可以防止同时挂入两个档位 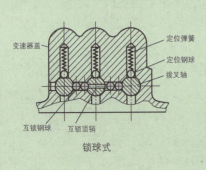 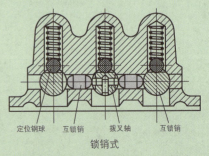 锁球式　　　　　　　锁销式

（续）

变速器	具体操作方法及要求
结构（以三轴式变速器为例）	倒档锁装置：倒档锁的作用是使驾驶人必须对变速杆施加较大的力，才能挂入倒档，起到提醒作用，防止误挂倒档，提高安全性。多数汽车变速器采用结构简单的弹簧锁销式倒档锁 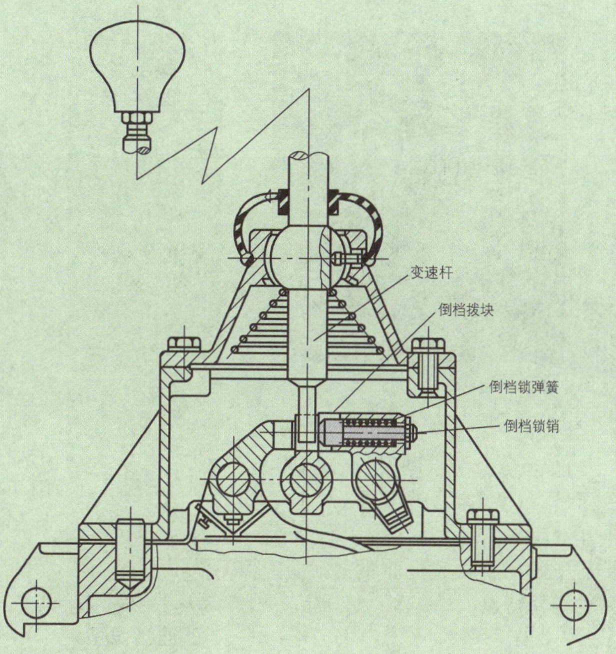

自动变速器结构原理

自动变速器工作原理

◆ 第三节　自动变速器 ◆

【实操图解1】：认知自动变速器（表11-9）

表11-9　认知自动变速器

步骤	说明	步骤	说明
1. 典型自动变速器识别之一	能正确识别自动变速器的类型，了解自动变速器的组成、结构、作用和工作原理 了解前置前驱自动变速器的结构特点 	4. 典型自动变速器识别之四	能正确识别自动变速器的类型，了解自动变速器的组成、结构、作用和工作原理 了解CVT自动变速器的结构特点 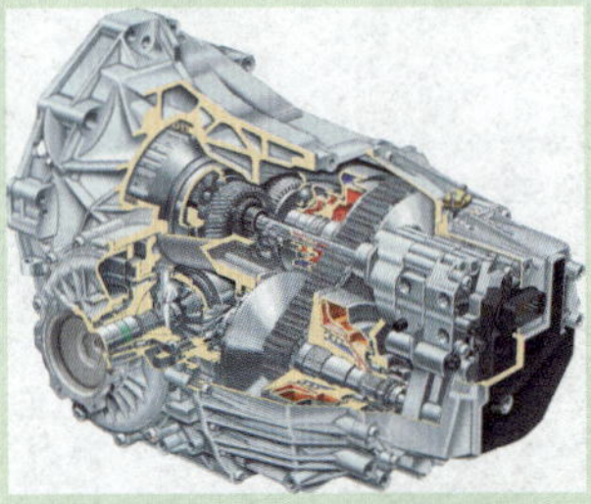
2. 典型自动变速器识别之二	能正确识别自动变速器的类型，了解自动变速器的组成、结构、作用和工作原理 了解横置发动机前驱自动变速器的结构特点 	5. 典型自动变速器识别之五	能正确识别自动变速器的类型，了解自动变速器的组成、结构、作用和工作原理 了解DSG自动变速器的结构特点 
3. 典型自动变速器识别之三	能正确识别自动变速器的类型，了解自动变速器的组成、结构、作用和工作原理 了解前置后驱自动变速器的结构特点 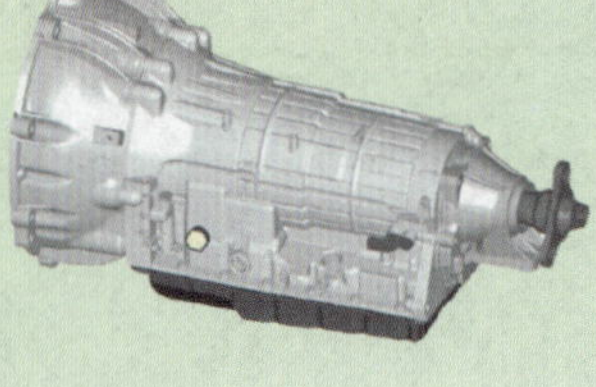	6. 液力变矩器	能正确识别液力变矩器的各零部件 

（续）

步骤	说 明	步骤	说 明
7. 行星轮	能正确识别各种形状的行星轮 	11. 单向离合器	能正确识别单项离合器（楔块式）
8. 离合器	能正确识别换档执行元件中的离合器 	12. 自动变速器型号	了解自动变速器型号标识：A—140E、F4A33、4T60E、41TE 自动变速器型号的含义
9. 制动器1	能正确识别换档执行元件中的制动器（片式） 分清制动器与离合器的区别	13. 自动变速器档位	了解自动变速器档位：能正确识别P、R、N、D等档位
10. 制动器2	能正确识别换档执行元件中的制动器（带式）		

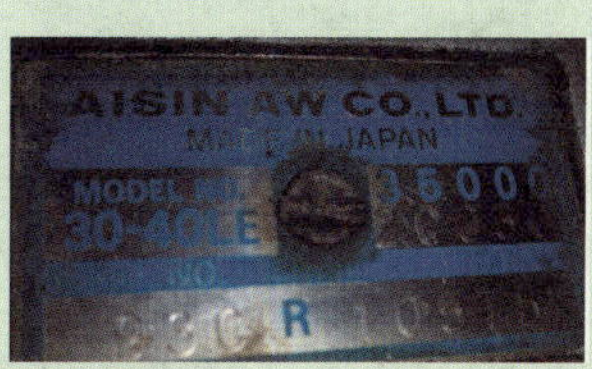

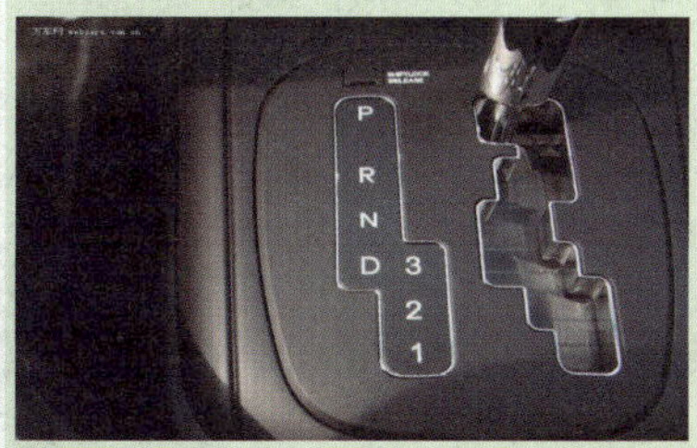

【实操图解2】：自动变速器的拆装与检修

以丰田 A341E 自动变速器拆装为例进行介绍（表 11-10~ 表 11-12）。

表11-10　自动变速器总成的拆卸

作业内容	具体操作方法及要求	作业内容	具体操作方法及要求
1. 空档起动开关拆卸	（1）利用 10mm 的梅花扳手拆卸控制轴杠杆固定螺母，取下控制轴杠杆 （2）利用 10mm 的梅花扳手拆卸空档起动开关固定螺栓，取下空档起动开关 （3）利用 10mm 的套筒工具拆卸速度传感器固定螺栓，取下速度传感器	4. 油底壳拆卸	（1）利用 10mm 的套筒工具对角方向拆卸油底壳固定螺栓后，用维修专用工具的刃部插入变速器与油底壳之间，切开所涂密封胶，小心不要损坏油底壳凸缘。注意：不能翻转变速器向上，否则油底壳底部的脏物有可能会污染阀体 （2）利用 10mm 的套筒工具拆卸机油滤清器固定螺栓，取下机油滤清器
2. 其他附件拆卸	（1）利用 10mm 的套筒工具拆卸 O/D 档直接离合器传感器，取下 O/D 档直接离合器传感器 （2）利用 10mm 的套筒工具拆卸节气门拉索夹固定螺栓	5. 拆卸液压阀板	（1）分开电磁阀插接器 （2）利用尖嘴钳拆卸与节气门阀连接的节气门阀拉索 （3）利用 10mm 的梅花扳手拆卸带爪弹簧固定螺栓 （4）利用 10mm 的套筒工具从两边向中间成对角拆卸阀体，取下阀体 （5）拆卸单向阀
3. 变速器前、后壳体拆卸	（1）利用 17mm 的套筒工具对角方向拆卸变速器前壳体，取下变速器前壳体 （2）拆卸变速器后壳体、速度表主动齿轮级速度传感器转子		

（续）

作业内容	具体操作方法及要求	作业内容	具体操作方法及要求
6.拆卸蓄能缓冲器	利用压缩空气拆卸蓄压缓冲器的活塞和弹簧。方法：用手指按住蓄压缓冲器活塞，从蓄压缓冲器活塞周围相应的油孔中吹入压缩空气，将减振器活塞吹出	9.拆卸超速档系统	（1）拆卸超速传动行星齿轮装置 （2）利用卡簧钳拆卸卡环 （3）拆卸超速传动制动器 B0 （4）分解超速档行星排 （5）利用拆装专用工具 SST 拆卸超速传动支座 （6）利用尖嘴钳和鲤鱼钳拆卸制动器 B1 活塞总成
7.拆卸停车锁止机构	（1）利用 10mm 的套筒工具拆卸驻车锁杆支架及驻车锁杆 （2）拆卸手动阀杠杆及手动阀杠杆轴	10.拆卸 C1、C2 组件	拆卸离合器 C1 和 C2 离合器总成 
8.取出液压油泵	将两个螺栓拧入自动变速器油泵螺栓孔内，将自动变速器油泵从变速器壳体中压出	11.拆卸制动带组件	（1）利用尖嘴钳拆卸制动带固定销 （2）拆卸制动带 

（续）

作业内容	具体操作方法及要求	作业内容	具体操作方法及要求
12. 拆卸前行星排齿轮组件	（1）拆卸前行星排齿圈 （2）拆卸前行星排行星架 （3）拆卸太阳轮 （4）拆卸单向离合器 F1 （5）利用卡簧钳拆卸制动器 B2 卡环 （6）拆卸第二档制动器 B2 	13. 拆卸后行星排齿轮组件	（1）拆卸后行星排行星架及单向离合器 F2 （2）利用卡簧钳拆卸第一档及倒档制动器 B3 卡环 （3）拆卸第一档及倒档制动器 B3。 （4）拆卸后行星排齿圈及输出轴 

表11-11　自动变速器总成零部件的检查

作业内容	具体操作方法及要求	作业内容	具体操作方法及要求
1. 超速档离合器 C0 的检查	检查超速档离合器的活塞行程：将油泵放到变矩器上，然后将超速档离合器总成放到油泵上。用 SST 和百分表测量超速档离合器行程。如图所示，充入的压缩空气的压力为 392.3~784.6kPa。活塞标准行程为 1.45~1.70mm，如果不符合标准，应检查离合器片 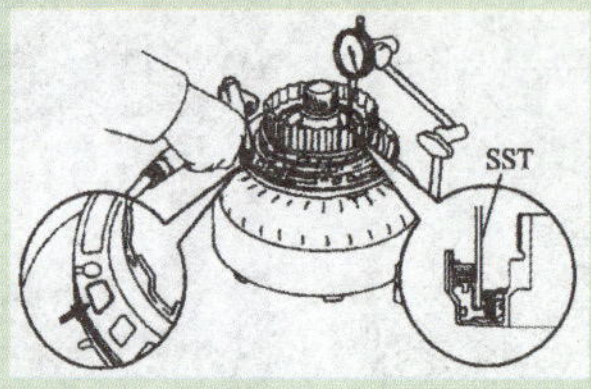	2. 前进档离合器 C1 的检查	检查前进档离合器的间隙：将超速档制动器支架放到合适的工作台上，再将前进档离合器放到超速档制动器支架上，如图所示，用 SST 和百分表，通过充入压缩空气（392.3~784.6kPa）来检查前进档离合器间隙。标准间隙为 0.70~1.00mm，如果间隙不符合标准，应检查离合器片 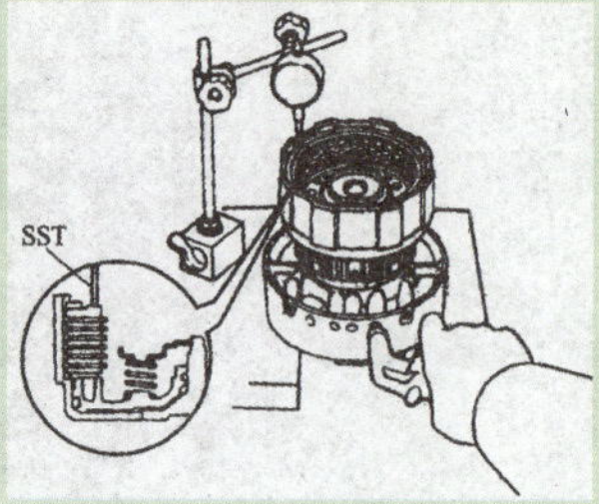

(续)

作业内容	具体操作方法及要求	作业内容	具体操作方法及要求
3. 直接档离合器 C2 的检查	检查直接档离合器活塞行程：将直接档离合器总成放到超速档制动器支架上，使用 SST 和百分表，充入 392.3~784.6kPa 的压缩空气测量直接档离合器活塞行程，如图所示。活塞行程应为 1.37~1.60mm，如果不符合标准，应检查离合器片 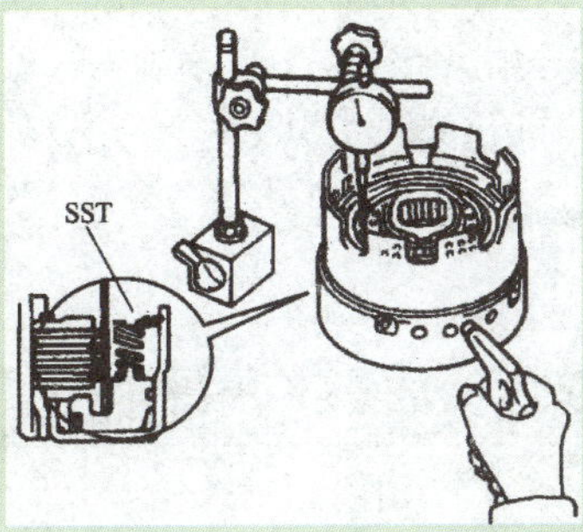	4. 离合器、制动器检查	（7）检查活塞回位弹簧的自由长度，若弹簧自由长度过小或有变形，应更换新弹簧；超速离合器活塞回位弹簧自由长度标准为 15.8mm，直接档离合器活塞回位弹簧自由长度标准为 23.8mm，高、倒档离合器活塞回位弹簧自由长度标准为 24.35mm （8）更换所有离合器液压缸活塞上的 O 形密封圈及轴颈上的密封环。新的密封圈或密封环应涂上少许液压油后装入 （9）片式制动器检查要求同上
4. 离合器、制动器检查	（1）检查离合器的摩擦片，如有烧焦、表面粉末冶金层脱落或翘曲变形，应更换。许多自动变速器的摩擦片表面印有符号，若这些符号已被磨去，说明摩擦片已磨损至极限，应更换。也可以测量摩擦片的厚度，若小于极限厚度，则应更换 （2）检查钢片，如有磨损或翘曲变形，应更换 （3）检查挡圈的摩擦面，如有磨损，应更换 （4）检查离合器的活塞，其表面应无损伤或拉毛，否则应更换新件 （5）检查离合器活塞上的单向阀，其球阀应能在阀座内活动自如，用压缩空气检查单向阀的密封性，从液压缸一侧向单向阀内吹气，密封性应良好，如有异常，应更换活塞 （6）检查离合器鼓，其液压缸内表面应无损伤或拉毛，与钢片配合的花键槽应无磨损，如有异常，应更换新件	5. 单向离合器的检查	检查超速单向离合器的锁止方向，如图所示。超速档单向离合器 F0 锁止方向的检查，应使该单向离合器外圈（行星架）相对于内圈（超速离合器鼓）在逆时针方向（由自动变速器前方看，下同）锁止，在顺时针方向可以自由转动。如有异响、卡滞或不能单向锁止等故障，应更换 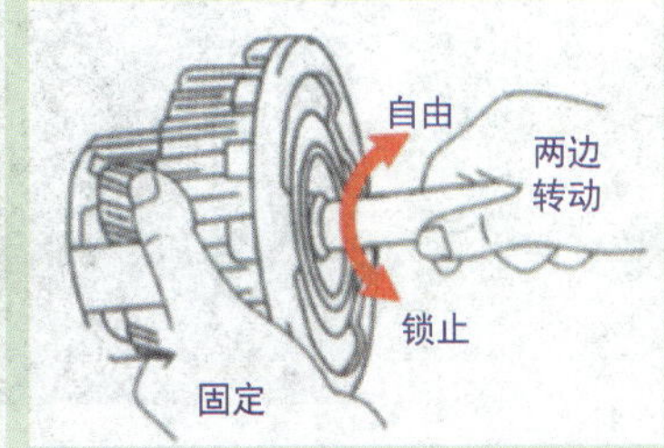

（续）

作业内容	具体操作方法及要求
6. 行星齿轮组检查	（1）检查太阳轮、行星轮和齿圈的齿面，如有磨损或疲劳剥落现象应更换整个行星排。该损坏的主要原因是齿轮机构在运行过程中缺少润滑以及使用时间过长造成的疲劳损伤，再就是零件本身质量原因 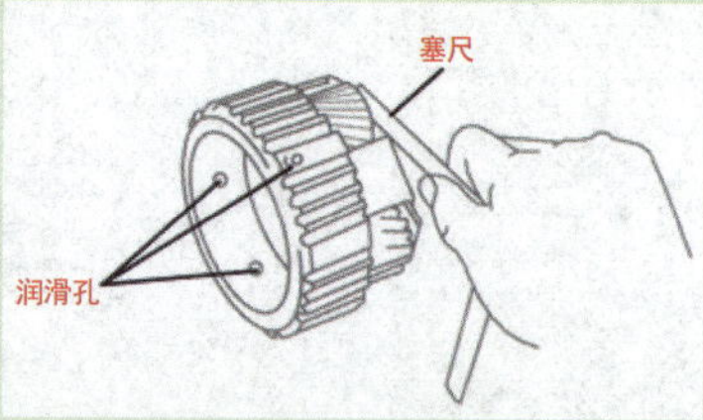 （2）检查行星轮与行星架之间的间隙，用塞尺检查行星轮与行星架之间的间隙，其标准值为 0.2～0.6mm，最大不得超过 1.0mm，如图所示，否则应更换止推垫片或整个行星轮组件。该组件损坏的主要原因有两个方面，一是缺少润滑；二是使用时间过长，达到预定使用寿命 （3）检查行星齿轮架上的润滑孔有无堵塞，如有，应进行疏通 （4）检查太阳轮、行星架、齿圈等零件的轴颈或滑动轴承

表11-12 自动变速器总成的安装

步骤	具体操作方法及要求	步骤	具体操作方法及要求
1. 安装后行星排总成	（1）安装后行星排总成、单向离合器 F2 及输出轴 （2）安装第一档及倒档制动器 B3、卡环及制动器鼓 （3）安装单向离合器 F1 （4）安装第二档制动器 B2 及卡环 （5）安装太阳轮 	2. 安装前行星排总成	（1）安装前行星排行星架 （2）安装前行星排齿圈 （3）安装离合器 C1 和 C2 （4）装入制动带 （5）利用尖嘴钳安装制动带固定销及制动器 B1 活塞总成 

（续）

步骤	具体操作方法及要求	步骤	具体操作方法及要求
3. 安装超速档总成	（1）安装超速档支架 （2）安装超速传动制动器 B0 及卡环 （3）安装超速行星排	5. 安装阀体	（2）连接阀板上的所有线束插头，装上节气门阀拉索，装上机油滤清器，并旋入螺栓，用扭力扳手以 10N·m 的力矩对称均匀拧紧螺栓
4. 安装油泵、驻车机构等	（1）安装自动变速器油泵。在装入时要使油泵壳体上的油道和变速器壳体上的油道对正，然后再将油泵装到位。注意不要损坏已经换新的 O 形圈，分次沿圆周方向对称均匀旋入连接螺栓，用扭力扳手以 22N·m 的力矩拧紧螺栓 （2）安装手动阀杠杆、手动阀杠杆轴、驻车锁杆支架及驻车锁杆 （3）安装蓄能缓冲器的活塞和弹簧 （4）安装单向阀	6. 安装前、后壳体及附件	（1）安装油底壳：将油底壳密封垫涂抹密封胶，粘在油底壳的接合面上，注意对正螺栓孔，将油底壳对正壳体下部的接合面，旋入螺栓，用扭力扳手以 7.3N·m 的力矩对称均匀拧紧 （2）安装自动变速器后部各件：将车速传感器感应转子装在输出轴上，装上自动变速器后端壳及密封垫，以 34N·m 的力矩对称均匀拧紧连接螺栓 （3）安装变速器前壳体，旋入螺栓，对称均匀拧紧螺栓 （4）安装外部各件：安装 O/D 档直接离合器传感器，固定螺栓拧紧力矩为 5.4N·m；安装速度传感器，固定螺栓拧紧力矩为 5.4N·m；安装档位开关，调整螺栓拧紧力矩为 13N·m，止动螺栓拧紧力矩为 6.5N·m，控制轴杠杆螺母拧紧力矩为 16N·m；安装节气门拉索夹固定螺栓，固定螺栓拧紧力矩为 5.4N·m
5. 安装阀体	（1）安装阀体及带爪弹簧，将阀板平稳地放在壳体上，各油道和螺栓孔要对正，将不同的固定螺栓按要求插入相应的螺栓孔中，按从中间向四周用扭力扳手以 10N·m 的力矩分次交叉拧紧固定螺栓。检查并用扭力扳手以 5.4N·m 的力矩拧紧节气门阀凸轮固定螺栓，用扭力扳手以 7.3N·m 的力矩拧紧驻车锁止棘爪支架螺栓		

【实操图解3】：自动变速器油的检查与更换（表11-13）

以雪佛兰科鲁兹轿车自动变速器为例，进行自动变速器油液的检查与更换。雪佛兰科鲁兹轿车自动变速器没有检查油尺，需采用溢油法进行检查。

表11-13 自动变速器油的检查与更换

作业内容	具体操作方法及要求	作业内容	具体操作方法及要求
1. 预热准备	（1）起动发动机并使发动机怠速运行约5min，或在可能的情况下，行车几公里，预热变速驱动桥油液。当变速驱动桥温度超过30℃时，检查液面 （2）在踩住制动踏板的同时，将变速杆拨到各个区段，在每个区段停几秒钟。将变速杆拨回驻车位置，如图所示 （3）举升并妥善支承车辆 （4）将废油收集桶放在变速器下面 注意：如果自动变速器油温度过高，尚未冷却，禁止拆卸放油螺塞、加油口螺塞。否则，极易导致烫伤	2. 油液液面高度检查	（1）用内六角工具拆卸加油口螺塞，如图所示 注意：此时，发动机必须处于怠速工作状态 （2）检查液面 1）如果在拆卸加油口螺塞时，便有自动变速器油从加油口流出，则表示液面过高。需要将多余的油液流干净，直到液面高度到达加油口下沿 2）需要加注少量油液后，才有自动变速器油从加油口流出，则表示液面高度正常。仍然需要将多余的油液流干净，直到液面高度到达加油口下沿 3）如果在添加一定量油液后，油液仍未从加油口流出，则液面高度过低，自动变速器油不满或存在泄漏。检查变速驱动桥是否泄漏。在调整变速驱动桥液面前，先排除泄漏故障 （3）用内六角工具安装加油口螺塞，拧紧力矩为45N·m （4）在液面检查程序结束后，用抹布或棉丝将变速驱动桥壳体上的油液擦干净

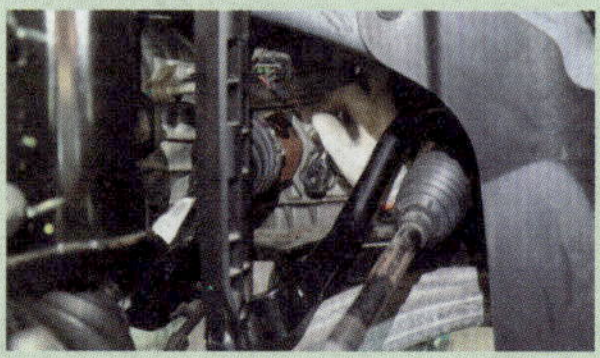

（续）

作业内容	具体操作方法及要求	作业内容	具体操作方法及要求
3. 油质检查	必须在打开加油口螺塞后，未进行任何自动变速器油添加时进行油质检查 （1）使用吸管从加油口吸出少量自动变速器油（10~20mL），放置在透明、干净的量杯中 （2）观察自动变速器油的颜色 （3）闻自动变速器油的气味 （4）观察自动变速器油在量杯内的沉淀物情况 （5）根据自动变速器油的颜色、气味、污染物的三项检查结果，确定该车自动变速器油是否需要更换	5. 更换后检查	（1）用内六角工具拆卸加油口螺塞，使用加注设备向自动变速器内加注新ATF，如图所示。直到ATF从加油口流出，安装加油口螺塞 （2）降下车辆，车轮悬空。起动发动机，在踩住制动踏板的同时，将变速杆拨到各个区段，在每个区段停几秒钟 （3）重复步骤（1）、（2）2~3次 注意：为了提高工作效率，可采用两个人配合，一人负责加注，一人负责起动发动机、档位操作 （4）在ATF达到正常工作温度时，再次进行油面高度调节：保持发动机工作，打开加油口螺塞，让多余的ATF流出 （5）等到ATF不再流出，按照标准力矩（45N·m）拧紧加油口螺塞 （6）在液面调整程序结束后，用抹布或棉丝将变速驱动桥壳体上的油液擦干净
4. 油液更换	（1）运行发动机至热车后，发动机熄火 （2）举升并妥善支承车辆 （3）将废油收集桶放在放油塞下 （4）用工具拆卸自动变速器放油螺塞，如图所示 （5）排放旧自动变速器油时，应使用油液容器承接 注意：如果自动变速器油温度过高，尚未冷却，禁止拆卸放油螺塞、加油口螺塞，否则极易导致烫伤 （6）在旧自动变速器油排放结束后，按照标准转矩（45N·m）拧紧放油螺塞		

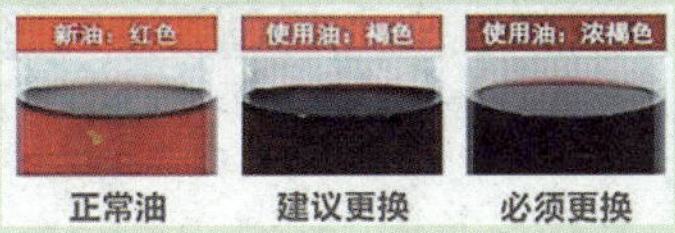

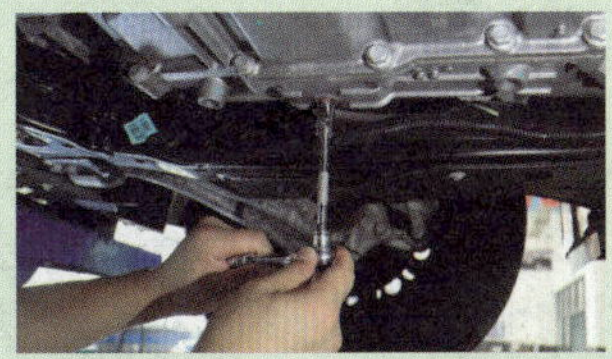

第四节 驱动轴

【实操图解】：检查驱动轴（表11-14）

1. 设备：整车，工作台，举升机。
2. 工具：车轮挡块，地板垫，座椅套，方向盘套，翼子板布，前格栅布，手套，手电筒。

表11-14 检查驱动轴

步骤	具体操作方法及要求	步骤	具体操作方法及要求
1. 工具准备	（1）准备好所需工具 （2）工具要齐全，摆放要整齐	4. 检查卡箍安装状况	（1）检查外侧护套卡箍有无锈蚀、损坏 （2）检查外侧护套卡箍安装有无松动 （3）检查内侧护套卡箍有无锈蚀、损坏 （4）检查内侧护套卡箍安装有无松动 （5）同样检查另一侧内、外侧护套卡箍有无锈蚀或损坏，安装有无松动
2. 车辆防护与预检	（1）安装车轮挡块，安装车内三件套 （2）拉起驻车制动杆，降下驾驶人侧车窗玻璃，拉发动机舱盖释放杆 （3）打开发动机舱盖，安装翼子板布和前格栅布 （4）进行发动机预检		
3. 检查驱动轴护套	（1）举升车辆至合适高度 （2）偏转车轮至极限位置，转动车轮 （3）检查外侧护套有无开裂、渗漏 （4）检查内侧护套有无开裂、渗漏 （5）同样检查另一侧内、外侧驱动轴护套有无开裂、渗漏	5. 车辆、工具复位	（1）下降车辆至地面 （2）取下车内、外防护用品 （3）车辆复位，清洁车身 （4）清洁并整理工具 注意：在操作过程中要体现5S管理法

【知识链接】：车辆的驱动方式、驱动轴的结构组成及万向节的类型（表11—15）

驱后桥

表11-15　车辆的驱动方式、驱动轴的结构组成及万向节的类型

类别	说　　明
车辆的驱动方式	**发动机前置 / 前驱（FF）** 　　发动机布置在车辆前部，前轮既是转向轮，又是驱动轮，有两根驱动半轴分置于车辆前部，故乘员室内宽敞、舒适，广泛用于轿车 **发动机前置 / 后驱（FR）** 　　发动机布置在车辆前部，后轮是驱动轮，有一根长驱动轴贯穿整个车身，故乘员室底部有一凸起，对空间有所影响；但车辆有很好的重平衡，转向轮与驱动轮分开，故其控制性和稳定性很好，被广泛用于中、高级轿车 发动机前置/前驱　　　　　　　　　发动机前置/后驱 **发动机后置 / 后驱（RR）** 　　发动机布置在车辆后部，后轮是驱动轮，有两根驱动半轴分置于车辆后部，故乘员室内宽敞、舒适，车辆尾部不能设置行李箱，被广泛用于大型客车 **发动机前置 /4 驱（4WD）** 　　发动机布置在车辆前部，前、后轮都是驱动轮，故它可以稳定的方式在很差的路况下行驶，常用于越野车 发动机后置 / 后驱　　　　　　　　发动机前置 /4 驱

（续）

类别	说 明
驱动轴的结构组成	发动机驱动力经传动桥，通过驱动轴传递给车轮，常用于带独立悬架系统支撑的驱动轮车辆 如果驱动轴护套损坏，将导致传动装置万向节润滑不良，从而影响机械使用寿命及驱动力的输出 检查间隔：20000km 或 1 年 维护项目： ① 检查驱动轴护套 ② 检查卡箍的安装状况
万向节的类型（装在驱动轴尾端）	**球笼式万向节** 由内、外球笼及几个钢珠组成，优点在于速度性能稳定，被广泛用于小型车辆 **三轴式万向节** 由三个滑动滚子组成，在速度性能稳定方面稍差于球笼式万向节，但其结构简单并可轴向滑移 球笼式　　　　三轴式 **十字槽式万向节** 使用多个钢珠，在振动、噪声和恒定的速度等方面具有优良性能 十字槽式

万向传动装置

第十二章 行驶系统

◆ 第一节 悬架 ◆

汽车悬架系统运动动画

【实操图解1】：非独立悬架的检修（表12-1~表12-2）

表12-1 悬架检查

步骤	具体操作方法及要求	步骤	具体操作方法及要求
1.检查减振器减振力	通过上下摇动车身确定减振器的缓冲力大小，并且检查车身停止摇动需要花多长时间。方法：用力按下保险杠，然后松开，如果汽车有2~3次跳跃，则说明减振器工作良好 	3.检查工作温度	使汽车在道路条件较差的路面上行驶10km左右后停车，用手摸减振器外壳，如果不够热，说明减振器内部无阻力，减振器工作不良。若左、右两个减振器温度一高一低，且温度相差过大，则温度低的减振器工作不良 
2.检查车辆倾斜	目测检查车辆是否倾斜，如图所示。如果车辆倾斜，则需要验证下述各项：轮胎气压，左、右轮胎或者车轮尺寸的偏差；不均匀的车辆负荷分配。再根据情况采取不同的处理方法 	4.泄漏情况	举升车辆，检查减振器外部有无油迹，如图所示，说明减振器漏油。减振器一般不进行修理，出现故障的减振器必须成对更换 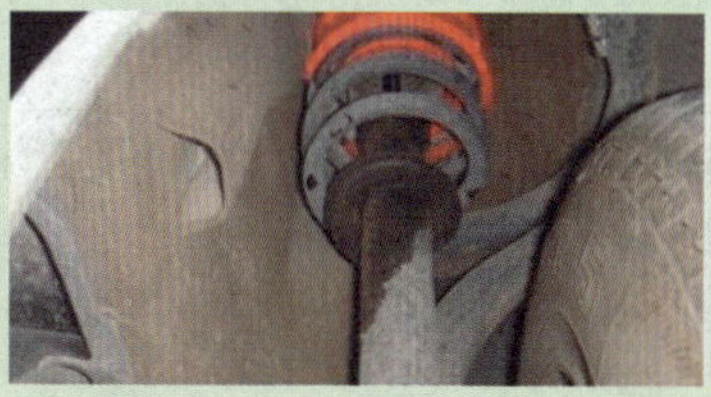

表12-2　后减振器总成的拆卸和安装

步骤	具体操作方法及要求	步骤	具体操作方法及要求
1. 准备工作	（1）车辆停放周正，安装防护用品 （2）拆卸轮胎 （3）举升车辆至合适位置 （4）取下轮胎 	3. 拆卸减振器上螺栓	拆卸减振器上固定螺栓 此螺栓为一次性使用零件，需要换新件 
2. 支承后桥	（1）在左、右车轮下方垫上合适厚度的软垫 （2）放下举升机小剪，使车轮下方抵住软垫，以车身的重量压缩螺旋弹簧（压至合适的位置即可） 	4. 拆卸减振器下螺栓	拆卸减振器下固定螺栓 此螺栓为一次性使用零件，需要换新件 

（续）

步骤	具体操作方法及要求	步骤	具体操作方法及要求
5. 取出减振器	取出减振器，并检查减振器的工作情况 	8. 安装减振器	（1）安装新的减振器上固定螺栓，并紧固至 100N·m （2）安装新的减振器上固定螺栓，并紧固至 150N·m+60°
6. 取出螺旋弹簧	缓缓地举升车辆（小剪），卸去后桥螺旋弹簧的压力，直至螺旋弹簧离开支座 取出螺旋弹簧及上、下隔振垫，并检查 	9. 安装车轮	举升车辆至合适位置，取出车轮下方软垫 安装轮胎 将举升机放下，紧固轮胎螺栓至规定转矩 按5S要求，做好结束工作
7. 安装螺旋弹簧	（1）在弹簧上安装好上、下隔振垫 （2）如图所示安装弹簧，将弹簧标签朝向车辆的后部，确保弹簧下部固定在下弹簧座上，上部对准上弹簧座 （3）缓缓地降下车辆，利用车身的重量压缩弹簧，直至螺旋弹簧完全落座 		

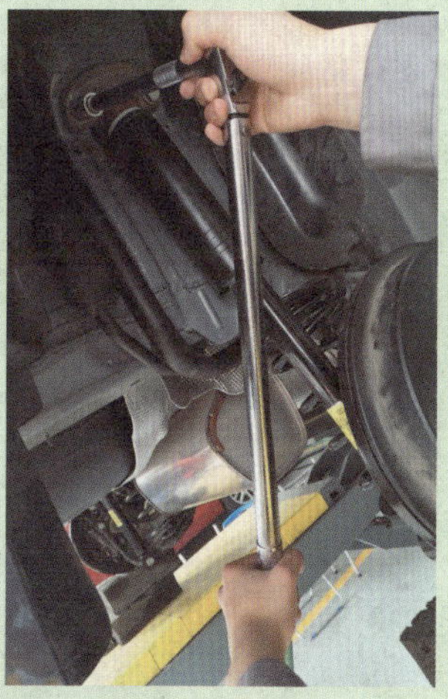

【实操图解2】：独立悬架的检修（表12-3~表12-5）

独立悬架

表12-3 前减振器总成的拆卸

步骤	具体操作方法及要求	步骤	具体操作方法及要求
1. 准备工作	（1）车辆停放周正，安装防护用品 （2）拆卸轮胎 （3）举升车辆至合适位置	5. 降下车辆	（1）降下车辆，打开发动机舱盖 （2）取下减振器支座防尘罩
2. 取下制动软管	将制动软管从减振器柱管支架上分离	6. 拆卸减振器支座螺母	（1）用专用扳手，拆卸减振器支座固定螺母 （2）取下减振器支座板
3. 拆卸转向节螺母及螺栓	拆卸减振器与转向节连接螺母，取出螺栓 此螺栓、螺母为一次性使用零件，需要换新件	7. 取出减振器总成	（1）将减振器总成从转向节上分离 （2）将前减振器总成从车辆上取出
4. 拆卸稳定杆螺母	用专用工具拆卸稳定杆与减振器柱管连接螺母 此螺母为一次性使用零件，需要换新件		

表12-4 前减振器总成的分解

步骤	具体操作方法及要求	步骤	具体操作方法及要求
1. 专用压具准备	（1）准备好专门的螺旋弹簧压缩工具 （2）将减振器总成固定在专用压具上 	4. 松开压具	松开压具，检查减振器各零部件
2. 压缩弹簧	（1）调整好压具上的固定压板及活动压板 （2）均匀用力将压具压下，压缩螺旋弹簧至合适位置 	5. 检查减振器工作情况	用拉压法检查减振器工作情况
3. 拆卸减振器支座螺母	（1）使用专用工具拆卸减振器支座固定螺母 （2）依次取下隔振垫垫圈、支座隔振垫总成、支座轴承总成、减振垫、支柱防尘罩等	6. 减振器组装	（1）将减振器固定在专用压具上 （2）依次装入：减振器下隔振垫、弹簧、防尘罩、减振垫、支座轴承、支座隔振垫、隔振垫垫圈 （3）调整好专用压具的固定压板及活动压板，压住螺旋弹簧，均匀用力压下，压缩螺旋弹簧至合适位置 （4）用专用工具装上减振器支座固定螺母，并紧固至70N·m （5）放松压具，将减振器总成从压具上取下，准备装车

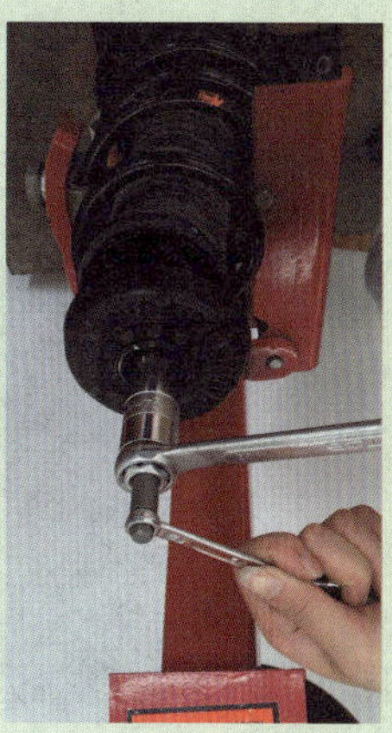

表12-5 前减振器总成的安装

步骤	具体操作方法及要求	步骤	具体操作方法及要求
1. 安装减振器支座固定螺母	（1）将减振器总成从车辆下方装入至减振器支座 （2）装入支座板 （3）用专用工具安装支座固定螺母，并紧固至45N·m （4）装上支座防尘罩 	4. 安装制动软管	将制动软管安装至减振器柱上
2. 连接转向节	（1）将减振器柱插入转向节 （2）安装新的转向节螺母和螺栓，紧固至90N·m，再转60°~70°紧固	5. 安装前轮	（1）安装前轮和车轮总成，按规定力矩紧固 （2）降下车辆 （3）按5S要求，做好结束工作
3. 安装稳定杆连杆螺母	安装新的稳定杆连杆螺母，并紧固至65N·m		

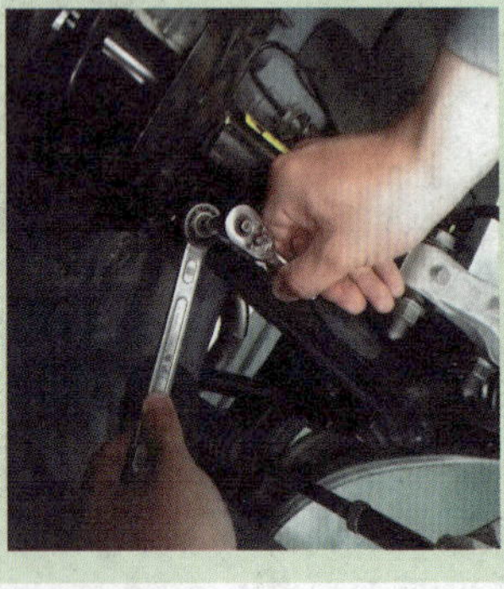

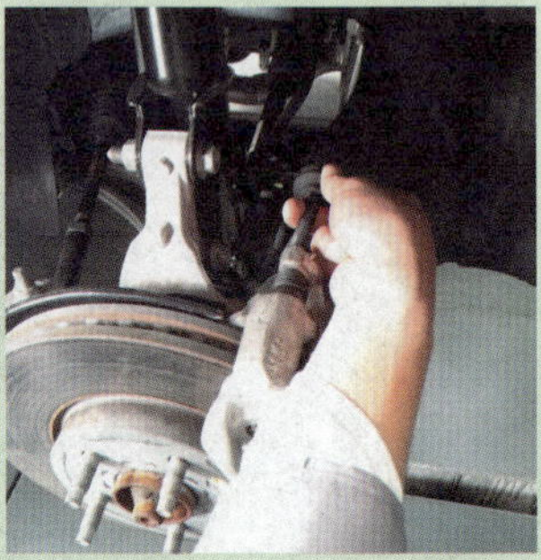

第二节 车轮与轮胎

【实操图解1】：检测车轮与轮胎（表12-6）

1. 设备：整车，工作台，举升机。
2. 工具：车轮挡块，地板垫，座椅套，方向盘套，翼子板布，前格栅布，轮胎气压表，轮胎架，花纹深度规，肥皂水，刷子，成套世达工具，气动扳手。

表12-6 检测车轮与轮胎

步骤	具体操作方法及要求	步骤	具体操作方法及要求
1. 工具准备	（1）准备实操所需工具 （2）工具要齐全，摆放要整齐 	3. 拆下车轮	（1）举升车辆至合适高度 （2）拆下待检车轮（如果检查备胎，打开行李箱取出即可） （3）将待检车轮放在架上
2. 车辆防护与预检	（1）安装车轮挡块，安装车内三件套 （2）拉起驻车制动杆，降下驾驶人侧车窗玻璃，拉发动机舱盖释放杆 （3）打开发动机舱盖，安装翼子板布和前格栅布 （4）进行发动机预检	4. 检查胎面、胎侧	（1）将车轮至少旋转1圈 （2）检查胎面、胎侧是否有异常磨损 （3）检查胎面、胎侧是否有裂纹和损坏 注意：如有较大裂纹、割痕（能看到帘布层），应更换轮胎

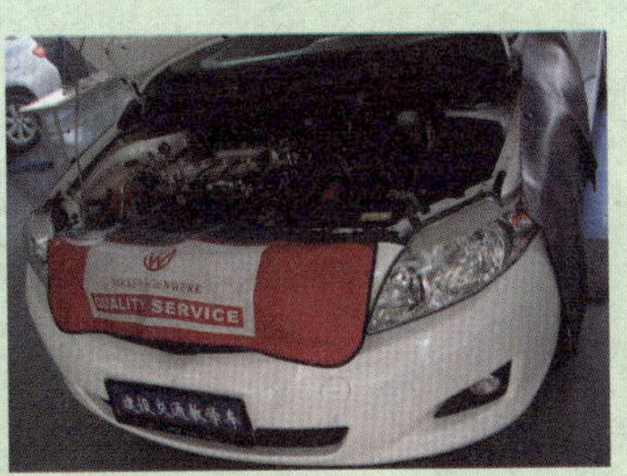

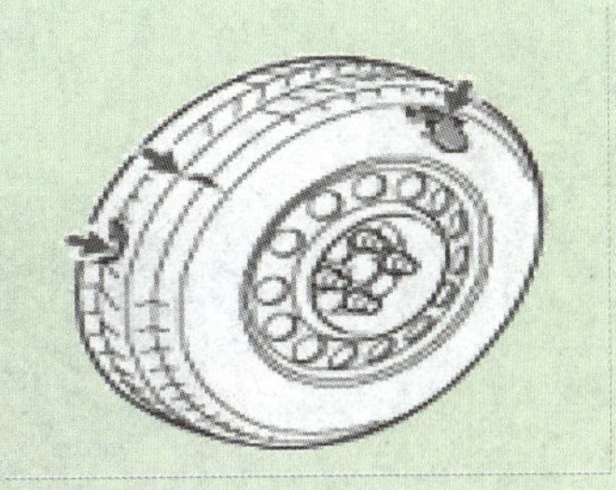

（续）

步骤	具体操作方法及要求	步骤	具体操作方法及要求
5. 检查轮胎花纹槽	（1）将车轮至少旋转1圈 （2）目视检查花纹槽内是否嵌入金属等异物 注意：如嵌入任何金属、玻璃等颗粒，或较大石子，应取出	8. 检查气门芯	（1）用刷子在气门芯上涂抹肥皂水 （2）观察气门芯有无气泡冒出 （3）清洁气门芯 （4）旋上气门芯帽 注意：如气门芯漏气，应调整或更换
6. 测量花纹深度	（1）清洁轮胎花纹深度规 （2）进行校零 （3）沿车轮圆周方向均匀分三次测量各沟槽深度 （4）读出并记录测量值 注意：测量时避免沟槽内磨损指示凸块；读数时目光应平视刻度线；如低于1.6mm，应更换轮胎	9. 检查轮辋	目视检查轮辋（钢圈）有无变形、腐蚀或损坏 注意：如轮辋变形或损坏严重，需更换
7. 检查轮胎气压	（1）清洁轮胎气压表 （2）进行校零 （3）旋下气门芯帽，接上气压表 （4）读出并记录气压数值 注意：如轮胎气压不符合要求，需相应调整	10. 车辆、工具复位	（1）装复车轮，并降下车辆 （2）取下车内、外防护用品 （3）车辆复位，清洁车身 （4）清洁并整理工具 注意：在操作过程中要体现5S管理法

【实操图解2】：检测车轮定位（以阿波罗四轮定位仪操作为例，表12-7）

1. 工作场景：实训工厂，轮胎挂图。
2. 主要设备：部分实物或图片。

表12-7 检测车轮定位

步骤	具体操作方法及要求	步骤	具体操作方法及要求
1.认识阿波罗四轮定位仪	阿波罗四轮定位仪主要由可移动式机柜1台、打印机1台、夹具4个、转向盘2个、方向锁1把、制动锁1把、标定架1个、通信电缆1套和用户手册1本	3.安放制动踏板固定器	安放制动踏板固定器固定车身，将车举升到测量工位，取出转角盘和侧滑板固定销，并将车身举至测量工位
2.将汽车开上举升工位	将汽车开上举升工位之前，要将转角盘和侧滑板固定销插上，汽车驶入时确保车轮分别落入转角盘和侧滑板的中间位置，拉上驻车制动器杆	4.开机	先分别将4个传感器电源打开，再打开电脑主机电源，电脑会自动运行四轮定位系统。启动定位软件后，注意观察"通信方式""端口号""波特率"，注意进入软件的模式是否正确，确认无误后，点击"定位系统"进入软件待机画面

（续）

步骤	具体操作方法及要求	步骤	具体操作方法及要求
5. 安装夹具及传感器	将夹具分别横向牢固安装在4个轮圈上，再将传感器挂在夹具上，适当锁紧	8. 调节传感器水平	首先根据画面引导将前轮打直，画面会自动出现4个水平泡，此时分别调节传感器水平，直到电脑画面水平泡消失
6. 检测传感器通信状况	按Ctrl+E键观察屏幕画面，等到4个传感器通信参数出现"OK"，表示正常，按Esc键返回待机画面	9. 测量定位角度	在完成传感器水平调节后，软件自动测量并进入到下一画面，根据画面提示转动方向盘，先左打方向盘，再右打方向盘，最后打正方向盘，之后软件自动进入到显示测量出的角度值及与之对比的标准值  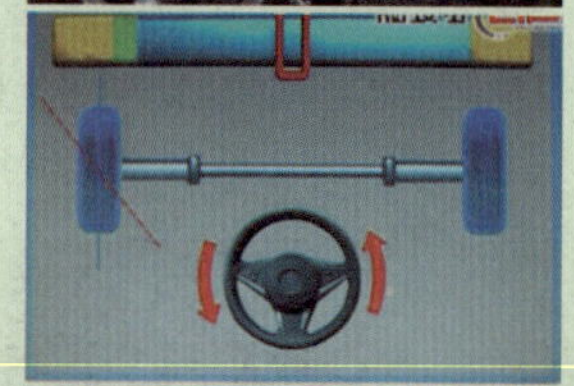 
7. 选择标准车规数据	按F4键进入车型菜单，按上下键选择所检测的车型，再按F4键进入标准车规数据数据画面，继续按F4键进入测量程序	10. 调整后轮定位角度	调整时先调外倾角，再调前束。要根据指针指示进行调整，当指针调到中段时表示达到标准值范围，在红色区域表示超标。调整完后轮角度后，按F4键进入锁方向盘操作 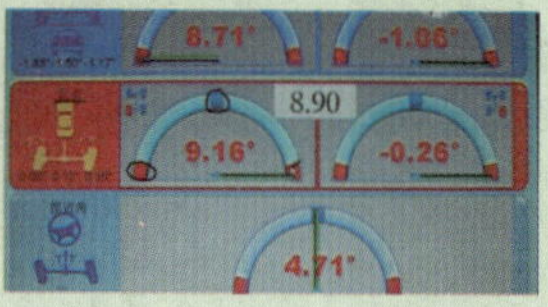

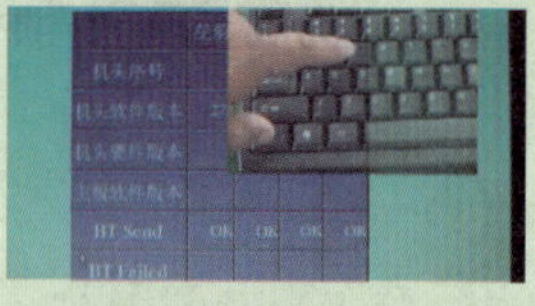

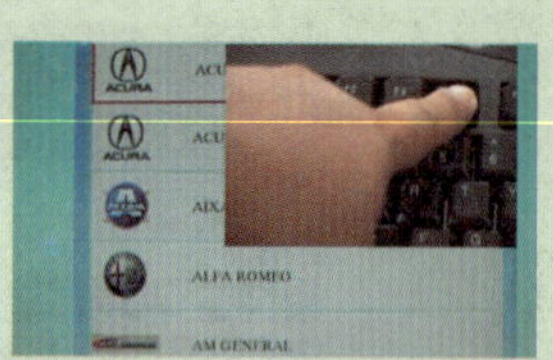

步骤	具体操作方法及要求	步骤	具体操作方法及要求
11.锁方向盘操作	调整前轮定位角度前，必须先将方向盘打正，再用方向盘固定器锁定方向盘，然后按F4键	13.录入客户资料	继续按F3键进入客户资料录入画面，根据画面表格分别录入客户信息，最后按F2键保存信息
12.调整前轮定位角度	调整时根据指针指示调节，并按照先调后倾角、再调外倾角、最后调前束的次序进行。调整完后按F4键显示调整前及调整后的对比数据	14.完成客户定位服务	卸掉传感器及夹具，放下车身，卸掉方向盘固定器，制动踏板固定器，将汽车驶出举升工位进行试车验证

【知识链接1】：车轮的组成和类型（表12-8）

表12-8 车轮的组成和类型

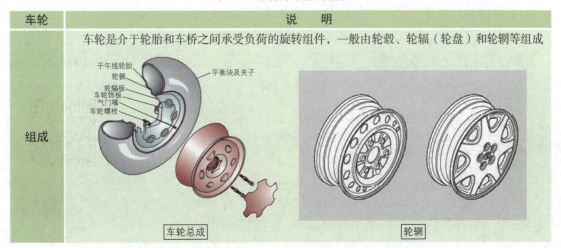

车轮	说 明
类型	**辐板式车轮** 普通级轿车和轻、中型载货汽车多采用辐板式车轮 用以连接轮辋和轮毂的圆盘称为辐板。辐板大多是冲压制成的，也有铸造的。为了减轻轿车车轮质量，辐板选用较薄材料。将辐板冲压成起伏形状，可以提高刚度。辐板上开有若干孔，用以减轻质量，同时有利于制动器散热，安装时也便于用手拿车轮 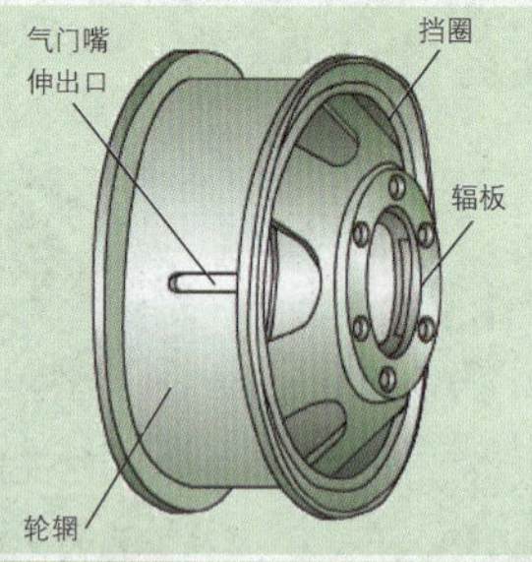 **辐条式车轮** 高级轿车、竞赛汽车及重型载货汽车多采用辐条式车轮 轮辐是钢丝辐条（图a）或者是与轮毂铸成一体的铸造辐条（图b）。钢丝辐条车轮由于价格昂贵，维修安装不便，故仅用于赛车和某些高级轿车（如美国别克轿车）。铸造辐条是车轮用于装载质量较大的重型汽车。在这种结构的车轮上，轮辋是用螺栓和特殊形状的衬块固定在辐条上。为了使轮辋和辐条很好地对中，在轮辋和辐条上都加工出配合锥面 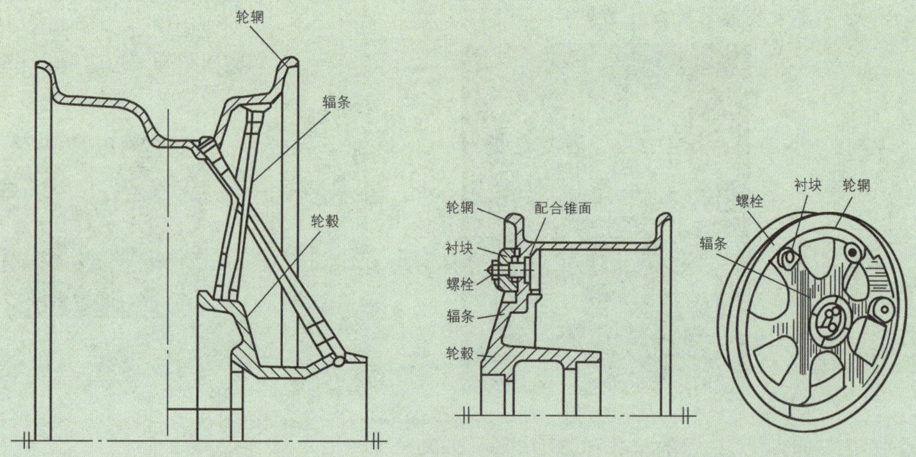

【知识链接2】：轮胎的作用与分类（表12-9）

表12-9 轮胎的作用与分类

轮胎	说 明
作用	现代汽车几乎都采用充气轮胎。轮胎安装在轮辋上，直接与路面接触，其作用如下： ① 车悬架共同来缓和汽车行驶时所受到的冲击，并衰减由此而产生的振动，以保证汽车有良好的乘坐舒适性和平顺性 ② 保证车轮和路面有良好的附着性，以提高汽车的牵引性、制动性和通过性 ③ 承受汽车的重力，并传递其他方向的力和力矩 因此，轮胎必须有适宜的弹性和承受载荷的能力。同时，在它与路面直接接触的胎面部分，应具有用以增强附着作用的花纹

（续）

轮胎	说　　明
作用	此外，车轮滚动时，轮胎在所承受的重力和由于道路不平而产生的冲击载荷作用下受到压缩。压缩消耗的功，在载荷去除后并不能完全回收，有一部分消耗于橡胶的内摩擦，结果使得轮胎发热。温度过高将严重地影响橡胶的性能和轮胎的组织，从而大大增加轮胎的磨损而缩短轮胎的使用寿命 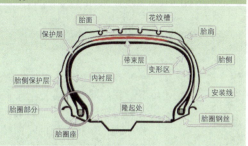
分类	**按用途分类** 载货汽车轮胎：又可分为重型、中型和轻型；轿车轮胎 **按胎体结构分类** 充气轮胎：大多数汽车选用；实心轮胎 **按组成结构分类** 　有内胎轮胎　现已很少 　无内胎轮胎　近年来在轿车和一些货车上的使用日益广泛。它没有内胎，空气直接压入外胎中，因此要求外胎和轮辋之间有很好的密封性 **按胎体中帘线排列方向分类** 　普通斜交轮胎　帘布层和缓冲层各相邻层帘线交叉且与胎中心线呈小于90°角排列的充气轮胎。其外胎由胎冠、帘布层、缓冲层及胎圈组成 　子午线轮胎　由帘布层、带束层、胎冠、胎肩和胎圈组成，并以带束层箍紧胎体。其特点是，帘布层帘线排列的方向与轮胎的子午线断面一致。由于帘线如此排列，使其强度得到充分利用。子午线轮胎的帘布层束一般可比普通斜交胎减少40%~50%，胎体较柔软。帘线在圆周方向上只靠橡胶来联系，因此，为了承受行驶时产生的较大切向力，子午线轮胎具有若干层帘线与子午断面呈大角度（交角为70°~75°）、高强度、不易拉伸的轴向环形的类似缓冲层的带束层。带束层通常采用强度较高、拉伸变形很小的织物帘布（如玻璃纤维、聚酰胺纤维等高强度材料）或钢丝帘布制造 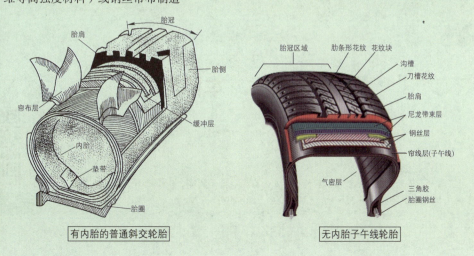

【知识链接3】：车轮定位（表12-10）

表12-10 车轮定位

车轮定位	说　　明
定义	为了保证汽车直线行驶的稳定性和操纵的轻便性，减少轮胎和其他机件的磨损，转向车轮、转向节和前轴三者与车架的安装应保持一定的相对位置关系，这种安装位置关系称为转向车轮定位，也称前轮定位 　　对于两端装有主销的转向桥，汽车转向时，转向车轮会围绕主销轴线偏转（左图）。但在大多数断开式转向桥中没有主销，采用上、下球头销代替主销。上、下球头销球头中心的连心线相当于主销轴线（右图） 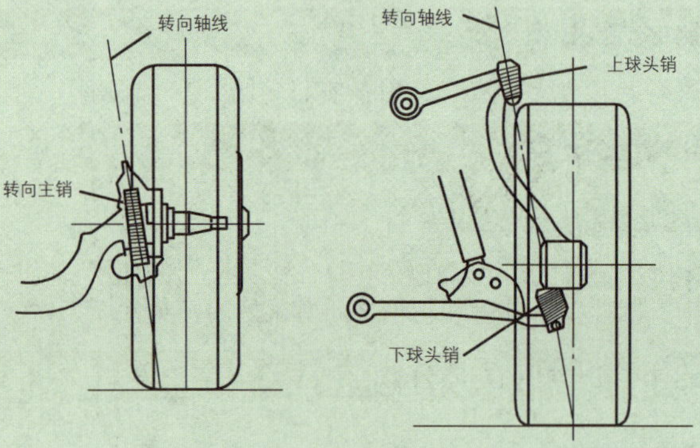 有主销的主销轴线　　　无主销的主销轴线 悬架类型与主销轴线
正确的前轮定位	①可使汽车直线行驶稳定而不摆动 ②转向时转向盘上的作用力不大 ③转向后方向盘具有自动回正作用 ④轮胎与地面间不打滑以减少油耗 ⑤延长轮胎使用寿命

第三节　车桥与车架

【实操图解】：检查底盘（表12-11）

　　1. 设备：整车，工作台，举升机。
　　2. 工具：车轮挡块，地板垫，座椅套，方向盘套，翼子板布，前格栅布，世达成套工具，可调式扭力扳手三把（5~25N·m、10~100N·m、40~340N·m）。

车桥

表12-11 检查底盘

步骤	具体操作方法及要求	步骤	具体操作方法及要求
1. 工具准备	（1）准备实操所需工具 （2）工具要齐全，摆放要整齐 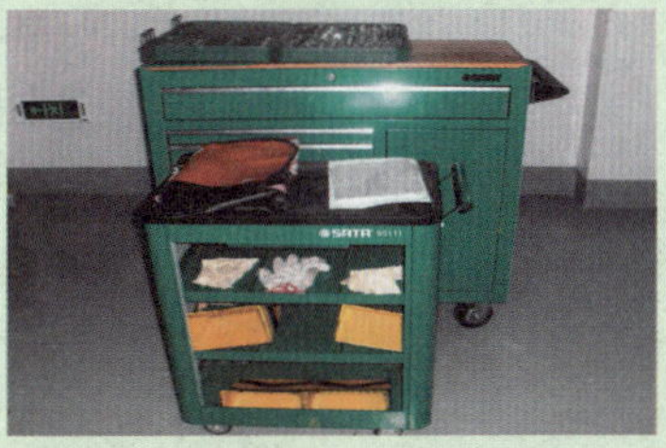	4. 检查底盘螺栓	使用规定力矩，逐一检查底盘螺栓 注意：作业时应尽量用力拉，但避免冲击动作；螺栓如有松动，需记录并按规定力矩拧紧
2. 车辆防护与预检	（1）安装车轮挡块，安装车内三件套 （2）拉起驻车制动杆，降下驾驶人侧车窗玻璃，拉发动机舱盖释放杆 （3）打开发动机舱盖，安装翼子板布和前格栅布 （4）将车辆举升至合适高度	5. 车辆、工具复位	（1）装复车轮，并降下车辆 （2）取下车内、外防护用品 （3）车辆复位，清洁车身 （4）清洁并整理工具 注意：在操作过程中要体现5S管理法
3. 准备扭力扳手	（1）选择合适的扭力扳手，使用前应清洁 （2）进行校零 （3）进行旋向检查 （4）调整扭力扳手到所需力矩值 （5）锁止		

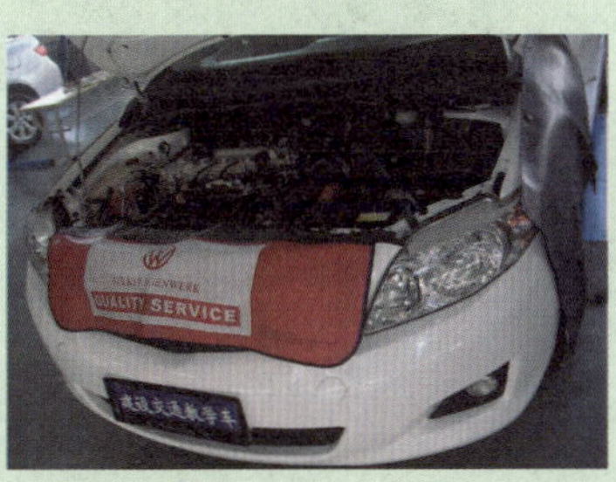

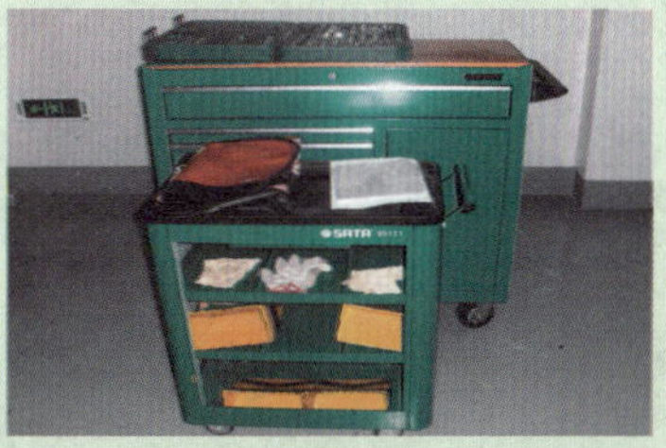

【知识链接】：车架与车桥的结构、功用与要求（表12-12）

表12-12　车架与车桥的结构、功用与要求

车架与车桥	说　明
结构	车桥与车架是车辆底盘行驶系统的重要组成装置，对于轿车而言，主要由前、后托臂组成 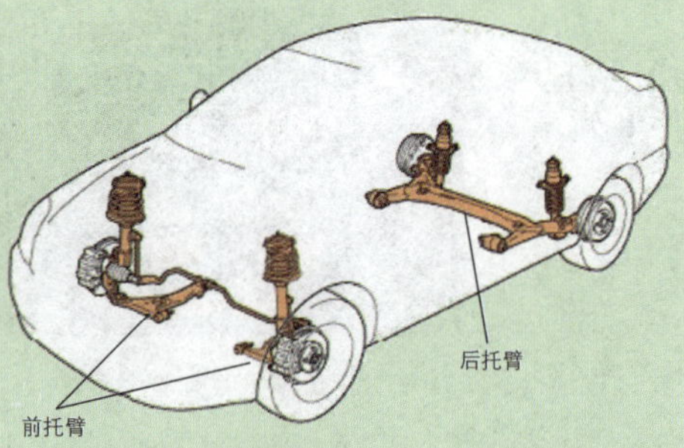
功用	车架的功用是支承车身，承受汽车载荷，固定汽车大部分部件和总成；车桥的功用是传递车架与车轮之间的各个方向的作用力
要求	随着车辆的使用，因为行驶颠簸及其他一些因素，可能导致底盘螺栓、螺母松动，甚至脱落，将严重影响行车安全，所以需要对底盘螺栓、螺母进行定期检查

第十三章 转向系统

◆ 第一节 转向系统结构认知 ◆

【实操图解】：认知转向系统结构（表13-1）

1. 工作场景：理实一体化教室，桑塔纳轿车底盘教学台架。
2. 主要设备：齿轮齿条式转向器，循环球式转向器，蜗杆曲柄指销式转向器，世达工具，桑塔纳轿车底盘教学台架。
3. 主要工具：抹布、工作台等。

转向系动作原理

转向系组成及分类

表13-1 认知转向系统结构

步骤	说 明
1.机械转向系统整体	机械转向系统由转向操纵机构、转向器和转向传动机构三大部分组成 转动方向盘带动转向轴旋转，转向轴带动齿轮齿条式机械转向器的主动齿轮旋转。齿轮齿条式机械转向器将齿轮的旋转运动转换成齿条的直线运动，齿条带动转向横拉杆。转向横拉杆推动转向节臂，转向节臂带动转向节摆动从而带动转向轮旋转一定角度，实现转向
2.转向操纵机构	转向操纵机构主要由方向盘、主转向轴、转向柱管等组成，其功用是将驾驶人转动方向盘的操纵力传给转向器

（续）

步骤	说 明
3. 转向器	转向器是转向系统中的减速增力传动装置，其功用是增大由转向盘传到转向节的力矩，并改变力的传递方向 转向器的种类很多，按作用力的传递情况分为可逆式、不可逆式和极限可逆式三种；按转向器中传动副的结构形式可分为齿轮齿条式、蜗杆曲柄指销式、循环球式和蜗杆滚轮式等几种 齿轮齿条式转向器主要由壳体、转向齿轮、转向齿条等组成，结构简单，加工方便，传动效率高，操纵轻便，得到了广泛的应用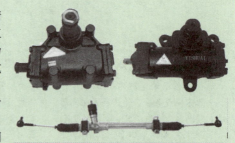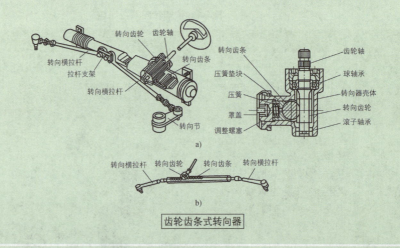齿轮齿条式转向器
4. 转向传动机构	转向传动机构的功用是将转向器输出的运动和动力传给转向桥两侧的转向节，使两侧转向轮偏转，并使两转向轮偏转角按一定的关系变化，以保证汽车转向时车轮与地面的相对滑动尽可能小，并吸收车轮传到转向盘的反冲力 转向的过程就是将转向器输出的力和运动传到转向节，从而使两侧转向轮偏转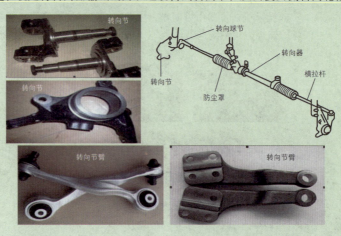

第二节 机械转向系统的检修

【实操图解1】：机械转向系统的基本检查（表13-2、表13-3）
  1. 工作场景：实习工厂，机械转向系统的基本检查工作页。
  2. 主要设备：科鲁兹轿车，钢直尺，记号笔，手电筒，手套，车内三件套。

表13-2 机械转向系统的车上检查

步骤	具体操作方法及要求	步骤	具体操作方法及要求
1. 车身停放就位	检查汽车停放在举升机工位上，应前后、左右位置合适	5. 检查方向盘自由行程（1）	将车轮保持正前方位置。用记号笔在方向盘上做标记 用一把尺子套在方向盘的顶部
2. 安装车身挡块	正确地在后侧两个车轮的前后安装车身挡块，保证汽车检修过程的安全	6. 检查方向盘自由行程（2）	在保持前轮不转动的前提下，向左转动方向盘，测量出方向盘可以向左转动的最大距离
3. 安装车内三件套	安装车内三件套：地板垫、座椅套、方向盘套	7. 检查方向盘自由行程（3）	将方向盘转回到原始位置，然后用同样的方法向右转动进行测量
		8. 检查方向盘自由行程（4）	查阅相应维修手册中的规定值，若所示值处于规定范围30mm内，说明方向盘自由行程正常
4. 检查转向系统的性能	起动发动机，分别向左、右两方向转动方向盘。方向盘应操作轻便，操作过程中无颤动、无摆动、无异响。否则应检修机械转向系统组成机构和零部件的工作情况	9. 检查方向盘自由行程（5）	若左、右自由转动量差异很大，超出标准，则应检查转向器本身 若发现自由行程过大，首先应检查调整转向器齿条压紧装置，然后依次检查机械转向系统各部位的固定情况，转向操纵机构和转向传动机构有无明显的松旷和间隙等

表13-3 机械转向系统的车外检查

步骤	具体操作方法及要求	步骤	具体操作方法及要求
1.举升车辆	（1）撤去车身挡块。安全可靠地支撑并举升车辆 （2）将车辆举升到合适位置后，可靠锁止举升机	4.检查转向横拉杆球接头	检查转向横拉杆球接头（与转向节相连）应无松动，转向横拉杆球接头护套应无破损或漏油，检查内、外转向杆应无弯曲变形，螺纹无损坏，如图所示。否则应更换外转向横拉杆及转向横拉杆球接头 1—转向横拉杆螺母 2—内转向横拉杆螺母 3—外转向横拉杆 4—转向节 5—内转向横拉杆
2.检查转向器（转向机）护套	（1）佩戴手套 （2）检查转向器（转向机）护套应无破损或漏油。否则应更换转向机护套	5.检查转向车轮轮胎磨损情况	检查转向车轮轮胎磨损情况，轮胎应磨损均匀。若有横向羽状磨损，如图所示，应通过四轮定位，调整转向横拉杆，即调整车轮前束
3.检查转向器与转向横拉杆的接头（万向传动装置）	检查转向器（转向机）护套中，转向器与转向横拉杆的接头（万向传动装置）应无松动。否则应更换	6.结束工作	（1）解锁举升机，安全可靠地降下车辆。回收车内三件套，清洁车辆 （2）整理、归位、清洁工具设备，清洁场地

【实操图解2】：转向操纵机构的拆装与调整（表13-4、表13-5）

1. 工作场景：实习工厂，转向操纵机构的拆装与调整工作页。
2. 主要设备：科鲁兹轿车，常用拆装工具，世达工具套装，手电筒，手套，车内三件套。

表13-4 转向操纵机构的拆卸

步骤	具体操作方法及要求	步骤	具体操作方法及要求
1. 车身停放就位	检查汽车停放在举升机工位上，应前后、左右位置合适	4. 调整方向盘和车轮位置	将方向盘从回正的位置转动180°到向下的位置 注意：转动方向盘前，点火开关应处于ON档，否则会损坏转向柱锁
2. 安装车身挡块	正确地在前侧或后侧两个车轮的前后安装车身挡块，保证汽车检修过程的安全	5. 断开蓄电池负极	注意：断开蓄电池负极后，至少等待2min。等待电控系统放电完成，防止误激活安全气囊，造成不必要的伤害或经济损失
3. 安装车内、外三件套	安装车内三件套：地板垫、座椅套、方向盘套 安装车外三件套：前格栅布，两翼子板布  	6. 拆卸方向盘上盖	用适当的撬具插入方向盘上盖两侧的开口中，小心撬开方向盘上盖的卡子，拆下方向盘上盖，断开安全气囊线束插接器，如图所示 注意：拆卸方向盘上盖过程中，避免和方向盘上盖正面接触，避免触碰安全气囊线束插接器的插接头，取下方向盘上盖后，正面朝上，放置在安全可靠的地方，防止误激活安全气囊，造成不必要的伤害或经济损失 

（续）

步骤	具体操作方法及要求	步骤	具体操作方法及要求
7. 调整方向盘和车轮位置	将方向盘回正并保持不动，汽车前轮转向正前位置 注意：转动方向盘前，点火开关应处于ON档，否则会损坏转向柱锁	10. 拆卸方向盘螺旋电缆和方向盘转角传感器	拆卸方向盘螺旋电缆四个固定螺栓，取下方向盘螺旋电缆和安装在其下方的方向盘转角传感器，断开线束插接器 注意：不要随意旋转螺旋电缆，否则要重新对中。具体方法为顺时针旋转线圈的凸轮，直到线圈带停止，切勿用力过度，逆时针旋转线圈的凸轮约三周的一半位置，直到对中窗口露出黄色，这指示线圈的对中位置
8. 拆卸方向盘	拆下方向盘紧固螺栓，紧固力矩为30N·m，取下方向盘，断开相关线束插接器，注意转向轴的对中标记位于6点位置	11. 拆卸转向开关与托架总成	拆卸转向开关与托架总成，断开线束插接器 
9. 拆卸转向柱上、下装饰盖	使用合适撬具拆下转向柱上装饰盖，使用十字槽螺钉旋具拆下转向柱下装饰盖螺栓并取下下装饰盖	12. 拆卸仪表板下饰板	使用撬具小心拆下仪表板下饰板 
		13. 拆卸方向盘柱锁总成	断开方向盘柱锁总成线束插接器，拆下方向盘柱锁总成上下左右方向共六个固定螺栓，取下方向盘柱锁总成 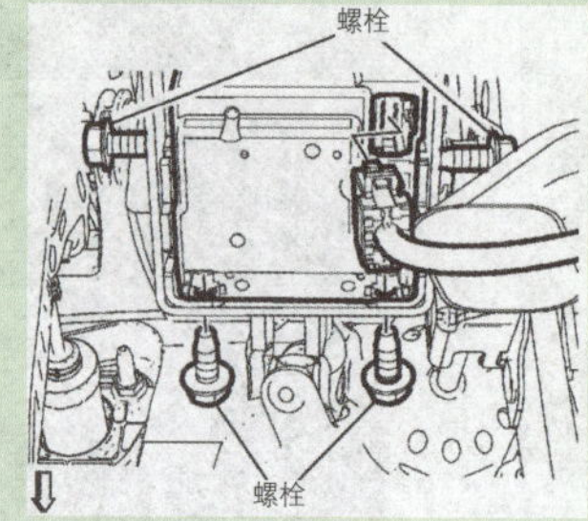

步骤	具体操作方法及要求	步骤	具体操作方法及要求
14.拆卸转向轴中间轴	拆下并报废两个中转向轴螺栓，紧固力矩为25N·m，拆下转向轴中间轴 	15.拆卸转向柱	注意：用扎带固定住转向柱，防止转向柱掉落出现损坏。拆下四个转向柱固定螺栓，紧固力矩为22N·m，取下转向柱 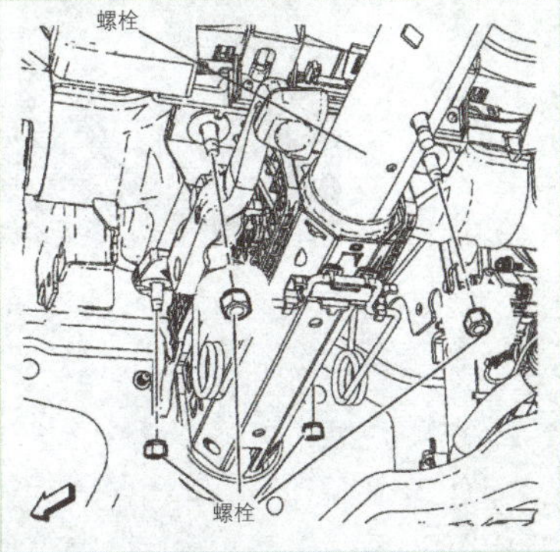

表13-5 转向操纵机构的安装与调整

步骤	具体操作方法及要求	步骤	具体操作方法及要求
1.安装转向柱	安装转向柱，并用22N·m紧固四个转向柱固定螺栓 注意：安装前用扎带固定住转向柱，防止转向柱掉落出现损坏 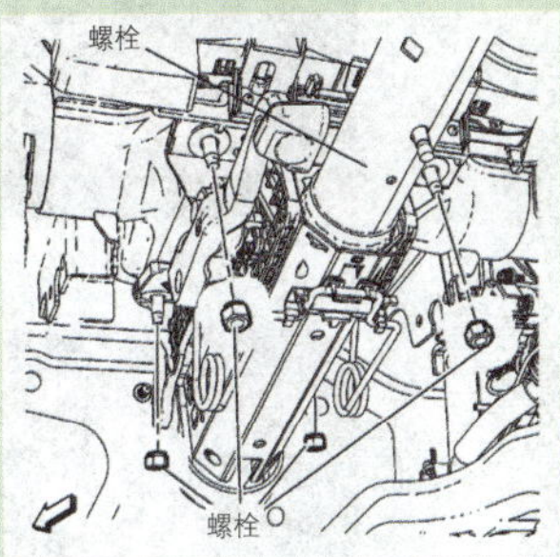	3.安装转向柱锁总成	安装转向柱锁总成，紧固上下左右方向共六个固定螺栓，连接线束插接器 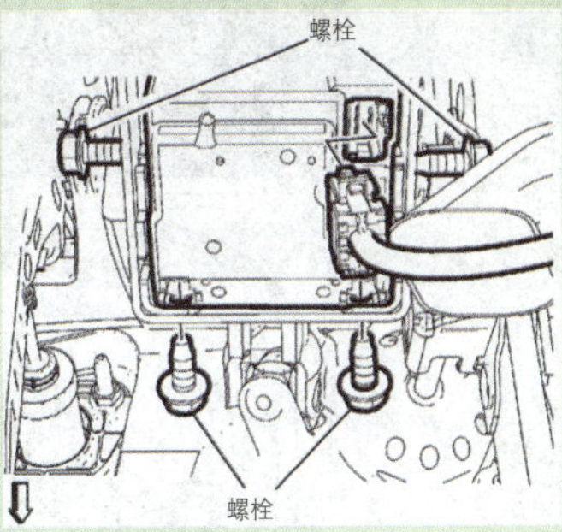
2.安装转向轴中间轴	安装转向轴中间轴，使用新的两个中转向轴螺栓，紧固力矩为25N·m 注意：与万向传动装置相连接的轴上的凹槽，应与转向轴螺栓孔对准 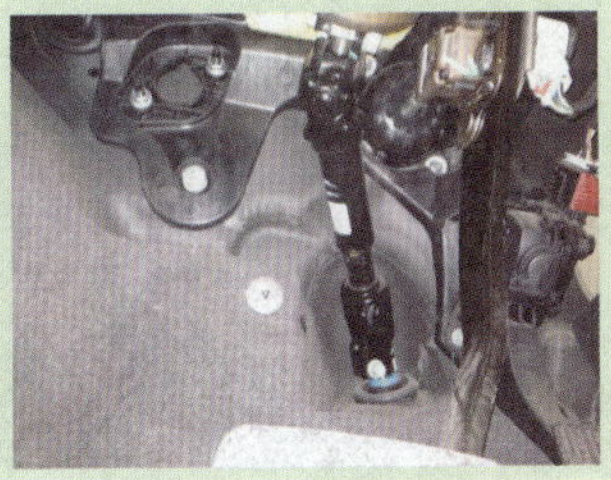	4.安装仪表板下饰板	可靠地安装仪表板下饰板 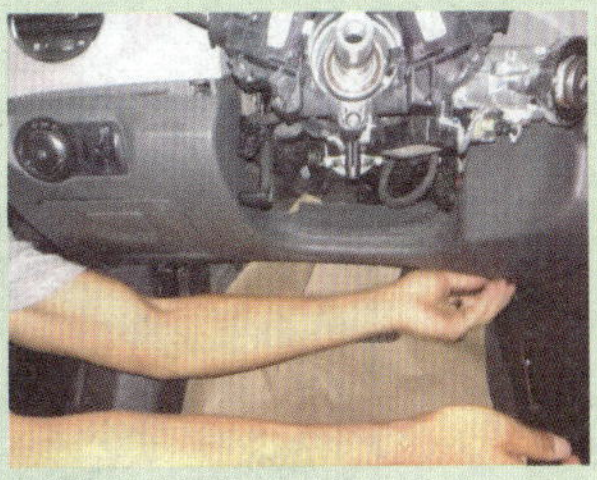

（续）

步骤	具体操作方法及要求	步骤	具体操作方法及要求
5. 安装转向开关与托架总成	可靠地安装转向开关与托架总成，并连接线束插接器 	8. 安装方向盘	安装方向盘，方向盘紧固螺栓，紧固力矩为30N·m 注意转向轴的对中标记位于6点位置 
6. 安装方向盘螺旋电缆和方向盘转角传感器	可靠地安装方向盘螺旋电缆和方向盘转角传感器，并连接线束插接器 注意：不要随意旋转螺旋电缆，否则要重新对中。具体方法为顺时针旋转电缆的凸轮，直到电缆带停止，切勿用力过度，逆时针旋转电缆的凸轮约三周的位置，直到对中窗口露出黄色，这指示电缆的对中位置  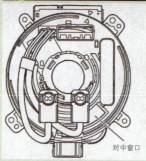	9. 安装方向盘上盖	连接安全气囊线束插接器，安装方向盘上盖（方向盘安全气囊、喇叭开关总成） 注意：拆卸方向盘上盖过程中，避免和方向盘上盖正面接触，避免触碰安全气囊线束插接器的插接头，取下方向盘上盖后，正面朝上，放置在安全可靠的地方，防止误激活安全气囊，造成不必要的伤害或经济损失 
		10. 连接蓄电池负极	可靠地连接蓄电池负极 
7. 安装转向柱上装饰盖、下装饰盖	可靠地安装转向柱上装饰盖、下装饰盖，并紧固两个螺栓 	11. 结束工作	回收车内、外三件套，清洁车辆。整理、归位、清洁工具设备，清洁场地 

【**实操图解3**】：转向传动机构的拆装与调整（表13-6、表13-7）

1. 工作场景：实习工厂，转向传动机构的拆装与调整工作页。
2. 主要设备：科鲁兹轿车，常用拆装工具，世达工具套装，记号笔，手电筒，手套。

表13-6 转向传动机构的拆卸

步骤	具体操作方法及要求	步骤	具体操作方法及要求
1.车身停放就位	检查汽车停放在举升机工位上，应前后、左右位置合适	5.拆卸转向横拉杆螺母	分两次以上拆卸转向横拉杆螺母
2.安装车内、外三件套	安装车内、外三件套	6.分离外转向横拉杆和转向节	使用专用工具"拔出器"将转向传动机构外转向横拉杆从转向节上分离，专用工具使用原理如图所示 **注意**：除了执行"机械转向系统的基本检查"外，还需要清洁检查转向节的锥形内孔表面，若出现变形或过度磨损，需更换转向节 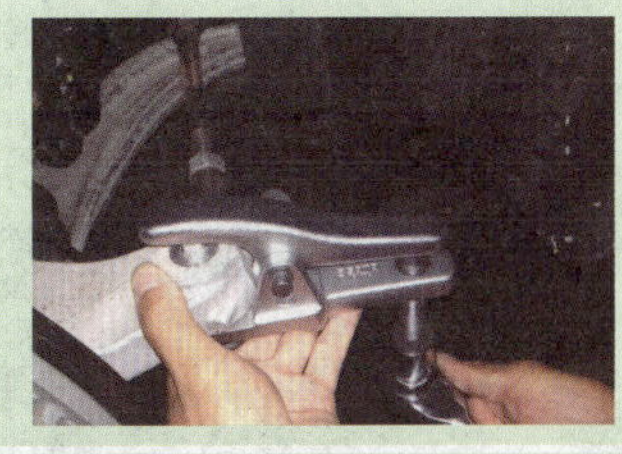
3.拆卸轮胎，调整车轮位置	拆卸轮胎，将方向盘转向横拉杆转向外侧，以方便操作	7.做装配标记	标记外转向横拉杆、内转向横拉杆螺母、内转向横拉杆的位置（也可以数螺纹牙数），以便安装调整定位，如图所示 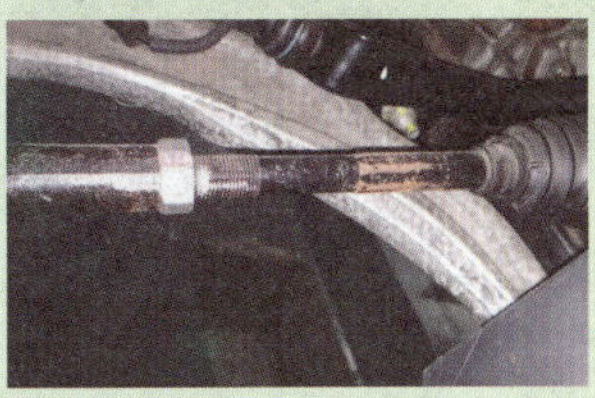
4.举升车辆	安全可靠地举升车辆到合适位置，并锁止举升机	8.拆卸外转向横拉杆	用开口扳手固定内转向横拉杆，用扳手松开转向传动机构内转向横拉杆螺母，拆下外转向横拉杆 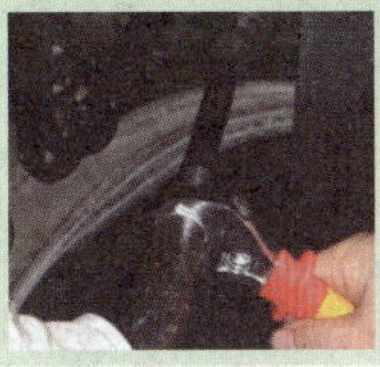 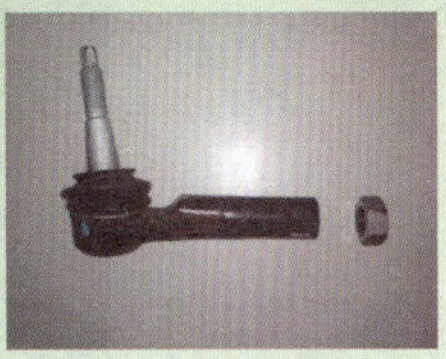

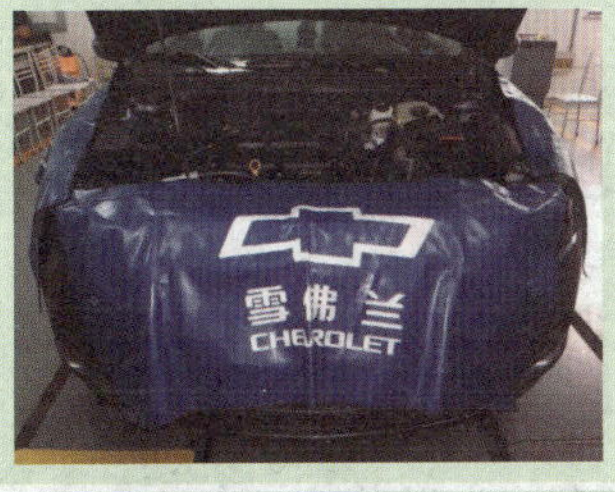

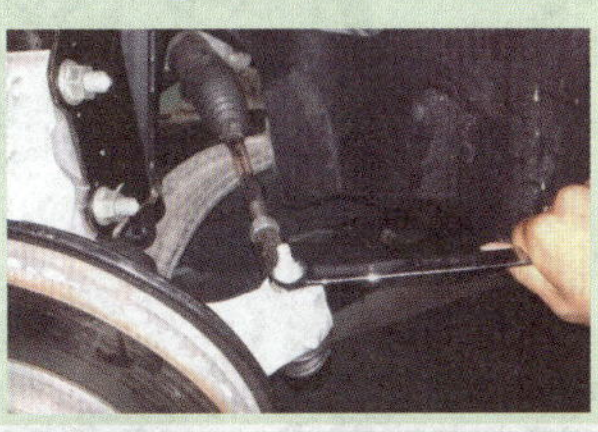

步骤	具体操作方法及要求	步骤	具体操作方法及要求
9. 拆卸转向机护套	用鲤鱼钳取出转向机外护套卡箍，如图所示 在转向机上标记内护套卡箍的安装标记，用鲤鱼钳或一字螺钉旋具松开转向机内护套卡箍，拆下转向机护套	10. 内转向横拉杆	用专用工具逆时针方向拆下内转向横拉杆

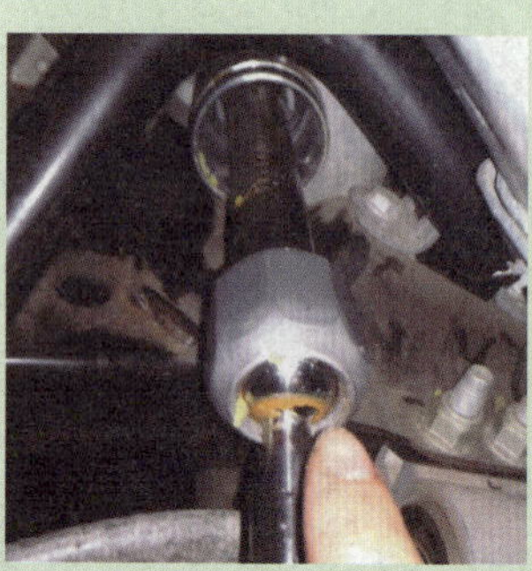

表13-7 转向传动机构的安装与调整

步骤	具体操作方法及要求	步骤	具体操作方法及要求
1. 安装内转向横拉杆	在内转向横拉杆的螺纹上涂上螺纹锁止胶，用专用工具逆时针方向安装内转向横拉杆并紧固至 105N·m 	3. 安装转向机外护套卡箍	用鲤鱼钳安装转向机外护套卡箍
2. 安装转向机护套	安装时先将新的卡箍松松地安装在转向机护套的内侧，再将转向机护套安装在转向机上，调节至转向机上安装标记，使用鲤鱼钳安装内护套卡箍 注意：安装前先给转向机护套内的组件涂抹润滑脂到标识位置；转向机护套必须位于转向机上正确的凹槽内	4. 旋入内转向横拉杆螺母	旋入转向传动机构内转向横拉杆螺母

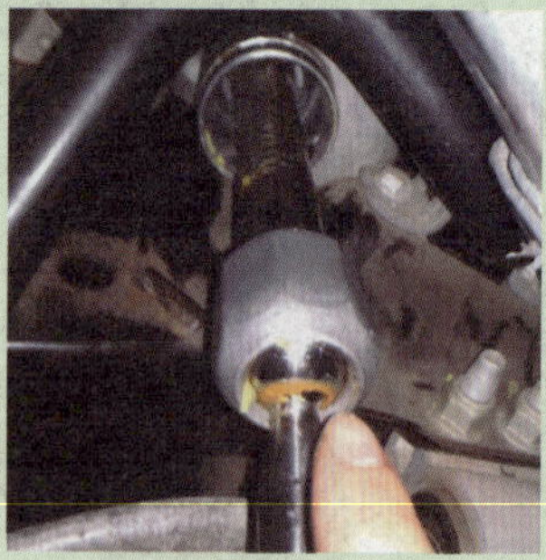

（续）

步骤	具体操作方法及要求	步骤	具体操作方法及要求
5.安装外转向横拉杆	按照装配标记，安装外转向横拉杆、内转向横拉杆螺母、内转向横拉杆的位置，并紧固内转向横拉杆螺母至60N·m	7.安装轮胎，定位调整	安装轮胎 注意：所有作业完成后车辆必须进行车轮定位并调整转向横拉杆的长度，即车轮前束调整合格后方能交车
6.安装外转向横拉杆到转向节上	将转向传动机构外转向横拉杆装配到转向节上，安装转向横拉杆螺母，紧固力矩为35N·m	8.结束工作	清洁车辆。整理、归位、清洁工具设备，清洁场地 

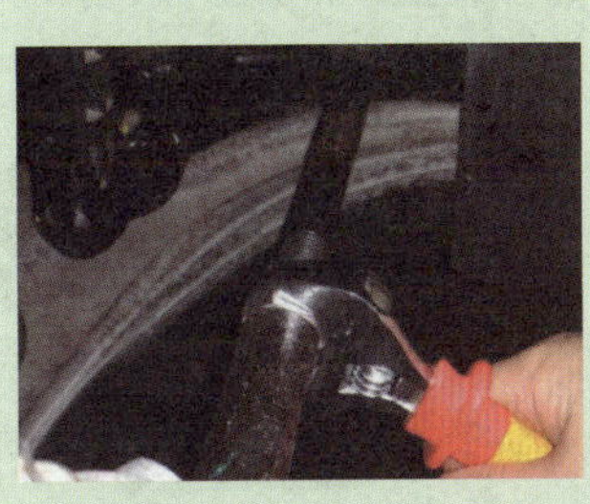

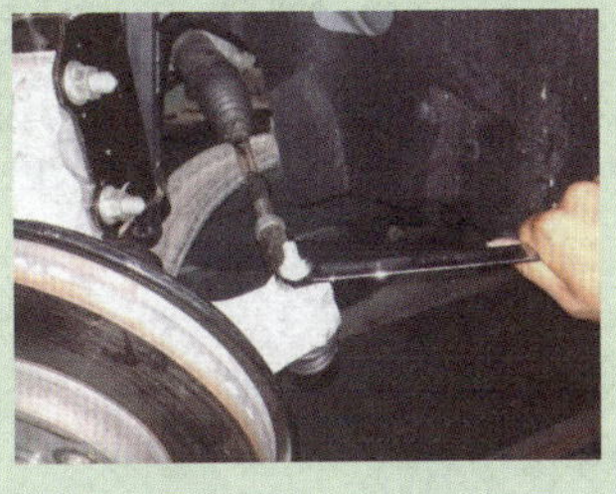

【实操图解4】：转向器的拆装与调整（表13—8～表13—10）

1. 工作场景：理实一体化教室，转向器的拆装与调整工作页。
2. 主要设备：蜗杆曲柄指销式转向器、循环球式转向器、齿轮齿条式转向器，常用拆装工具，世达工具套装，手套。

表13-8 蜗杆曲柄指销式转向器的拆装与调整

步骤	具体操作方法及要求	步骤	具体操作方法及要求
1.拆下放油螺塞，放润滑油	拆下放油螺栓，放出转向器中的润滑油，然后将螺塞重新装回原位并拧紧，以防丢失	2.松开摇臂轴调整螺钉	松开摇臂轴调整螺钉的锁紧螺母，把调整螺钉逆时针旋转一周

（续）

步骤	具体操作方法及要求	步骤	具体操作方法及要求
3. 拆卸双头螺柱和侧盖	用两个M14的螺母一起拧入转向器侧盖上的双头螺柱，分两次以上从两边向中间交叉拆下双头螺柱。再拆下侧盖上的其余六个螺栓，取下侧盖	7. 拆卸下盖处轴承垫块、止推垫圈和轴承	用铜棒或橡胶锤敲击蜗杆花键端，振动出下盖处轴承垫块，拆下下盖处的止推垫圈和轴承
4. 取出摇臂轴	取出摇臂轴	8. 取出蜗杆	从下盖处取出蜗杆 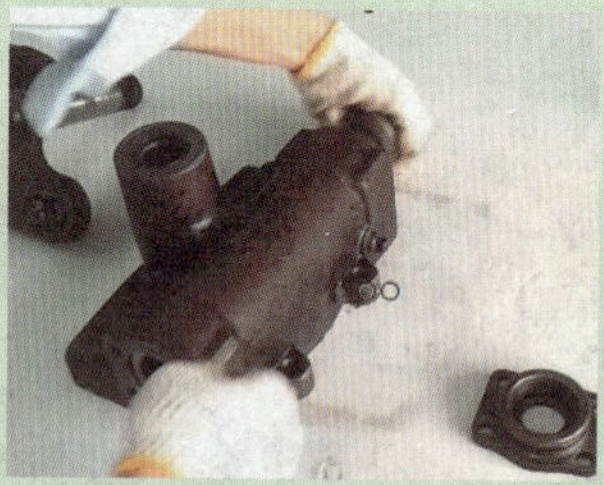
5. 拆卸转向器上盖等零部件	拆卸转向器壳体上盖的固定螺栓，取下壳体上盖、衬垫	9. 拆卸上盖处轴承、轴承垫块、止推垫圈	取下上盖处轴承，用铜棒振动出上盖处止推垫圈、轴承垫块 
6. 拆卸转向器下盖等零部件	松开转向器下盖紧固螺栓，取出下盖、衬垫	10. 装配转向器下盖	装配转向器下盖，分两次以上交叉安装四个固定螺栓 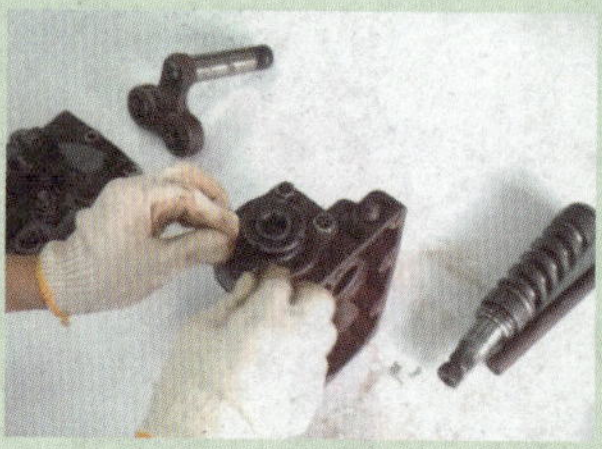

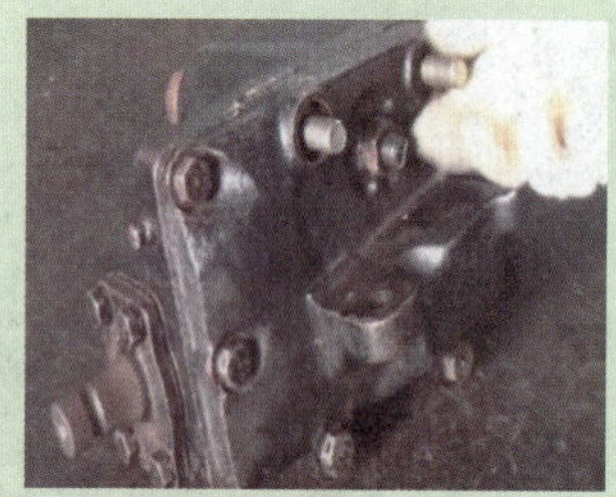

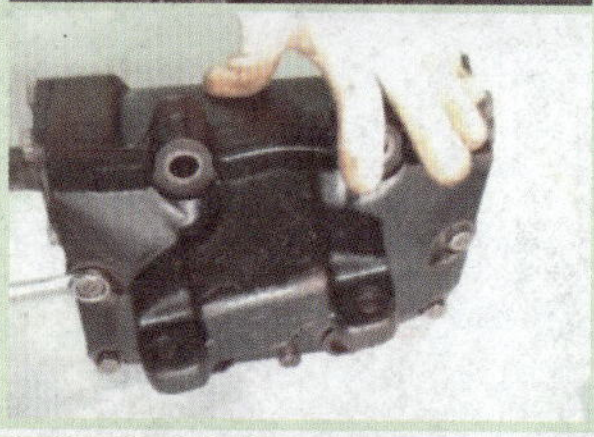

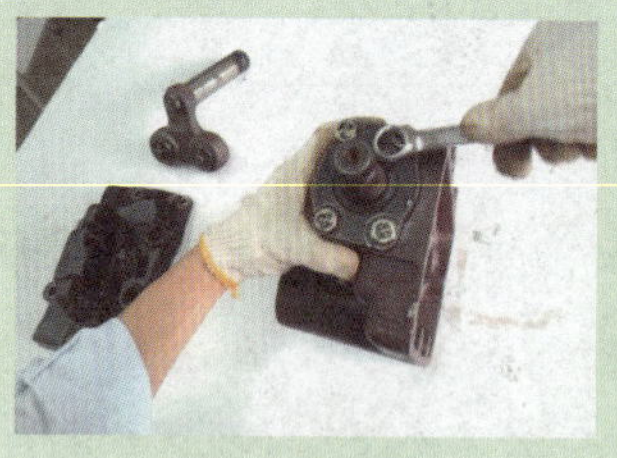

（续）

步骤	具体操作方法及要求	步骤	具体操作方法及要求
11. 安装轴承和转向蜗杆等	把下盖处止推垫圈、轴承和转向蜗杆放入壳体内  	15. 安装侧盖与衬垫	安装侧盖与衬垫，侧盖上各螺栓应对角分别拧紧。拧紧各螺栓时，调整螺钉应处在旋松位置
12. 安装上盖总成的轴承、止推垫圈	安装上盖总成的轴承、止推垫圈。用铜棒安装上盖处轴承垫块。安装轴承盖上盖和固定螺栓	16. 蜗杆与摇臂轴主销的啮合间隙的调整	（1）用手握住蜗杆轴输入端，在蜗杆行程的中间位置附近来回转动，同时用螺钉旋具插入调整螺钉头部槽中，顺时针旋转螺钉，直到有摩擦的感觉为止 （2）将调整螺钉锁紧，然后再检查力矩，若有变化则应重新调整
13. 蜗杆轴承预紧度的调整	蜗杆轴承预紧度用转向器下盖处的调整螺塞进行调整，一般用内六角扳手把螺塞拧到底，再退回 1/8～1/4 圈	17. 通过加油螺孔加注润滑油	拆卸加油螺塞，通过加油螺孔加注润滑油 
14. 安装摇臂轴	将摇臂轴装入转向器壳体的摇臂轴承孔中，使指销与蜗杆啮合		

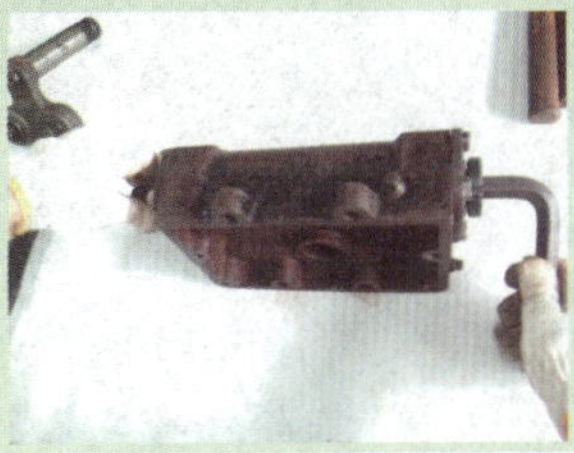

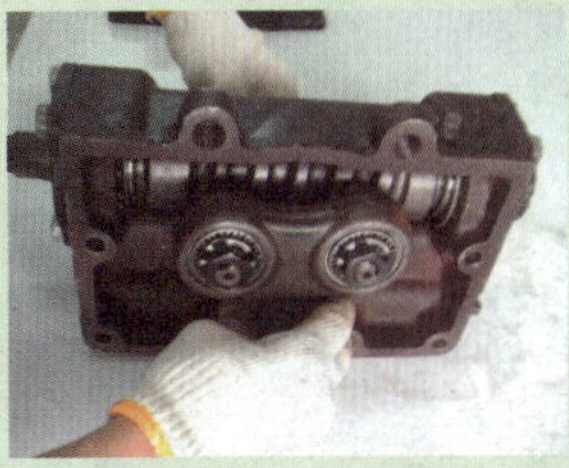

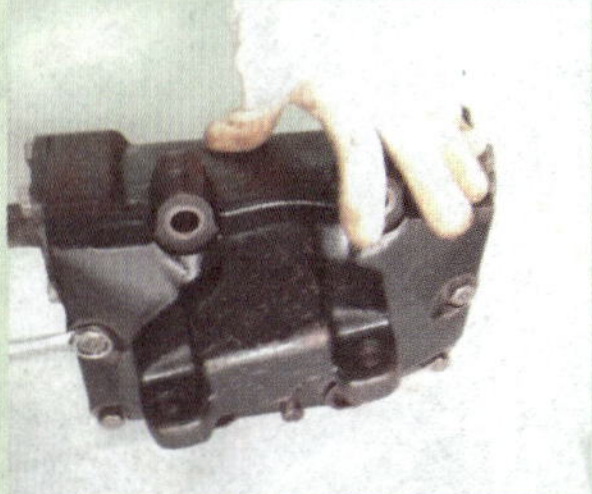

表13-9　循环球式转向器的拆装与调整

步骤	具体操作方法及要求	步骤	具体操作方法及要求
1.拆卸放油螺塞	将转向器通气塞拆下，放出转向器内的润滑油，旋回放气塞	4.拆卸螺杆与螺母总成	从壳体中取出转向螺杆及转向螺母总成、上盖处的轴承
2.拆卸转向器侧盖，取出齿扇轴	将齿扇轴（摇臂轴）转到中间位置（将转向螺杆转到底后再退回约3.5圈），分两次以上交叉拧下转向器总成侧盖的四个紧固螺栓，用黄铜棒轻轻敲击齿扇轴（摇臂轴）端头，取下侧盖和齿扇轴（摇臂轴）总成。注意：不要划伤油封	5.分解转向螺杆螺母总成	先拆下三个固定导管夹的螺钉 再拆下导管夹，取出导管。最后握住螺母，慢慢地转动螺杆，取出全部钢球
3.拆卸转向器下盖	分两次以上交叉拆下转向器下盖上的紧固螺栓，再用黄铜棒轻轻敲打转向螺杆上端，取下下盖和调整垫片	6.组装转向螺杆螺母总成	（1）将转向螺母套在螺杆上，再把螺母放在螺杆滚道的一端，并使螺母滚道孔对准滚道 （2）将钢球由螺母滚道孔放入，边转动螺杆边放入钢球。将其余钢球装于两个导管内，并涂以少量润滑脂，把导管插入螺母的导管孔中，然后用木锤轻轻敲打导管，使之到位 （3）用导管夹把导管压在螺母上，并用三个螺钉紧固。使装复的螺杆螺母总成处于垂直位置时，螺母能从螺杆上端自由、匀速落下 （4）将轴承内圈压到螺杆的两端

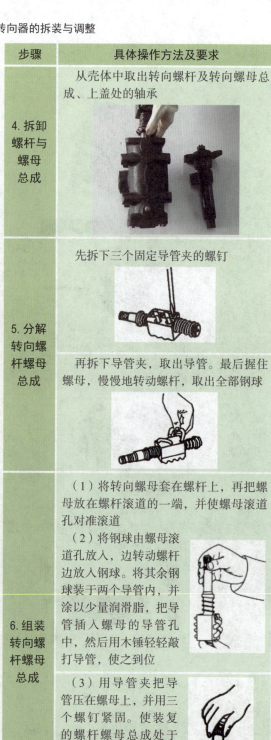

（续）

步骤	具体操作方法及要求	步骤	具体操作方法及要求
7.拆卸上盖	分两次以上交叉拆卸上盖固定螺栓，拆下上盖和轴承外圈 	11.安装转向臂轴	将螺杆螺母总成上齿条调整到中间的位置 将齿扇轴（摇臂轴）装入壳体，并将密封垫装上侧盖，分两次以上交叉安装固定螺栓
8.把轴承外圈压入上盖，安装到壳体内	把轴承外圈压入上盖，安装到壳体内，分两次以上交叉紧固螺栓 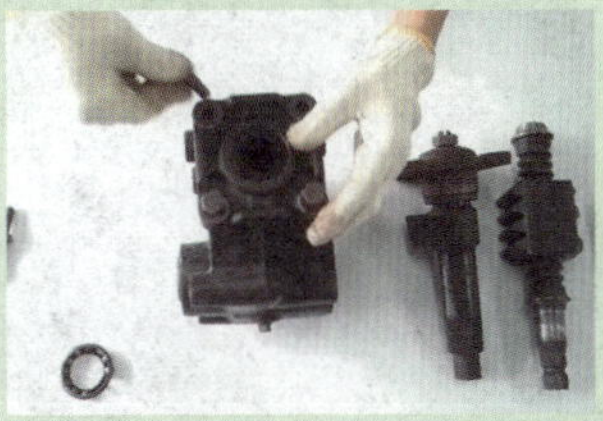	12.调整齿扇轴（摇臂轴）与转向螺母齿条的啮合间隙	调整齿扇轴（摇臂轴）与转向螺母齿条的啮合间隙后，拧紧锁紧螺母，将调整螺栓锁住
9.把螺杆与螺母总成安装到壳体中	把装有轴承内圈的螺杆螺母总成放入装有轴承外圈的壳体中，在垫片上涂以密封胶 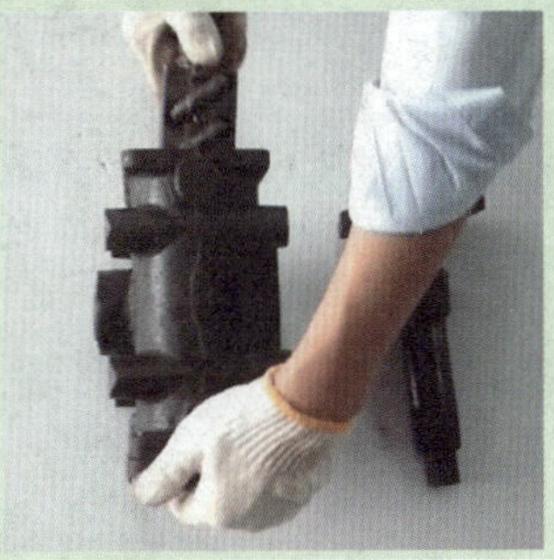		
10.将下盖安装到壳体上	安装新的O形密封圈，再将下盖装到壳体上，分两次以上交叉安装下盖固定螺栓 转动螺杆应转动自如，无轴向间隙，否则应增减调整垫片予以调整	13.从加油口加注润滑油	拆卸加油口螺塞，按规定从加油孔加入新润滑油，重新安装机油口螺塞

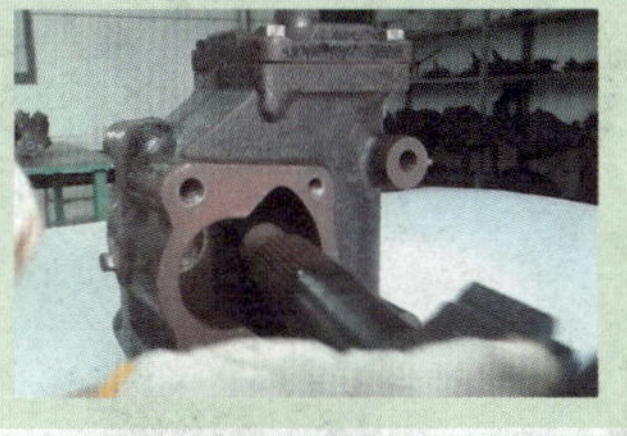

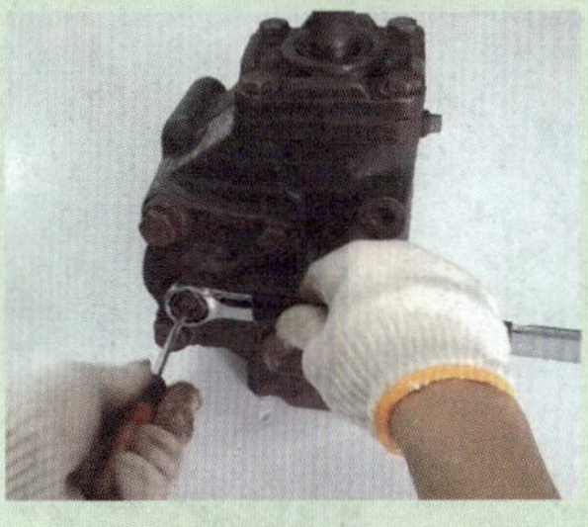

表13-10 齿轮齿条式转向器的拆装与调整

步骤	具体操作方法及要求	步骤	具体操作方法及要求
1. 做装配标记,拆卸调整螺塞、压簧	（1）从车上拆下转向器后,应在转向齿条上做上装配标记,以便安装时转向器对中 （2）用内六角专用工具,拆下调整螺塞,取下调整螺塞、压簧	4. 取下转向器主动齿轮和轴承总成	取下转向器主动齿轮和轴承总成
		5. 拆卸主动齿轮和轴承总成上的中间盖	用专用工具拆下主动齿轮和轴承总成上的中间盖 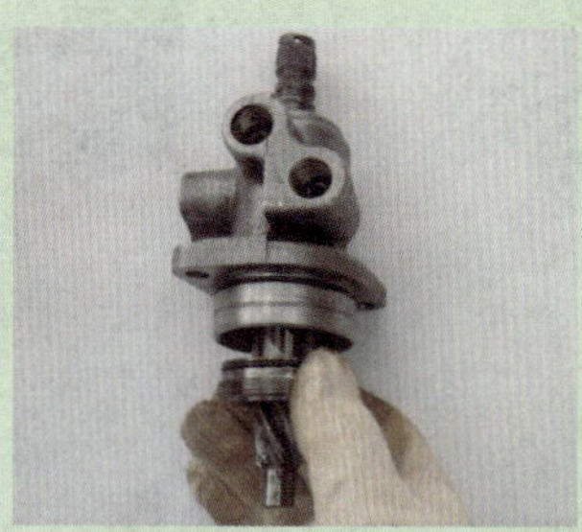
2. 取下压块	使用尖嘴钳取下压块	6. 分解主动齿轮和轴承总成	分解主动齿轮和轴承总成,分别为主动齿轮罩盖、主动齿轮、转向控制阀和轴承总成 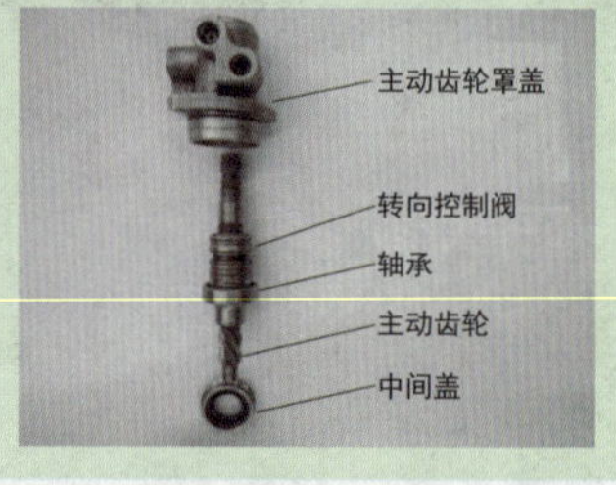
3. 拆卸转向器主动齿轮罩盖	分两次以上拆下转向器主动齿轮罩盖的两个固定螺栓,紧固力矩为20N·m	7. 拆卸密封罩和密封圈	用专用工具拆下密封罩和密封圈,也可以使用冲子错开180°敲击来拆卸或安装,紧固力矩为50N·m 

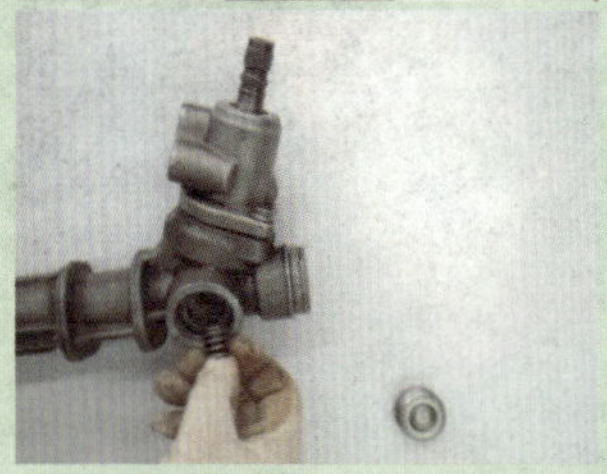

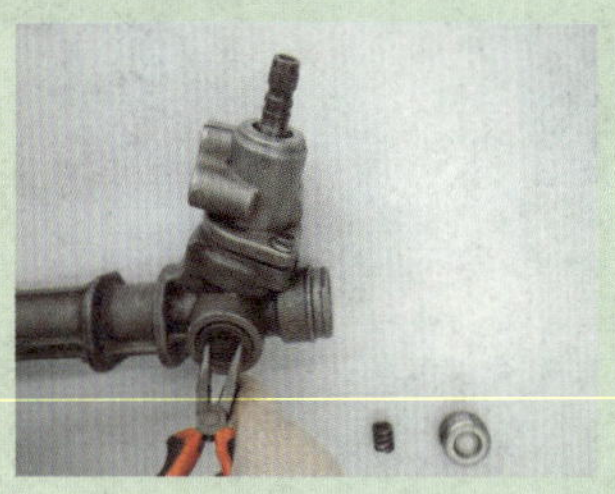

（续）

步骤	具体操作方法及要求	步骤	具体操作方法及要求
8. 从转向器外壳中抽出齿条	从转向器外壳中抽出齿条	12. 安装主动齿轮和轴承总成到转向器壳体上	（1）按装配标记调整齿条位置，主动齿轮上的中间位置标记需对中 （2）安装主动齿轮和轴承总成到转向器壳体上，分两次以上安装两个螺栓，紧固力矩为20N·m
9. 安装齿条	将齿条装入转向器外壳，并调整齿条面向转向器主动齿轮的方向	13. 安装压块	安装压块，注意压块的凹槽与齿条的圆柱背面相配合 
10. 安装密封圈和密封罩	安装密封圈和密封罩，紧固力矩为50N·m	14. 安装压簧和调整螺塞	安装压簧，用内六角专用工具安装调整螺塞，紧固力矩为20N·m  
11. 组装主动齿轮和轴承总成	组装主动齿轮和轴承总成。安装中间盖到转向器主动齿轮总成上（主动齿轮罩盖、转向控制阀、轴承、主动齿轮、中间盖）	15. 结束工作	整理、归位、清洁工具设备，清洁场地 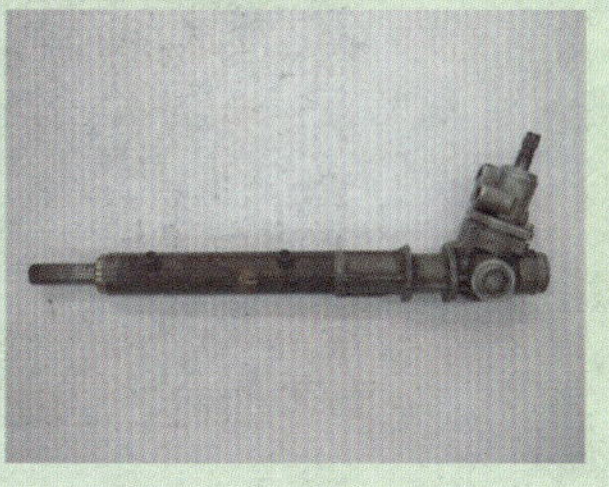

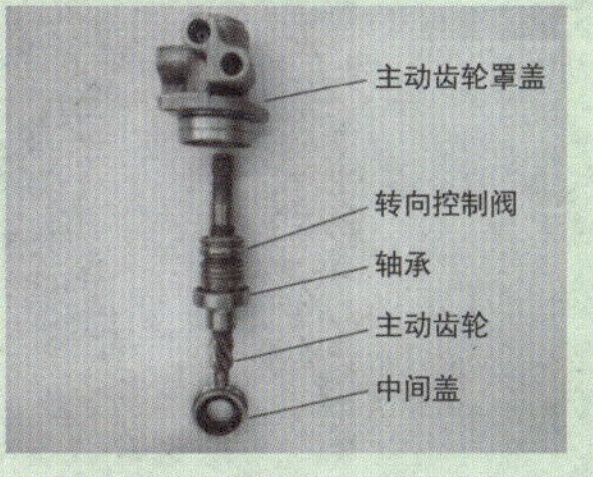

第三节　动力转向系统的检修

【实操图解1】：转向助力油的检查与更换（表13-11~表13-14）
1. 工作场景：实习工厂，转向助力油的检查与更换工作页。
2. 主要设备：配备液压动力转向系统的轿车，常用拆装工具，废油回收桶，转向助力油抽吸桶，手电筒，手套，内、外三件套，抹布。

表13-11　转向助力油液位的检查

步骤	具体操作方法及要求	步骤	具体操作方法及要求
1. 车身停放就位	检查汽车停放在举升机工位上，应前后、左右位置合适	3. 清洁转向助力储液罐	清洁转向助力储液罐，转向助力系统的储液罐安装在发动机舱内发动机前方的位置
2. 安装车内、外三件套	（1）安装车内三件套：地板垫、座椅套、方向盘套 （2）打开发动机舱盖，安装翼子板布、前格栅布 （3）操纵举升机将车辆举升到适当高度，使转向轮离开地面，可靠锁止举升机 （4）调正方向盘，使车辆的两个前轮处于直线行驶的状态	4. 旋下储液罐盖，擦净标尺	用手旋下储液罐盖，使用抹布擦净标尺上的油迹。如图所示，观察标尺上的刻度线。有些车储液罐的标尺与储液罐制成一体的，罐体上注有MAX和MIN刻度线，指示液面的最高和最低极限的位置
		5. 检查转向助力油液位	先将盖旋紧在储液罐上，然后再将盖旋下，观察标尺上显示的液面位置，如图所示 转向助力油液面高度应在标尺的MAX和MIN刻度线之间。如果液面过低，应适当添加转向助力油，并按以下步骤检查系统是否有泄漏现象

表13-12 转向助力油泄漏的检查

步骤	具体操作方法及要求	步骤	具体操作方法及要求
1. 举升车辆	操纵举升机,将车辆举升至适当高度,并可靠锁止举升机 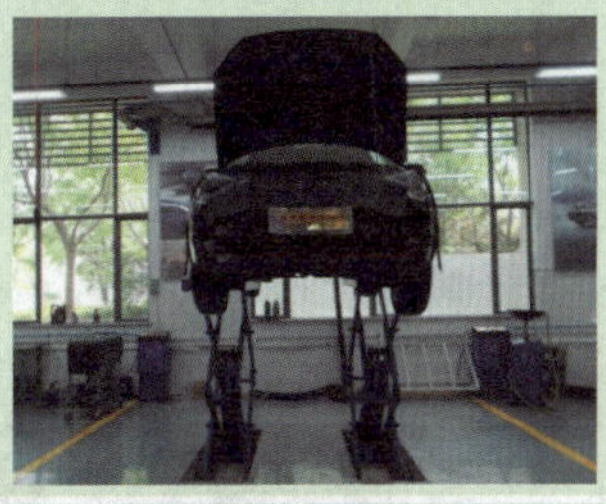	4. 检查储液罐及各管接头	检查储液罐及各管接头处,是否有漏油现象
2. 检查转向器油管接头	检查转向器壳及各油管接头处,是否有漏油现象	5. 检查转向器动力缸	拆下转向机护套与转向器连接端,检查防尘罩内是否存留转向助力油。如果防尘罩内存留转向助力油,说明转向器的动力油缸漏油,应更换转向器总成
3. 检查转向助力油泵及各管接头	检查转向助力油泵及各管接头处,是否有漏油现象		

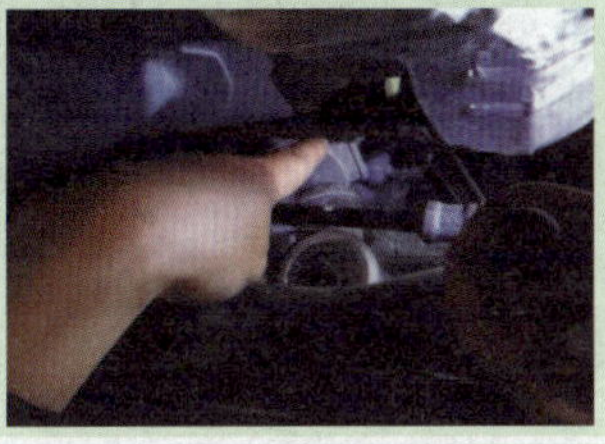

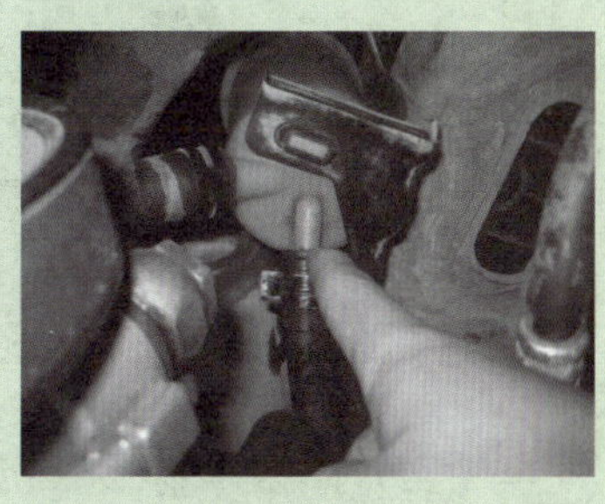

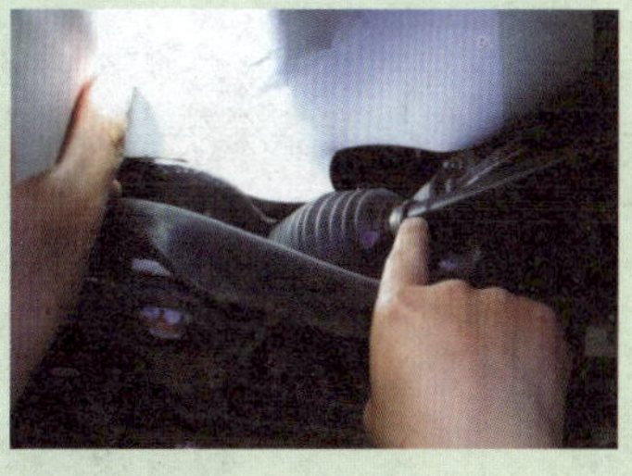

表13-13 转向助力油的排放

步骤	具体操作方法及要求	步骤	具体操作方法及要求
1. 吸出储液罐内的转向助力油	用手旋下储液罐盖,连接好转向助力油抽吸桶上的压缩空气管,用吸管吸出储液罐内的转向助力油	2. 举升车辆	操纵举升机,将车辆举升至轮胎最低点距离地面约300mm的高度,并锁止举升机

（续）

步骤	具体操作方法及要求	步骤	具体操作方法及要求
3. 拆下储液罐回油管	在储液罐回油管下方垫好抹布，然后使用鲤鱼钳将转向器油管与储液罐连接端的压紧卡箍拆离，拆下储液罐回油管	5. 排放转向助力油	起动发动机并保持怠速运转，同时左、右转动方向盘至极限位置10次左右 排净转向助力油后，停止发动机运转和转动方向盘
4. 连接储液罐回油管和接油容器	轻轻拉出回油管，将一适当长度的软管与回油管和接油容器连接起来		

表13-14 转向助力油的加注

步骤	具体操作方法及要求	步骤	具体操作方法及要求
1. 安装储油罐的管接头	（1）将转向器的回油管用手安插到储油罐的管接头上 （2）使用鲤鱼钳将回油管卡箍安装到位	3. 系统排气	（4）重新检查储液罐内的转向助力油液面高度，应位于MAX和MIN刻度线之间。如果液面过低，应适当添加补充转向助力油；若液面高于MAX刻度线，应吸出多余的转向助力油 （5）然后再举升车辆，检查有无转向助力油渗漏现象
2. 加注转向助力油	将转向助力油加注到储液罐内，并保持液面达到MAX刻度线		
3. 系统排气	（1）左、右转动方向盘至极限位置10次左右，观察储液罐中空气排放情况 （2）当储液罐中不再有气泡出现后，操纵举升机，将车辆降落到地面上 （3）起动发动机并保持怠速运转，再次左、右转动方向盘至极限位置10次左右	4. 结束工作	解锁举升机，安全可靠地降下车辆。回收车内三件套，清洁车辆 整理、归位、清洁工具设备，清洁场地

【实操图解2】：电动助力转向系统的故障诊断与排除（表13-15、表13-16）
1. 工作场景：理实一体化教室，电动助力转向系统认知工作页。
2. 主要设备：卡罗拉电动助力转向系统教学台架。

表13-15 电动助力转向系统的自诊断

步骤	具体操作方法及要求	步骤	具体操作方法及要求
1. 查看组合仪表板的故障指示灯	打开点火开关，观看组合仪表板的故障指示灯	4. 选择车型、诊断座类型	选择"日本车系""丰田汽车"后，选择诊断座类型为"16PIN"
2. 连接故障诊断仪金德 KT600	关闭点火开关，连接故障诊断仪金德 KT600。注意不要带电操作，以免损坏仪器设备	5. 进入故障系统，读取当前故障码	进入"电子辅助动力转向系统"，选择"读取故障码"，并记录当前故障码
3. 选择"汽车诊断"功能	打开点火开关，打开故障诊断仪电源开关，选择"汽车诊断"功能		

步骤	具体操作方法及要求	步骤	具体操作方法及要求
6. 清除故障码，重新读取确认、记录当前故障码	返回"功能选择"菜单，清除故障码，并重新读取确认、记录当前故障码	7. 读取数据流	返回"功能选择"菜单，选择"读取数据流"，查看相关数据流是否正常，从而分析判断故障所在 转矩传感器信号1和信号2的电压标准值为：当方向盘位于中心位置时在2.3~2.7V连续变化，当方向盘向右转时在2.5~4.7V连续变化，当方向盘向左转时在0.3~2.5V连续变化

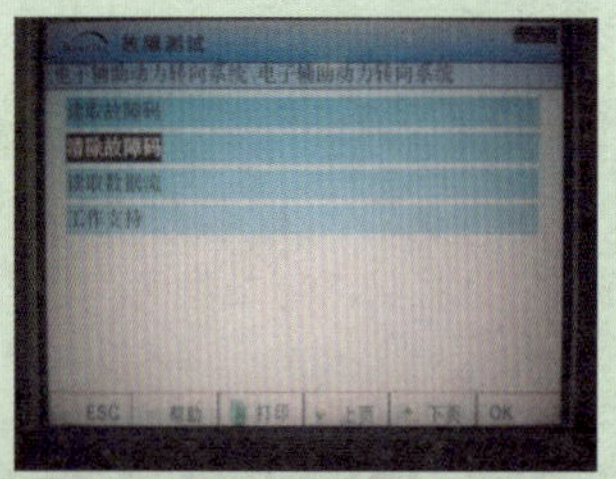

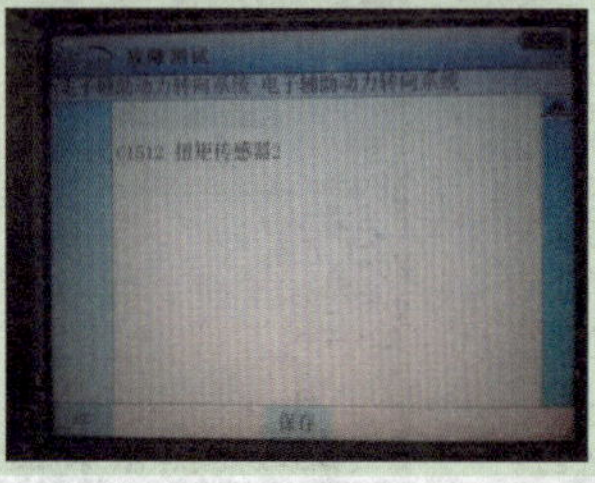

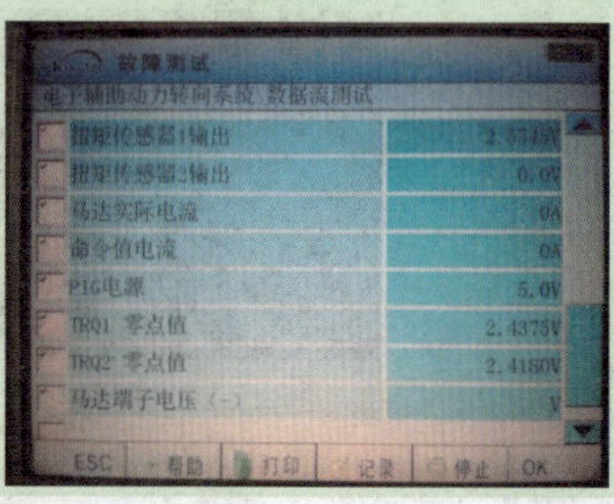

表13-16　转矩传感器相关电路的故障诊断与排除

步骤	具体操作方法及要求	步骤	具体操作方法及要求
1. 故障分析	通过以上诊断过程的检查，发现转矩传感器2输出电压不正常，初步判断转矩传感器信号2的信号线或转矩传感器2本体故障 以下为检测转矩传感器所有相关电路的过程	3. 测量转矩传感器电源电路的搭铁线	关闭点火开关，用万用表200Ω电阻档，测量转矩传感器电源电路的搭铁线T3/3到车身搭铁的阻值，0.8Ω，搭铁线正常
2. 万用表检查校零	万用表检查校零，0.5Ω，正常 注意：手不能直接接触万用表正、反表笔的金属测头，以免影响测量值		

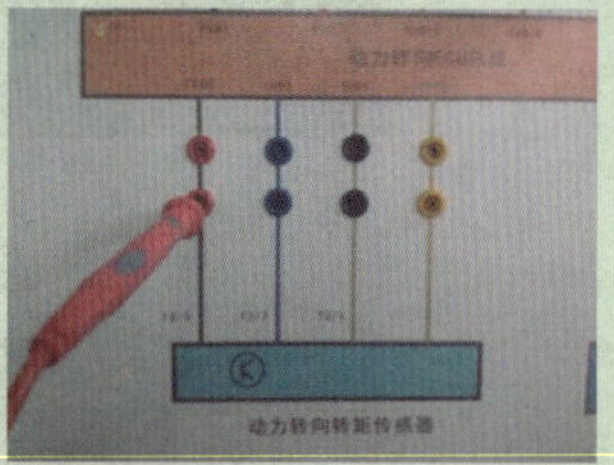

步骤	具体操作方法及要求	步骤	具体操作方法及要求
4.测量转矩传感器正极电源电路	打开点火开关，用万用表 20V 电压档，测量转矩传感器电源电路的正极线 T3/1 到车身搭铁的电压，8V，供电电压正常 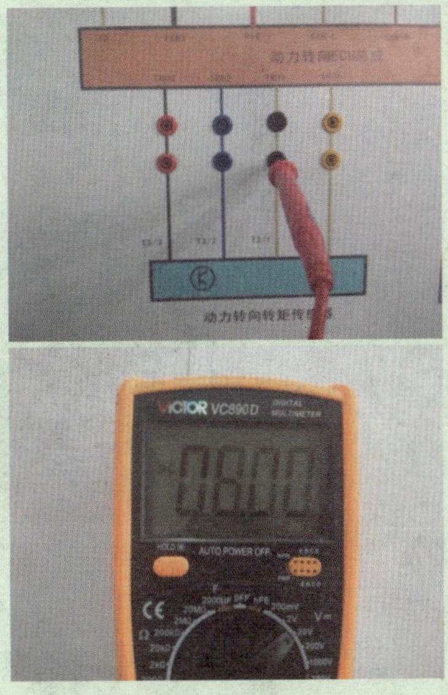	6.测量转矩传感器电源电路的信号 2 电压	用万用表 20V 电压档，测量转矩传感器电源电路的信号 2 到车身搭铁的电压，0V，信号电压不正常 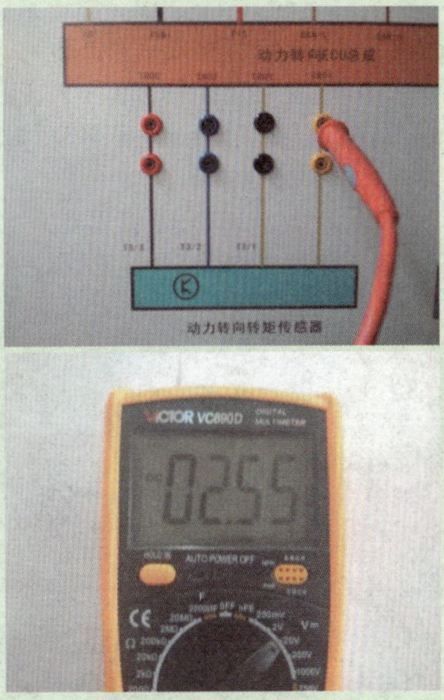
5.测量转矩传感器电源电路的信号 1 电压	用万用表 20V 电压档，测量转矩传感器电源电路的信号 1 到车身搭铁的电压，2.55V，信号电压正常 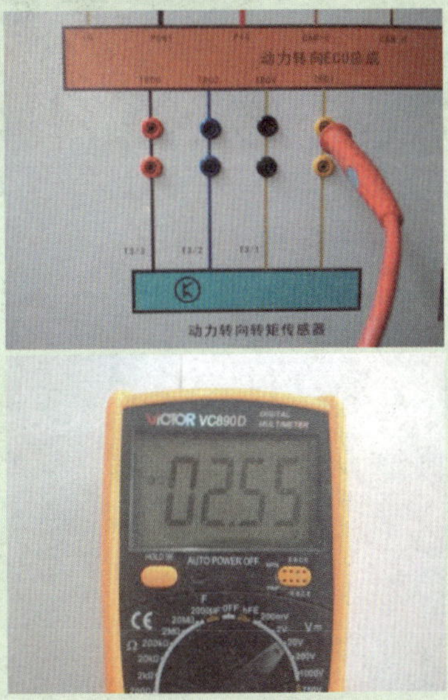	7.测量转矩传感器信号 2 电路 TR02-T3/2 的电阻	关闭点火开关，用万用表 200Ω 电阻档，测量转矩传感器信号 2 电路 TR02-T3/2 的电阻，无穷大，信号 2 输出电路不正常 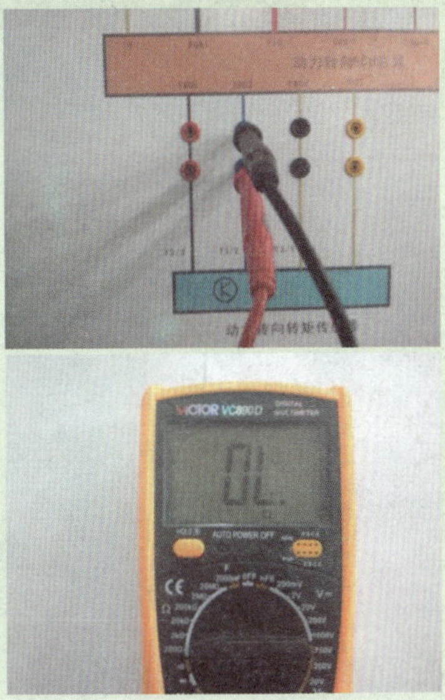

（续）

步骤	具体操作方法及要求	步骤	具体操作方法及要求
8. 故障确认与排除	通过检测： 转矩传感器电源电路的信号 2 到车身搭铁的电压，0V，不正常 转矩传感器信号 2 电路 TR02-T3/2 的电阻，无穷大，信号 2 输出电路不正常 因此转矩传感器信号 2 电路 TR02-T3/2，断路 修复转矩传感器信号 2 电路 TR02-T3/2 的断路 	9. 修复后检查	读取、清除并重新确认故障码，故障码消失 仪表转向系统故障指示灯消失 起动发动机或教学设备，转动方向盘，转向轻便，故障现象消失 
		10. 结束工作	整理、归位、清洁工具设备，清洁场地 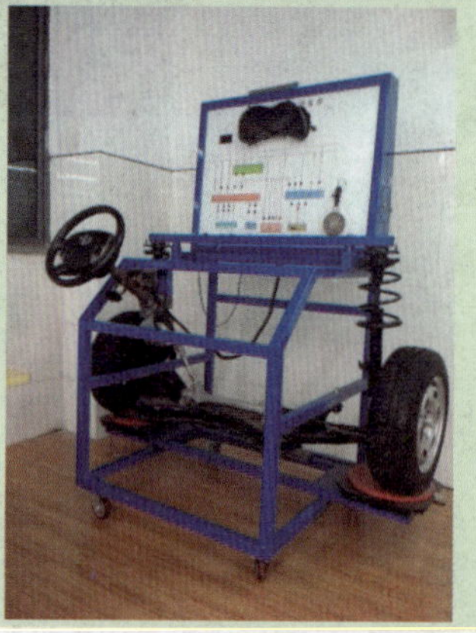

第十四章 制动系统

◆ 第一节 行车制动操纵机构 ◆

【实操图解】：检查行车制动系统（表14-1）

1. 设备：整车，工作台，废气抽排装置。
2. 工具：车轮挡块，地板垫，座椅套，方向盘套，翼子板布，前格栅布，直尺（0—150mm）。

鼓式制动器

表14-1 检查行车制动系统

步骤	具体操作方法及要求	步骤	具体操作方法及要求
1. 工具准备	（1）准备实操所需工具 （2）工具要齐全，摆放要整齐	3. 检查制动踏板工作状况	（1）在发动机处于未起动状态时，踩踏制动踏板数次 （2）制动踏板应无异常噪声和松旷
2. 车辆防护与预检	（1）安装车轮挡块，接排气烟道 （2）安装车内三件套 （3）拉起驻车制动杆，降下驾驶人侧车窗玻璃，拉发动机舱盖释放杆 （4）打开发动机舱盖，安装翼子板布和前格栅布 （5）进行发动机预检	4. 检查真空助力器工作状况	（1）踩住制动踏板，起动发动机 （2）制动踏板应能自然下沉，无僵硬感，响应性良好，形成助力效果
		5. 检查制动踏板余量	用294N踩下制动踏板，制动踏板行程余量应大于60mm

(续)

步骤	具体操作方法及要求	步骤	具体操作方法及要求
6. 检查真空助力器真空功能	（1）踩下制动踏板保持30s （2）发动机熄火，松开制动踏板 （3）检查真空助力器真空功能，制动踏板高度应无明显变化 ① 起动发动机　② 踩下制动踏板并保持30s后停止发动机　③ 检查：要求踏板高度没有变化	9. 检查制动踏板自由行程	轻轻按压制动踏板，用直尺测量制动踏板自由行程，应为1~6mm
7. 检查真空助力器气密性	（1）踩踏制动踏板数次，检查真空助力器气密性 （2）制动踏板高度越来越高，确认气密性良好	10. 车辆、工具复位	（1）取下车内、外防护用品 （2）车辆复位，清洁车身 （3）清洁并整理工具 注意：在操作过程中要体现5S管理法
8. 检查制动踏板总高度	用直尺测量从地板到制动踏板上表面的距离，制动踏板总高度应为115~135mm 注意：测量值应减去地胶和地板垫的厚度		

【知识链接】：行车制动系统的组成及其操纵机构的检查维护（表14-2）

表14-2　行车制动系统的组成及其操纵机构的检查维护

行车制动系统	说　明
功用	行车制动系统是车辆底盘的重要组成部分，其作用是控制车辆速度或实现停车，将直接影响车辆的行驶安全
组成	其主要构成有操纵机构、真空助器、制动主缸、制动轮缸、制动液及管路等 （图示标注：操纵机构、真空助力器、制动主缸、制动轮缸） 制动主缸与真空助力器的拆卸
工作原理	行车制动操纵机构用于接受外力（驾驶人踩踏）驱动；真空助力器辅助外力施加；制动主缸将行车制动操纵机构的力转变为液力，并通过制动管路及制动液传递到行车制动轮缸，最终由行车制动轮缸实施制动
操纵机构检查维护	**维护必要性** 行车制动操纵机构是驾驶人实施制动以及制动轮缸响应制动的关键部件，其主要构成有制动踏板和真空助力器。在经过一段时间使用后，可能会出现制动响应性能的下降，从而影响行车安全。为了保证安全，必须定期对其进行检查维护。保证正确的制动踏板工作参数以及真空助力器的工作状况，以获得合适的制动力并保证未踩下制动踏板时，制动器不会拖滞 **检查间隔** 一般为每10000km或6个月 **维护项目** ①检查制动踏板工作状态，有无异常噪声和松旷 ②测量制动踏板的高度，是否符合标准规定 ③测量制动踏板自由行程，是否符合标准规定 ④制动踏板行程余量，是否符合标准规定 ⑤检查真空助力器工作状况、真空功能、气密性是否良好

第二节　驻车制动操纵机构

【实操图解】：检查驻车制动操纵机构（表14-3）

1. 设备：整车，工作台，废气抽排装置。
2. 工具：车轮挡块，地板垫，座椅套，方向盘套，翼子板布，前格栅布，世达成套工具。

电子驻车制动系统

表14-3 检查驻车制动操纵机构

步骤	具体操作方法及要求	步骤	具体操作方法及要求
1.工具准备	（1）准备实操所需工具 （2）工具要齐全，摆放要整齐	3.检查驻车制动操纵机构	（1）将点火钥匙旋至ON位 （2）拉起驻车制动操纵杆，在操纵杆到达第一个槽口前，检查制动指示灯能否点亮 （3）继续拉起操纵杆，听到"咔嗒"声并记录次数，应在6~9次为正常 （4）放下操纵杆，检查制动指示灯能否熄灭
2.车辆防护与预检	（1）安装车轮挡块，安装车内三件套 （2）拉起驻车制动杆，降下驾驶人侧车窗玻璃，拉发动机舱盖释放杆 （3）打开发动机舱盖，安装翼子板布和前格栅布 （4）进行发动机预检	4.车辆、工具复位	（1）取下车内、外防护用品 （2）车辆复位，清洁车身 （3）清洁并整理工具 注意：在操作过程中要体现5S管理法

【知识链接】：驻车制动操纵机构的组成、检查维护及驻车制动杆行程的调整（表14-4）

表14-4 驻车制动机构的组成、检查维护及驻车制动杆行程的调整

驻车制动系统	说 明
功用	驻车制动操纵杆用于接受外力驱动，并通过驻车制动缆线将拉力传递到驻车制动器，最终实施驻车制动 驻车制动系统是车辆制动系统的重要组成部分，其作用是在车辆停放时对后轮进行机械锁定，防止车辆在无人及停驻状态时出现溜车

（续）

驻车制动系统	说　明
结构	其主要构成有驻车制动器操纵机构、驻车制动缆线以及驻车制动器 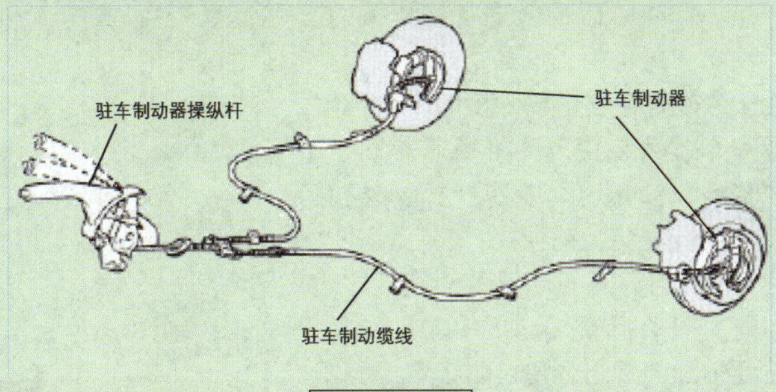
检查维护	**检查维护必要性** 当驻车制动杆行程太长时，有可能产生制动打滑，车辆停驻溜车；当驻车制动杆行程太短时，有可能产生制动拖滞 **检查间隔** 每10000km或6个月 **维护项目** ① 检查驻车制动操纵杆行程 ② 制动指示灯工作情况
驻车制动杆行程的调整	先松开锁止螺母，然后通过调整螺母调整行程。调整完成后，上紧锁止螺母 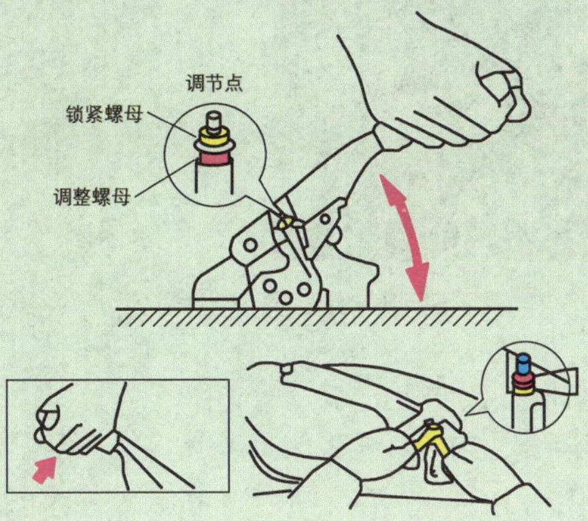

第三节　制动器

【实操图解1】：盘式车轮制动器的拆装与检修（表14-5）

1. 工作场景：实训车间。
2. 主要设备：整车、扭力扳手、气动扳手及套筒、世达工具一套等。

表14-5 盘式车轮制动器的拆装与检修

步骤	具体操作方法及要求	步骤	具体操作方法及要求
1.拆卸轮胎	（1）车辆进入工位前，将工位卫生清理干净，排除障碍物，准备好相关的工具、物品、耗材等 （2）将车辆停放在举升机的中央位置，拉紧驻车制动装置，并将变速器置于空档，分别将转向盘套、变速杆套、座椅套、地板垫进行安装、铺设 （3）拆卸前注意气动扳手的旋转方向，拆卸时一只手握紧气动扳手，另一只手护在要拆卸的螺母周围，防止螺母掉落。取下车轮，放在轮胎专用车或架子上	4.拆下制动盘	（1）拆下制动钳固定支架以及制动盘与轮毂的连接螺钉，取下制动钳固定支架和制动盘 （2）检查制动盘外观是否有裂纹，不平现象（轴向圆跳动不超过0.06mm，制动盘正常厚度为20mm，极限17.8mm）；检查摩擦片厚度（如厚度小于7mm，必须更换），检查制动活塞和缸筒间隙（如间隙大于0.15mm时必须更换制动钳总成）
2.拆卸制动轮缸定位螺栓	（1）拆下制动蹄上、下防振弹簧（保持弹簧） （2）使用工具拆卸制动轮缸定位螺栓，取下制动钳分泵，并挂好	5.前轮制动器的清洁	清洁制动盘 清洁制动蹄表面
3.撬动制动蹄	（1）从支架上拆下两制动蹄，注意做好记号 （2）把制动钳活塞压回到制动钳壳体内。在压回活塞之前，应先将储油罐中的制动液抽出一部分，以免活塞回压时，引起制动液外溢，损坏车身油漆（或者用撬具插入制动蹄与制动盘的缝隙中，撬动制动蹄，使之离开制动盘）	6.打磨摩擦表面	用细砂纸打磨制动盘

步骤	具体操作方法及要求	步骤	具体操作方法及要求
6. 打磨摩擦表面	用细砂纸打磨制动蹄 	8. 测量制动盘轴向圆跳动量	盘的轴向圆跳动量的检查：将制动盘固定在轮毂上，并用百分表检查其轴向圆跳动量应不大于 0.06mm
7. 制动盘的厚度检查	（1）摩擦表面是否有裂纹、变形、磨损，沟槽极限为 0.50mm （2）制动盘的厚度检查，如图所示：用千分尺测量距制动盘边缘 10.00mm 处三点厚度（角度间隔 120°），与标准厚度比较磨损极限为 2mm ① 如果制动盘的最小厚度测量值大于表面修整后最小允许厚度规格，则可根据可能出现的表面状况和磨损情况对制动盘进行表面修整 ② 如果制动盘的最小厚度测量值等于或小于表面修整后最小允许厚度规格，则不能对制动盘进行表面修整 ③ 如果制动盘的最小厚度测量值等于或低于报废厚度规格，则制动盘需要更换	9. 测量摩擦片厚度	（1）摩擦表面是否出现过度光滑发亮、烧蚀或被污物污染 （2）厚度检查，用游标卡尺测量摩擦片三个点或四个点的厚度，使用极限为 2.0mm （3）检查磨损是否均匀：最大不均匀磨损量为 1.0mm

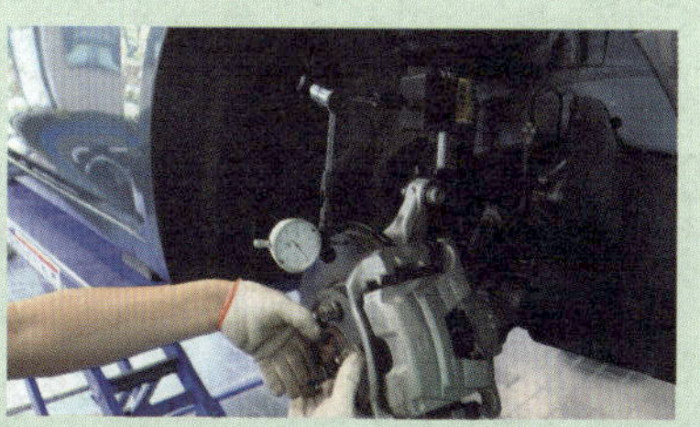

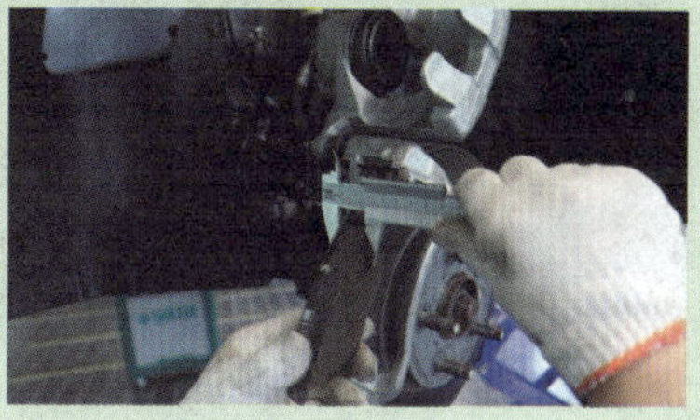

各零件如没有损伤（检修可参见相应的内容），按拆卸的相反顺序进行安装。

【实操图解2】：鼓式车轮制动器的拆装与检修（表14-6）

1. 工作场景：实训车间。
2. 主要设备：桑塔纳2000整车、专用工具VW637/2、气动扳手及套筒、世达工具一套、尖嘴钳、一字槽螺钉旋具、鲤鱼钳、游标卡尺等。

表14-6 鼓式车轮制动器的拆装与检修

步骤	具体操作方法及要求	步骤	具体操作方法及要求
1.拆卸车轮	（1）车辆进入工位前，将工位卫生清理干净，排除障碍物，准备好相关的工具、物品、耗材等 （2）将车辆停放在举升机的中央位置，拉紧驻车制动装置，并将变速器置于空档，分别将转向盘套、变速杆套、座椅套、地板垫进行安装、铺设 （3）将车轮装饰罩拆下 （4）使用气动扳手或车轮专用工具，拆卸前注意气动扳手的旋转方向，拆卸时一只手握紧气动扳手，另一只手护在要拆卸的螺母周围，防止螺母掉落，取下车轮，放在轮胎专用车或架子上	4.拨动楔形块	用一字槽螺钉旋具通过制动鼓螺孔向上拨动楔形块，使制动蹄与制动鼓松开，并拉出制动鼓及其轴承
		5.取下制动鼓	用双手取下制动鼓
2.拆卸轮毂盖	准备拆卸制动鼓，在拆卸前要松开驻车制动才可以取出，用专用工具VW637/2拆下轮毂盖	6.取下制动蹄定位销、弹簧、弹簧座	用尖嘴钳取下制动蹄定位销、弹簧、弹簧座
3.取下开口销	使用尖嘴钳取下开口销和开槽螺母，旋下调整螺母，取出止推垫圈	7.将制动蹄从支承凸台分离	使用专用工具VW637/2将制动蹄总成从支承凸台上拆下

（续）

步骤	具体操作方法及要求	步骤	具体操作方法及要求
8. 分离驻车制动拉索	用鲤鱼钳分离驻车制动拉索	12. 清洁制动底板	用抹布清洁制动底板
9. 取下上拉力弹簧	取下楔形件上的拉力弹簧和上拉力弹簧	13. 用细砂纸打磨摩擦表面	用细砂纸打磨摩擦表面
10. 分离压杆和拉力弹簧	卸下制动蹄，分离压杆和拉力弹簧（或者采用如下方法：卸下制动蹄，将带压力杆的制动蹄卡在台虎钳上，拆下拉力弹簧，取下压杆。注意台虎钳是否有软金属作衬垫）	14. 用细砂纸打磨摩擦表面	用细砂纸打磨摩擦表面
11. 清洁制动蹄表面	（1）检查摩擦片磨损是否超限（标准是5mm，极限是2.5mm）；检查制动鼓磨损是否超限（标准是200mm，极限是201mm，摩擦表面径向圆跳动为0.05mm，车轮轴向圆跳动为0.20mm）；如果超限应更换新件 （2）制动器的清洁和摩擦件的打磨，使用抹布清洁制动蹄表面	15. 润滑内轴承	各零件如没有损伤（检修可参见相应的内容），装复或更换步骤按拆卸的相反顺序进行。安装时，制动器楔形块上凸点朝向制动底板的方向，轴承要润滑，零件表面、工具、操作台要清洁

(续)

步骤	具体操作方法及要求	步骤	具体操作方法及要求
16. 润滑外轴承	各零件如没有损伤（检修可参见相应的内容），装复或更换步骤按拆卸的相反顺序进行。安装时，制动器楔形块上凸点朝向制动底板的方向，轴承要润滑，零件表面、工具、操作台要清洁	17. 制动鼓内孔磨损与尺寸的检查	用游标卡尺测量，制动鼓内径磨损不得超过1mm（桑塔纳轿车其标准内径有Φ180mm和Φ200mm两种），否则，应换用新件

【实操图解3】驻车制动器的检查与调整（表14-7）

1. 工作场景：实训车间、驻车制动器PPT。
2. 主要设备：整车、梅花扳手、撬板、世达工具一套等。

表14-7 驻车制动器的检查与调整

步骤	具体操作方法及要求	步骤	具体操作方法及要求
1. 用手拉住驻车制动杆	拉住驻车制动杆	3. 缓慢拉动驻车制动杆	（1）缓慢将驻车制动杆向上拉到底，并计算"咔嗒"声的次数 （2）标准驻车制动杆行程：200N时为6~9个槽口
2. 检查驻车制动杆行程	松开驻车制动器锁，并将驻车制动杆放回到关闭位置 注意：松开驻车制动器锁时要先往上拉驻车制动杆，然后按下驻车制动器锁，否则很难按下	4. 拆下仪表板左、右装饰板	拆下仪表板左、右装饰板（卡子）（拆卸时注意卡子方向，不可使用蛮力硬拉，或者用锤子、螺钉旋具等工具大力拆卸，防止卡子折断）

（续）

步骤	具体操作方法及要求	步骤	具体操作方法及要求
5.拆下仪表盒总成	拆下仪表盒总成（两个梅花螺钉、卡子）	10.取下地板控制台总成	拆下后拆下地板控制台总成（两个梅花螺钉、卡子）
6.拆下变速杆把手分总成	拆下变速杆把手分总成（逆时针旋转）	11.松开锁紧螺母	松开锁紧螺母（10#开口、梅花扳手配合，开口扳手固定调整螺母，梅花扳手松开锁紧螺母）
7.拆下中央仪表组装饰板总成	拆下中央仪表组装饰板总成（卡子）	12.旋转调整螺母	旋转调整螺母使驻车制动杆行程修正至规定范围内（驻车制动杆行程：200N时为6~9个槽口）（需多次试验）
8.拆下地板控制台上面板分总成	拆下前1、2号地板控制台嵌入件、地板控制台上面板分总成（卡子）	13.旋紧锁紧螺母	旋紧锁紧螺母（方法同松开锁紧螺母）转矩：6.0N·m
9.拆卸地板控制台	取下地板控制台毡垫（四个10#螺栓）	14.检查驻车制动是否卡滞	（1）发动机停机时，完全踩下制动踏板3~5次 （2）操作驻车制动杆3~4次，并检查驻车制动杆行程 （3）检查驻车制动是否卡滞 （4）将驻车制动杆行程调整至规定范围后，按相反顺序将零件逐一安装

第四节　液压制动传动装置

【**实操图解1**】：液压制动传动装置的检修（表14-8、表14-9）
1. 工作场景：实训车间。
2. 主要设备：丰田卡罗拉轿车、油管扳手、手电筒、制动液收集器、车内四件套等。

液压制动系统的组成

表14-8　更换制动主缸

步骤	具体操作方法及要求	步骤	具体操作方法及要求
1.安装车外三件套	（1）打开发动机舱盖，并正确支撑 （2）安装左右两侧翼子板布、前格栅布	4.制动主缸下方铺开一块布	在制动主缸下方铺开一块布以防止制动液溢出到其他零件和涂层上
2.拔下空气流量计插接器	拔下空气流量计插接器	5.拆卸制动主缸上方的盖板	拆卸制动主缸上方的盖板
3.拆卸空气滤清器上盖	（1）松开空气管卡箍螺栓 （2）取下空气滤清器上盖 	6.打开储液罐盖	打开制动主缸储液罐盖 

（续）

步骤	具体操作方法及要求	步骤	具体操作方法及要求
7. 吸除储液罐内的制动液	用注油器从制动主缸储液罐内吸除制动液 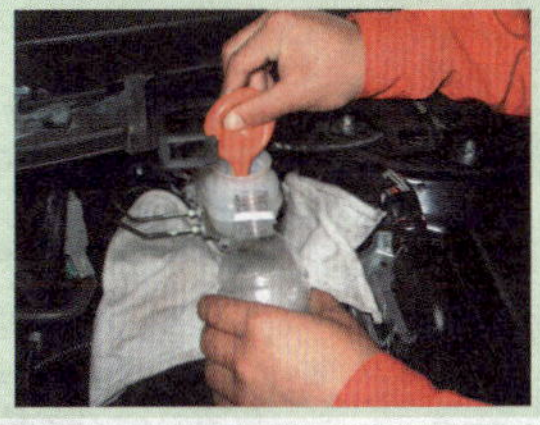	12. 安装制动主缸	制动主缸安装步骤与拆卸步骤相反
8. 拔下制动液液位传感器插接器	拔下制动液液位传感器插接器	13. 制动主缸放气	1号同学——车内、2号同学——车外 ① 1号同学打开车门，进入车内 ② 2号同学向储液罐内加入制动液，使其达到最大容量线 ③ 1号同学踩下制动踏板后，保持踏板被踩下的状态，并告知2号同学 ④ 2号同学用手指堵在制动主缸的出口上（两个出口同时堵住），并告知1号同学 ⑤ 1号同学松开制动踏板后，2号同学松开堵在制动主缸出口上的手指 ⑥ 重复第上面步骤直至液体从出口处流出 ⑦ 清除泼洒出的制动液 注意：用手指包着布覆盖在出口处以防止液体泼溅 如果储液罐内的液体排干，空气会进入制动主缸，因此切勿让制动主缸内的液体用光。如果制动主缸内的空气没有排出，则从制动系统的管路将空气排干需要花费很多时间
9. 松开制动管路	用10#油管扳手将制动管路松开 注意：如果使用开口扳手松开制动管路，则扳手会损坏制动管路扩口螺母		
10. 拆卸制动主缸固定螺母	使用工具（棘轮扳手+短接杆+12#套筒）拆卸制动主缸固定螺母	14. 制动管安装	（1）轻轻扳动制动管路，快速安装在制动主缸上，用手将制动管螺母充分旋入 注意：操作速度要快，以防止大量的制动液从出口处流出 禁止一开始就使用扳手将制动管螺母旋入，如图所示 在安装制动管路时，不能弯曲制动管路 （2）用油管扳手把扩口螺母旋紧 注意：旋紧制动管路扩口螺母时必须小心谨慎 
11. 取下制动主缸	（1）拆下制动管路 （2）取下制动主缸 注意：不能弯曲制动管路		

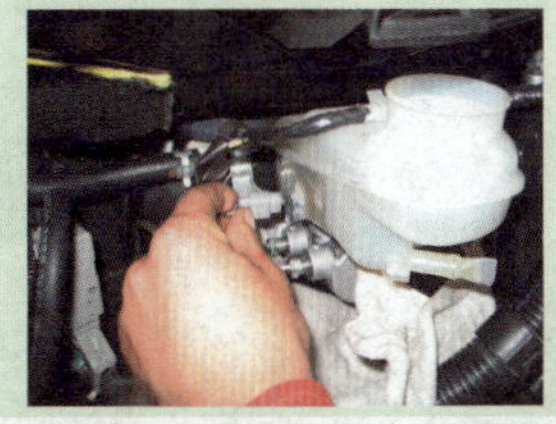

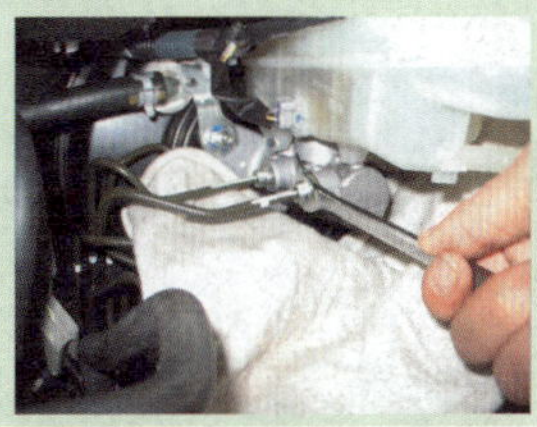

(续)

步骤	具体操作方法及要求	步骤	具体操作方法及要求
15.制动管路排气	（1）2号同学在储液罐内装入制动液体，使其达到最大容量线 （2）1号同学坐在驾驶人座椅上，2号同学操作举升机，举升起汽车 （3）2号同学将聚氯乙烯软管连接到放气塞上，并给1号同学发送信号，告知准备工作已完成 （4）1号同学要多次踩下制动踏板，将制动踏板踩到完全压下的位置 （5）2号同学将放气塞放松大约1/4圈，进行排气。快速重新拧紧放气塞 （6）重复（3）~（5），直至制动液中的气泡消失。	16.检查制动踏板行程余量	（2）检查放气塞是否被拧紧了，并重新安装放气螺母 （3）将新的制动液装入制动主缸储液罐直至液面达到最大容量线 （4）空转发动机，压下制动踏板并检查放气塞是否有制动液泄漏 （5）清除掉放气塞周围漏出的制动液
16.检查制动踏板行程余量	排气后检查 （1）检查当制动踏板被完全压下后，制动踏板和地面之间是否有足够的距离，以及即使重复压下制动踏板后该距离是否变化 提示：当制动感觉过于柔软或者压下踏板后感觉不明显，则在制动系统管路内可能存在剩余的空气。再次排放空气	17.整理作业工位	（1）收回前格栅布，关闭发动机舱盖 （2）取下车内四件套：变速杆套、方向盘套、座椅套、地板垫 （3）拔下点火钥匙，关闭车门 （4）垃圾分类 （5）清洁、整理工具车、工作台 （6）清洁车辆、场地

表14-9 更换制动轮缸（制动卡钳）——左前轮

步骤	具体操作方法及要求	步骤	具体操作方法及要求
1.用气动扳手拆卸轮胎螺母	拆卸轮胎 （1）操作举升机将车辆举升至中位 （2）使用气动扳手拆卸轮胎螺母（四只）	3.两人合作拆卸轮胎	两人合作拆卸轮胎：拆卸最后一个轮胎螺母，移除轮胎
2.做轮胎拆装记号	在轮胎上做好轮胎拆装记号	4.固定转子盘	拆卸制动轮缸（制动卡钳） 旋上两个轮胎螺母（对角），固定转子盘

（续）

步骤	具体操作方法及要求	步骤	具体操作方法及要求
5. 用手扳转转向节	用手扳转转向节，方便制动卡钳拆装	10. 拆卸制动卡钳油管螺栓	使用工具（棘轮扳手、14#套筒）拆卸制动卡钳油管螺栓 注意：拆卸时，下方放置一块抹布，接住流下的制动液，防止制动液腐蚀地面，同时方便清洁工作
6. 松开制动卡钳固定螺栓	使用工具（14#梅花扳手、17#开口扳手）松开制动卡钳固定螺栓，并拆卸下面一只螺栓	11. 拆卸制动卡钳	（1）用干净抹布包裹油管接头，并加以固定 （2）拆卸制动卡钳螺栓，取下制动卡钳 注意：制动卡钳内残存的制动液不能随处滴漏，应倾倒在废油收集器中
7. 翻转制动卡钳	翻转制动卡钳，并用钩子挂在悬架螺旋弹簧上	12. 弯钩卡入制动卡钳上的小孔内	安装新的制动轮缸（制动卡钳）： （1）安装制动摩擦片 （2）安装制动卡钳 （3）安装制动卡钳油管 注意：安装时应将油管接头的弯钩卡入制动卡钳上的小孔内，确保油管安装到位
8. 拆下制动摩擦片	拆下制动摩擦片		
9. 安装制动卡钳	重新安装制动卡钳，制动卡钳螺栓只需用手旋上		

步骤	具体操作方法及要求	步骤	具体操作方法及要求
13. 紧固制动油管螺栓	使用工具（扭力扳手、14#套筒）紧固制动油管螺栓：紧固力矩为29N·m	16. 检查是否有泄漏	检查制动管路、制动轮缸、空气阀是否有泄漏
14. 紧固制动卡钳螺栓	使用工具（扭力扳手、14#套筒、17#开口扳手）紧固制动卡钳螺栓：紧固力矩为34N·m	17. 安装轮胎	具体操作步骤略 注意：轮胎安装时，对准拆装记号；轮胎螺母的拧紧力矩为103N·m
15. 制动轮缸（制动卡钳）排放空气	制动轮缸排放空气的具体方法和步骤可参考制动液的检查、添加与更换中制动管路排放空气的方法和步骤	18. 结束工作	（1）操作举升机，降下车辆 （2）向制动主缸储液罐内补充制动液，液量不得超过上限（MAX）刻线 （3）关闭发动机舱盖

【实操图解2】：制动液的检查、添加与更换（表14-10、表14-11）

1. 工作场景：实训车间。
2. 主要设备：丰田卡罗拉轿车、油管扳手、手电筒、制动液收集器、车内四件套等。

表14-10 制动液的检查与添加

步骤	具体操作方法及要求	步骤	具体操作方法及要求
1. 打开发动机舱盖	（1）将车辆停放在水平路面上 （2）打开发动机舱盖，并正确支撑	2. 安装前格栅布	安装前格栅布

（续）

步骤	具体操作方法及要求	步骤	具体操作方法及要求
3. 检查制动液液面高度	使用工作灯或手电筒，检查制动主缸储液罐内制动液液面高度是否在上限（MAX）和下限（MIN）标线之间	7. 检查底盘的制动管路	检查底盘的制动管路是否有泄漏
4. 检查制动主缸及管路	制动液添加的前提条件：经检查发现制动主缸储液罐内制动液液面高度明显低于上限（MAX）标线 检查制动主缸及制动管、软管是否有泄漏	8. 检查前、后轮制动轮缸、管路	检查前轮、后轮制动轮缸及管路是否有泄漏
5. 检查ABS管路	检查制动防抱死系统（ABS）是否有泄漏	9. 打开储液罐的密封盖	打开制动主缸储液罐的密封盖
6. 将车辆举升至高位	操作举升机，将车辆举升至高位 注意：举升前，必须检查车辆在举升机上停放的稳定性	10. 添加制动液	（1）添加制动液 （2）确认制动液量未超过上限（MAX）刻线 （3）迅速盖上制动主缸储液罐的密封盖 注意：制动液具有较强吸湿性。长时间打开储液罐的密封盖，会导致制动液变质
		11. 整理作业工位	（1）收回前格栅布，关闭发动机舱盖 （2）垃圾分类 （3）清洁、整理工具车、工作台 （4）清洁车辆、场地

表14-11　制动液的更换

要想顺利完成本任务，需三位同学进行配合，如下图所示。

1号、2号、3号三位同学的作业位置

- 1号同学在车内负责踩制动踏板；
- 2号同学在车下负责放制动液；
- 3号同学负责向制动储液罐内添加制动液。

步骤	具体操作方法及要求	步骤	具体操作方法及要求
1.操作举升机	（1）1号同学进入驾驶室内 （2）2号同学打开发动机舱盖，安装前格栅布 （3）3号同学打开制动主缸储液罐的密封盖，并准备好新的制动液 （4）2号同学操作举升机，将车辆举升至中位 注意：举升前，必须检查车辆在举升机上停放的稳定性 	3.松开四个制动轮缸的放气阀	使用工具（8#和10#油管扳手）拧松四个制动轮缸的放气阀。完成操作后，告知1号同学 
2.将制动液收集器安装到四个制动轮缸放气阀上	2号同学在四个制动轮缸放气阀上各安装一个制动液收集器	4.起动发动机，连续踩下制动踏板	（1）1号同学起动发动机，连续踩下制动踏板 （2）2号同学观察放气阀的出油情况，直到制动液不再流出。告知1号同学踩住制动踏板 （3）2号同学分别拧紧四个制动轮缸上的放气阀

（续）

步骤	具体操作方法及要求	步骤	具体操作方法及要求
5.加注新制动液	1号同学向制动主缸储液罐内加注适量新制动液	7.制动管路排放空气后检查	（1）1号同学连续踩下制动踏板5~6次，然后踩住不放，同时按喇叭鸣笛 （2）2号同学检查四个放气阀是否存在泄漏现象，同时使用油管扳手检查放气阀是否拧紧 （3）装好空气阀防尘套 （4）残余制动液的清洁：用清水清洁溅在轮胎、车身以及皮肤上的制动液 注意：制动液具有较强腐蚀性
6.制动管路排放空气	（1）1号同学连续踩下制动踏板5~6次，然后踩住不放，同时按喇叭鸣笛 （2）2号同学立刻拧松右后轮制动轮缸空气阀，排出空气，再瞬间拧紧；并告知1号同学 （3）如此重复（1）、（2）项动作，直至制动液从空气阀以直线射出（喷油强劲且无气泡产生为止 注意：1号、2号两同学的配合非常重要：制动踏板未踩住，不得拧松空气阀；空气阀未拧紧，不得松开制动踏板 （4）3号同学在储液罐内制动液缺少后，适时加注适量新制动液 （5）排放空气的顺序是：右后轮—左后轮—右前轮—左前轮 （6）3号同学补充制动液时，液量不得超过上限（MAX）刻线	8.整理作业工位	（1）收回前格栅布，关闭发动机舱盖 （2）垃圾分类 （3）清洁、整理工具车、工作台 （4）清洁车辆、场地

第五节 ABS

【实操图解1】：ABS的结构认知（表14–12）
1. 工作场景：实训工厂、ABS挂图。
2. 主要设备：ABS零部件。

ABS制动系统

表14-12　ABS的结构认知

步骤	具体操作方法及要求	步骤	具体操作方法及要求
1. ABS控制单元	能正确认知ABS控制单元的类型，了解ABS控制单元的结构、作用及技术要求	3. 制动压力调节装置	能正确认知制动压力调节装置的类型，了解制动压力调节装置的结构、作用及技术要求
2. 轮速传感器	能正确认知轮速传感器的类型，了解轮速传感器的结构、作用及技术要求		

【实操图解2】：ABS轮速传感器的检查与更换（表14–13）
1. 工作场景：实训车间。
2. 主要设备：桑塔纳2000整车、V.A.G1552故障诊断仪、世达工具一套、万用表等。

表14-13　ABS轮速传感器的检查与更换

步骤	具体操作方法及要求	步骤	具体操作方法及要求
1. 准备好相关的工作	车辆进入工位前，学生将工位卫生清理干净，清除障碍物，准备好相关的工具、物品、耗材等	2. 拉紧驻车制动装置	将车辆停放在举升机的中央位置，拉紧驻车制动装置，并将变速器置于空档。再将转向盘套、变速杆套、座椅套、地板垫进行安装，铺设

（续）

步骤	具体操作方法及要求	步骤	具体操作方法及要求
3. 操纵举升机	将举升机上的车辆举升到离地适当的高度。拔下轮速传感器导线插头。并从减振器卡箍内脱出传感器线束。 注意：拔插轮速传感器导线插头时应关闭点火开关，防止损坏电控单元；拔轮速传感器导线插头时严禁使用一字槽螺钉旋具等类似工具进行撬动，防止损坏插头和电器元件	5. 万用表	用万用表测量轮速传感器的感应线圈的电阻值 注意：电阻值应为 1.0～1.3kΩ，如测量值不在规定范围内，更换轮速传感器
4. 拆卸传感器	用内六角扳手拧松轮速传感器的固定螺栓。取出固定螺栓后，用手转动拔出轮速传感器，并将工具以及轮速传感器放好 注意：轮速传感器应放好，否则会损坏轮速传感器	6. 轮速传感器	将轮速传感器的传感头用棉布擦干净，以防止传感头脏污会影响轮速传感器的感应灵敏度和输出电压信号失准
		7. 安装传感器	将轮速传感器插入转向节上的轮速传感器孔中。用手旋入轮速传感器固定螺栓，用内六角扳手拧紧螺栓（力矩为10N·m），最后将传感器插头插到插座上 放下举升机，清理工具，仪器，清洁场地